스마트스토어 창업 필독서

'나는 퇴사하고
스마트스토어로 자유를 얻었다'

기적의
스마트스토어
노하우

기적의
스마트스토어
노하우

지은이 정명희
정가 18,000원

발행일 2022년 03월 11일 1판 1쇄
　　　　 2023년 02월 06일 2판 1쇄
ISBN 979-11-970718-2-9
발행처 ㈜인컴트랜드
발행인 김민규
기획 정명희
디자인기획 및 총괄편집 이우나
교정·교열·편집 김지아
주소 인천광역시 부평구 부평대로 6, 6층
홈페이지 www.incomtrend.com

Prologue
머리말

온라인 시장은 점점 과열되고 치열한 전쟁 속에 있다.

대형 유통 업체에서도 멤버쉽이나 라이브 방송으로 고객 유치에 앞다퉈 경쟁하고 새벽배송, 로켓배송, 당일배송, 쇼킹배송등 한국인의 빠른 성격에 맞추어 배송에서도 승부를 보고 있다. 게다가 글로벌 플랫폼인 유튜브, 페이스북에서도 이커머스 공략에 박차를 가하고 있다.

게다가 코로나로 인한 비대면 시대에 접어들면서 온라인 쇼핑 거래액은 점점 더 빠른 속도로 매출을 갱신하고 있고 2022년12월 기준 네이버 스마트스토어는 55만개가 운영되고 있으며, 상품 수 역시 전년 대비 50% 이상 증가했다고 한다.

과도한 경쟁 속에 있지만 이때가 기회이면 기회일수 있다고 말하고 싶다. 이커머스 플랫폼이 많아지면 많아질수록 우리는 그 배를 타고 가먼 되기 때문이다. 여러 플랫폼에 올라탈 수 있는 기회다. 그 안에서 기회를 찾는 사람만이 성공한다. 항상 새로운 플랫폼이 나타날 때마다 기회를 얻는 자들은 꼭 생겨났었다.

예전 십여 년 전 쇼핑몰을 처음 운영할 때에는 몸으로 부딪히면서 배우고 익혀 나갔다. 하지만 지금은 상황이 많이 좋아졌다. 많은 빅데이터 프로그램과 여러 자료가 다 오픈되어 있는 상황이고 조금만 찾으려고 노력하면 많은 정보들이 쏟아져 나오고 있기 때문이다. 온라인 쇼핑몰의 창업의 진입 문턱이 많이 낮아지고 있어 지금은 조금만 찾아보면 소자본으로 돈 벌기 좋은 시대라고 말할 수 있다.

하지만 이런 좋은 상황임에도 오히려 많은 정보 속에 휘둘리기 십상이다. 누구는 이래서 잘 팔고 누구는 이래서 성공했다는 많은 성공사례는 유튜브만 검색해 봐도 무수히 볼 수 있고 조금만 듣다 보면 마음이 조급해진다. 내가 지금 해도 괜찮은 것인가? 늦은 것은 아닌가? 정말 비전이 있는 것인가? 많은 생각들이 맴돌게 된다. 많은 정보를 찾아보고 실 사례를 찾아보는 것은 좋은 것이다. 벤치마킹을 해야 하고 먼저 성공한 이들의 말을 귀담아들어야 하는 것은 꼭 해야만 하는 일이다. 그렇지만, 여기서 우리가 생각해야 하는 것은 나만의 기준이 있어야 한다는 것이다. 누구는 쇼핑몰 창업해서 대박이 났고 잘 팔았으니 나도 판매해 봐야겠다가 아닌 철저한 사전조사로 구별할 줄 아는 안목과 지혜가 필요하다는 것이다.

그리하여 이 책에서는 조금이나 앞서 경험해 본 멘토의 마음으로 판매자들이 꼭 알아야 할 내용을 담고자 노력했다. 부족한 부분이 있겠지만 최대한 초보 창업자들이 쉽게 이해할 수 있도록 하였다. 지식만 얻지 말고 그 지식으로 꼭 경험하길 바란다. 고민만 했다면 이제 실행해야 할 때이다. 자 이제 시작이다! 여러분도 수많은 기회 속에서 순풍을 타고 앞으로 나가길 기원한다.

정명희

Contents
목차

PART 1
돈버는 시스템 만들기

- 010 나는 왜 퇴사하고 스마트스토어를 시작했는가?
- 015 지금은 모바일 쇼핑이 대세
- 016 상품보관부터 배송까지 풀필먼트 서비스
- 019 라이브커머스의 전망
- 022 온라인 창업으로 성공하고 싶다면 스마트스토어

PART 2
온라인 창업과 스마트스토어 쇼핑몰에 대한 이해

- 028 온라인 창업 마인드맵
- 032 쇼핑몰 창업 전 필수사항
- 042 잘 팔리는 아이템 소싱
- 044 해외 아이템 상품 찾기
- 049 국내 아이템 상품 찾기

PART 3
스마트스토어 시작하기

- 056 스마트스토어 개설하는 방법
- 065 스마트스토어 관리자 메뉴
- 070 스마트스토어 수수료
- 071 판매자 등급 관리
- 075 매니저 관리
- 077 쇼핑 윈도 신청하는 방법

PART 4
스마트스토어 세팅하기

- 080 스토어 관리
- 086 스토어 디자인 꾸미기
- 088 스토어 카테고리 설정

PART 5
스마트스토어 상품 등록하기

- 092 상품 등록하는 방법
- 126 고객혜택 및 쿠폰 관리하는 방법
- 136 고객등급 등록 및 관리하는 방법
- 142 공지사항 등록하는 방법
- 146 템플릿 관리하는 방법
- 152 엑셀로 상품 대량등록하는 방법

PART 6
스마트스토어 주문처리 및 배송방법

- **158** 주문 및 배송처리 방법
- **161** 주문 취소 처리 방법
- **162** 구매확정 및 리뷰 확인
- **166** 정산관리 및 세금계산서 조회

PART 7
매출 향상시키는 상세페이지 노하우

- **170** 잘 팔리는 상품에는 다 이유가 있다
- **172** 유입을 늘리는 썸네일과 카피라이팅
- **176** 기획부터 철저히 하자
- **178** 상세페이지 제작 시 필수 요소
- **182** 유용한 상세페이지 제작 사이트
- **185** 이미지 및 폰트 자료
- **187** 움직이는 이미지를 만드는 방법

PART 8
스마트스토어 상위노출 노하우

- **192** 최적화 SEO 네이버 쇼핑 알고리즘
- **204** 검색이 잘 되는 상품명 만들기
- **210** 유입을 늘리게 할려면 어떻게 해야 할까?
- **213** 구매전환율을 높이자
- **218** 기획전으로 노출 하자
- **221** 최저가 가격비교 및 브랜드 카탈로그
- **231** 네이버 브랜드 등록하는 방법

PART 9
스마트스토어 데이터 분석 및 애널리틱스 연동

- **234** 판매분석하여 매출 올리기
- **238** 마케팅 분석하는 방법
- **241** 네이버 애널리틱스로 방문자 분석하기

PART 10
온라인 마케팅 하는 방법

- **248** 마케팅 채널중 어떤 것부터 진행하면 좋을까?
- **251** 페이스북, 인스타그램 광고
- **262** 네이버 검색 광고
- **271** 스마트스토어 상품 쇼핑 광고
- **279** 럭키투데이로 유입 늘리자
- **287** 카카오 광고와 채널 개설 방법
- **299** 네이버 QR코드 활용
- **303** 별도의 주문서 및 설문 조사서 활용
- **306** 오프라인 매장 홍보전략

Part 1

스마트스토어로 돈버는 시스템 만들기

01 나는 왜 퇴사하고 스마트스토어를 시작했는가?
02 지금은 모바일 쇼핑이 대세
03 상품보관부터 배송까지 풀필먼트 서비스
04 라이브커머스의 전망
05 온라인 창업으로 성공하고 싶다면 스마트스토어

01
나는 왜 퇴사하고 스마트스토어를 시작했는가?

매장을 운영하는 창업을 한다고 해보자. 투자해야 하는 초기비용이 만만치 않을 것이다. 인테리어비용, 권리금, 시설비용 등 투자금이 필요하다. 온라인 쇼핑몰이 창업비용이 적게 든다고는 말할 수 없지만 소자본으로 가능한 아이템들이 있다. 처음에 혼자서 할 수 있고 오프라인 매장이 필요 없으며 컴퓨터 한 대만 있으면 언제 어디서든지 접속해서 할 수 있는 창업이니 누구에게나 열려 있다.

그렇다면 진입장벽이 낮다고, 누구든지 할 수 있는 창업이라고 해서 쇼핑몰 창업 한다는 것은 과연 괜찮을까? 온라인 쇼핑몰이 포화상태가 아닐까? 라는 걱정을 할 수도 있다. 하지만 작년대비 꾸준히 온라인 거래액이 늘어나고 있다.

온라인 거래액

2022년 10월 통계청에 따르면 우리나라에서 온라인 쇼핑몰을 통한 거래액은 2001년 3조3,470억 원에서 2022년 17조 7,115억 원으로 급성장했다. 앞으로도 온라인 쇼핑 거래액은 스마트폰으로 편리한 주문이 가능함에 있어 계속 증가 할 전망이라고 본다.

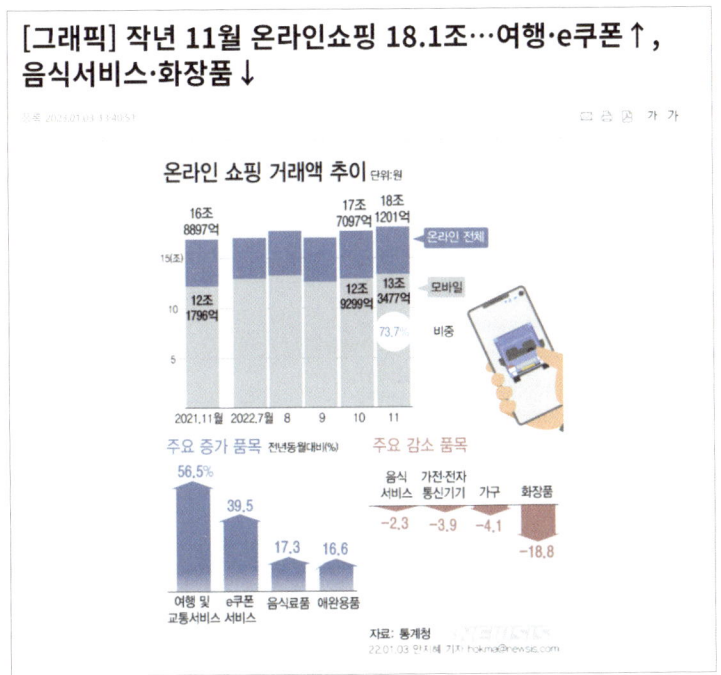

▲ 뉴시스-온라인쇼핑 거래액 추이

국내뿐만 아니라 해외 거래액을 보면 해외 직접 판매액은 2022년 3/4분기 기준 전년동분기대비 감소했고 해외 직접 구매액은 증가 추세에 있는 것을 알 수 있다.

> **note**
>
> 주기적으로 통계청 사이트 (http://kostat.go.kr)에 접속하여 통계자료를 확인한다.
> 2개월 전의 데이터까지 확인할 수 있다.
>
>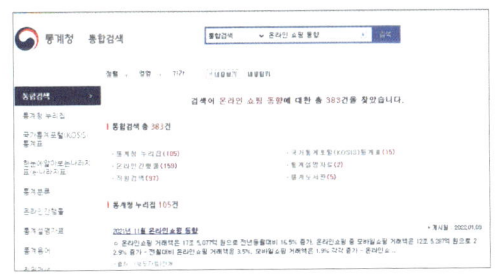

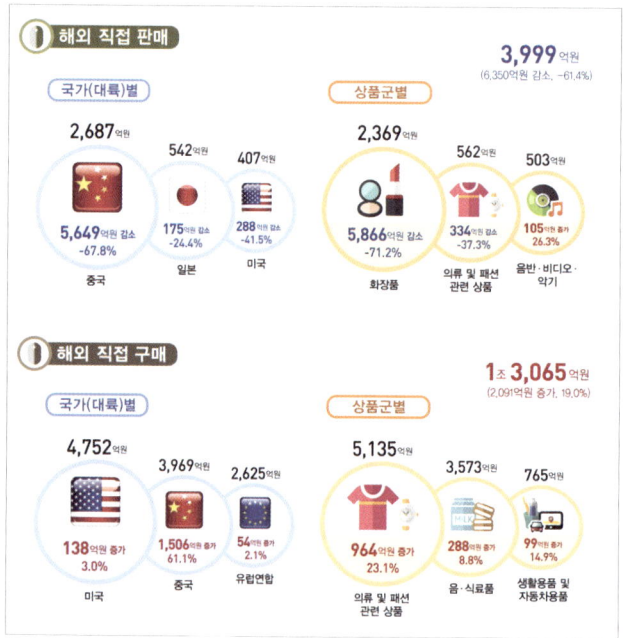

▲ 해외 직접 판매 구매 현황 (출처:통계청)

해외 직접 구매가 늘어나고 있음은 국내 온라인 구매대행 시장이 성장 추세라는 것을 알 수 있다. 가장 많이 구매하는 국가는 미국, 유럽, 중국 순이고 의류, 패션 관련 상품, 음, 식료품, 생활용품, 자동차용품 순으로 잘 팔리는 것을 볼 수 있다.

최저 수수료 및 정산

온라인 쇼핑몰에 판매할 수 있는 채널은 아주 많다. 소셜커머스의 대표적인 쿠팡, 위메프, 티몬 채널에 판매할 수도 있고 오픈마켓으로는 지마켓, 옥션, 11번가 등이 있다. 종합몰로는 CJ몰, 롯데, H-mall 등 여러 마켓이 있다. 그 이외에 카카오몰, SNS를 통한 판매 등 여러 유형으로 판매가 가능하다. 필자는 여러 마켓 채널 중 스마트스토어를 먼저 해보라고 추천하고 싶다. 타사에 비해서 수수료가 저렴하고 상품 등록이 간단해서 처음 초보 셀러에게 아주 적합하기 때문이다. 실제로 네이버 스마트스토어는 2022년 12월 기준 55만개가 운영되고 있으며, 매년 꾸준히 늘고 있다.

쇼핑몰	수수료	비고
스마트스토어	1~5.74%	
오픈마켓 (지마켓,옥션)	8~15%	
소셜커머스 (쿠팡)	5~10% / 배송수수료 3.3%	
소셜커머스 (위메프,티몬)	14~30%	
종합몰 (CJ몰,H-mall,롯데몰)	20~35%	
카카오몰	5.5% / 톡딜 10%	

또한, 정산이 빠르다는 장점이 있다. 네이버 스마트스토어는 고객이 구매확정을 하면 1영업일째 정산된다. 구매확정을 안하더라고 배송완료 후 7일 이내에 정산이 된다. 비교적 빠른 정산으로 초기 사업 자금이 부족하더라도 빠른 성장을 시도할 수 있다.

네이버 플랫폼

스마트스토어는 네이버 플랫폼이기 때문이라도 시작하길 추천한다. 우리나라에서 제일 많이 사용하는 포털 사이트 중 1위이기 때문에 노출의 빈도도 그만큼 높기 때문이다. 예전에 비해 구글 사용자가 늘어났다고 하지만 아직 국내에서는 단연코 네이버가 1위이다. 네이버 검색으로 많은 사용자가 접속하고 있다. 인터넷 트렌드 자료에 따르면 2022년 전체 카테고리 점유율을 보면 네이버가 61.2%, 구글이 28.55%이다. 예전보다 구글이 많이 상승된 것을 알 수 있다.

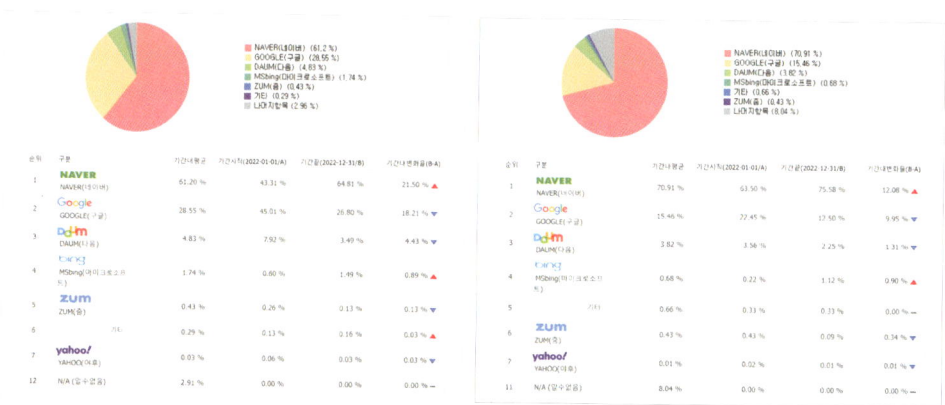

▲ 검색 카테고리 결과 화면 (출처:인터넷트랜드)   ▲ 쇼핑 카테고리 결과 화면 (출처:인터넷트랜드)

하지만 쇼핑 분야의 카테고리로 검색해보면 결과가 달라진다. 2022년 기준 쇼핑 카테고리를 보면 네이버 70.91%, 구글 15.46%, 다음 3.82%으로 네이버가 압도적으로 높은 것을 알 수 있다. 이는 쇼핑 전체 카테고리의 결과이며 세부 카테고리 별로 약간의 차이는 있겠지만 쇼핑검색에서의 네이버가 차지한 점유율이 우세한 점은 다름이 없다. 게다가 입점 비용이 없고 상품 가격 비교 기능과 연동되어 상품 노출이 용이 하다. 또한 데이터 분석까지 바로 확인 가능한 플랫폼이여서 마케팅 도구 활용이 쉽다.

▲ 스마트스토어 통계분석 화면 (출처 : 스마트스토어 메인 화면)

02
지금은 모바일 쇼핑이 대세

십 년 전만 해도 쇼핑몰에서 상품을 산다고 하면 무조건 PC에서 접속해서 구매하는 사람들이 많았다. 지금은 어떠한가? 주변을 둘러보라. 출근길, 퇴근길, 식사 중에도 회사에서도 집에서도 스마트폰과 함께 하는 시간을 자주 접한다. 그만큼 쉽게 언제 어디서나 인터넷 접속이 가능하므로 온라인에서 상품 구매하기가 아주 쉬워졌다. 판매자에게는 좋은 현상이다. 지금 이 순간에도 모바일 쇼핑 거래액은 꾸준히 늘고 있다. 아래 통계청에서 제공하는 자료를 살펴보자. 2021년 9월 기준으로 온라인쇼핑 중 모바일쇼핑 거래액은 11조 7,378억 원으로 23.9% 증가하였다.

▲ 모바일쇼핑 통계 (출처:통계청)

또한, 온라인쇼핑 거래액 중 모바일쇼핑 거래액 비중은 73%를 차지하고 있다. 우리가 여기서 살펴봐야 할 부분은 온라인 쇼핑몰에서 많은 비중을 차지하고 있는 모바일을 공략해야 된다는 것이다. 상품군별로 PC 거래액이 더 많은 상품군도 있지만 대부분 모바일이 많이 차지하고 있고 앞으로는 더 늘어날 전망이라고 추측한다. 모바일로 손쉽게 몇 번의 클릭만으로 상품주문이 가능한 시대이다. 온라인 쇼핑몰은 더욱 더 확대되고 주문량이 늘어날 것이다. 쇼핑몰 창업이 경쟁으로 힘들다고 하지만 성장할 것이란 전망은 아직도 유효하다고 본다.

03
상품보관부터 배송까지 풀필먼트 서비스

물류란, 말 그대로 물건을 뜻하는 물(物)과 흐름을 뜻하는 류(流)로써 물건의 흐름을 의미한다. 구매한 제품이 고객에게 전달되는 모든 과정이라고 보면 된다. 물류가 멈추면 세상이 멈춘다는 말이 있다. 물류는 우리 생활과 아주 밀접하게 가까이 있다. 우리가 흔히 알고 있는 당일배송, 익일배송, 새벽배송 등 다양한 서비스들은 유통기업들의 경쟁으로 만들어진 전략들이었다. 하지만 코로나19로 고객들은 비대면, 비접촉 구매를 선호하게 되고 이는 많은 이들의 온라인 구매로 이어져 이커머스 기업의 성장 동력이 됐다.

몇 년 전부터 풀필먼트는 유통업계의 경쟁 핵심 동력으로 주목받았으나 코로나19 사태 이후 더욱더 중요성이 대두되고 있다. 풀필먼트란 물류업체가 상품 보관부터 배송까지 판매자의 물류를 일괄 대행해주는 서비스를 뜻한다. 대표적인 사례가 미국의 아마존이다. 성장동력으로 꼽히는 풀필먼드(FBA, Fullfillment By Amazon)는 아마존에 입점한 판매자들의 상품을 물류창고에 보관하고 있다가 주문이 들어오면 포장과 배송을 해주고 재고 관리와 반품 서비스까지 제공한다.

▲ 아마존 풀필먼트 (출처 : 아마존 홈페이지)

국내의 대표적인 사례는 쿠팡의 로켓배송이다. 아직 쿠팡은 직매입 시스템으로 하고 있지만 차츰 아마존처럼 일반 입점상품도 가능한 날이 머지않았을 것이라고 추측해 본다.

현재 네이버는 최근 자체 풀필먼드인 NFA(Naver fillment Alliance)를 제공하고 있다. NFA는 판매자가 각자에게 맞는 풀필먼드 업체를 선정하여 제품의 포장, 배송 등을 대행할 수 있도록 하는 시스템이다.
현재 CJ대한통운, 아워박스, 위킵, 파스토, 품고, 딜리버드, 셀피 등 7개 업체에 한해 제공하고 있으며 향후 서비스 업체를 확대할 계획이라고 한다.

또한, 마켓컬리, 쓱배송, 롯데, 카카오등 여러 대기업들이 풀필먼트에 투자를 하고 있고 시스템을 구축해 나가고 있다. 풀필먼트 시스템에 투자하는 이유가 무엇일까?
국내 커머스 시장은 빠른 배송이 관건이므로 풀필먼트가 핵심 경쟁력으로 부상하는 것이 당연하다고 볼 수 있다. 이는 차별화 배송 서비스를 통해 소비자의 구매를 끌어올리고 진화된 서비스는 고객 확보에 유리하기 때문이다.

▲ 네이버 풀필먼트 서비스 (출처: 스마트스토어 관리자 페이지)

그렇다면 일반적인 스마트스토어 셀러에게 풀필먼트는 어떻게 적용될까? 고객에게 주문이 들어왔다고 해보자. 운영자는 쇼핑몰에 주문이 들어오면 주문정보, 고객 정보, 배송지, 연락처 등을 데이터로 다운 받는다. 그 다음 다운 받은 데이터를 택배 송장 시스템에 입력 하게 된다. 송장을 입력을 하고 나면 송장 번호가 나오게 된다. 그리고 나면 그 송장 번호를 다시 쇼핑몰 관리자에서 개별로 주문 정보에 입력을 해 준다. 처음에는 소량의 주문이라면 이런 배송에 관련된 행정업무가 힘들지 않을 수 있다. 하지만 하루 100건 이상 주문이 많아지면 배송업무에 관한 직원을 충원해야 될 것이다. 필자도 처음엔 혼자 운영했지만 주문이 많아지고 나서는 업무가 많아 배송 담당 전문 직원을 따로 채용해야 했다.

STEP 1 주문   STEP 2 결제   STEP 3 상품준비   STEP 4 배송

1인 창업자라면 상품개발 및 소싱, 마케팅, 배송업무, 재고관리, 고객CS까지 모두 혼자 도맡아야 한다. 여러 업무에 시간과 인력의 부족을 느낄 것이다. 이에 대한 해결책으로 3PL(3자물류)를 꼽을 수 있겠다.

3PL이란 고객사에서 판매하는 품목들에 대하여 상품의 위탁 보관부터 발송까지 필요한 과정 중 여러 과정을 종합적으로 제공하는 원스톱 물류서비스를 말한다. 요즘 3PL 업체가 많이 생겨나고 있다. 이를 통해 운영자는 인권비, 물류비, 창고비를 절감할 수 있고, 물류에 들어갈 비용과 노력을 다른 곳에 투자함으로써 마케팅, 상품개발, 고객서비스 등에 집중할 수 있다.

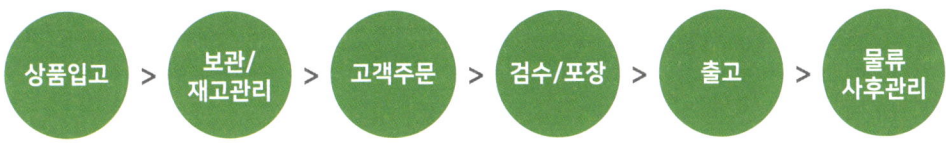

▲ 3PL 물류 진행과정

그렇다고 해서 모든 온라인 쇼핑몰들이 풀필먼트나 3PL 서비스를 반드시 이용할 필요는 없다. 내 쇼핑몰에서 다양한 요소를 꼼꼼히 따져보고 풀필먼트 서비스의 이용 여부를 결정하는 게 좋겠다.

04
라이브커머스의 전망

라이브 스트리밍(live streaming)과 전자상거래(e-commerce)의 합성어로 라이브커머스라고 한다. 라이브커머스는 실시간 방송을 통해 상품을 소개하여 판매하는 것을 말한다. 판매자는 생생하게 전달하여 온라인으로 상품을 홍보할 수 있고, 소비자는 장소에 구애받지 않고 내가 원하는 상품을 간접 체험하여 구매할 수 있다. 어떻게 보면 기존 TV에서 보는 홈쇼핑과 유사할 수 있다. 하지만 스마트폰만 있으면 어디에서든지 시청이 가능하고 실시간으로 정보교류와 질문과 대답이 가능한 점이 홈쇼핑과 차별화된 점이다. 좀 더 손쉽고 좀 더 친밀하게 고객과 소통할 수 있다는 장점이 있다.

먼저 우리나라보다 라이브커머스가 많이 활성화된 중국의 왕홍을 토대로 살펴보면 라이브커머스로 안 파는 상품이 없을 정도다. 부동산, 자동차, IT, 식품 등 여러 상품군으로 뻗어 나가고 있다. 이에 따라 MCN(Multiple-Channel Network)산업도 많은 성장을 하고 있다. 중국의 라이브커머스 시장은 올해 매출 기준 6000억 위안(한화 약 102조 6000억원) 규모의 시장을 형성할 것으로 예상되고 있다.

우리나라의 대기업 유통업체도 라이브커머스에서 새로운 먹거리를 찾고 있다. 현재 우리나라에서는 롯데백화점, 신세계백화점, 현대백화점, 11번가, 티몬 등 앞다투어 진출하여 실적을 올리고 있다.

▲ 라이브 커머스 진행 화면 (출처 : 네이버 보도자료 사진)

> **note**
>
> **왕훙**
> '온라인 상의 유명인'을 의미하는 왕루어홍런(網絡紅人)의 줄임말
>
> **MCN**
> 인터넷 스타를 위한 기획사를 흔히 '다중 채널 네트워크', 줄여서 MCN (Multi Channel Network)이라 고함.
>
>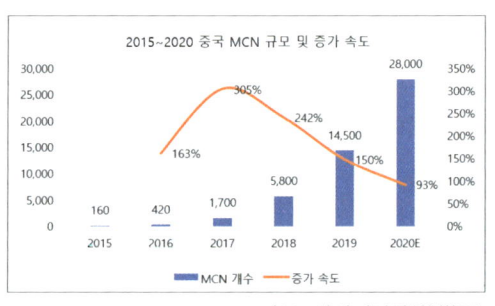
>
> ▲ 자료 : 아이메이왕(艾媒网)

네이버는 2019년 초 '셀렉티브'라는 이름의 라이브커머스를 출시했으나 반응이 좋지 않았고 사업방향을 틀어 2019년 11월 '셀렉티브 라이브'라는 이름의 라이브커머스가 다시 출시되었다. 현재는 '네이버 쇼핑라이브'라는 이름으로 운영 중이며 스마트스토어 판매자는 누구나 방송이 가능하다.

2021년 12월 기준 네이버 쇼핑라이브는 정식 출시를 한 지 1년 4개월 만에 누적 시청 횟수 7억 뷰, 누적 거래액 5천억원을 기록했다고 한다.

스마트스토어에 입점하는 창업자가 많아지고 있기 때문에 라이브커머스를 통한 매출도 많이 늘어날 것으로 보인다. 카카오도 카카오톡 쇼핑하기 톡채널과 카카오쇼핑라이브 톡채널을 통해 라이브 커머스를 진행하고 있다. 카카오커머스 상품 가운데 인기 있는 제품을 선별해 특별한 조건으로 판매하는 시스템도 있다.

▲ 스마트스토어의 라이브커머스 화면 (출처 : 네이버)

▲ 라이브커머스 플랫폼 (출처 : 네이버 기사)

향후 어떻게 라이브커머스가 소비자에게 다양한 경험을 선사하고 어떤 영향을 미칠지 귀추가 주목된다.

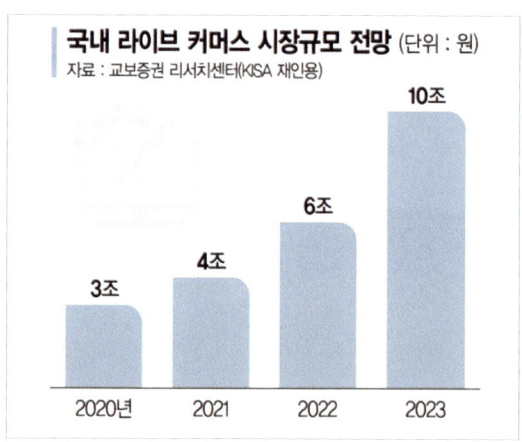
▲ 라이브 커머스 시장규모 전망 (출처 : 교보증권 리서치센터)

온라인 쇼핑의 경우 구매 전환율이 2% 정도 이다. 그에 비해 라이브커머스의 구매 전환율은 20%에 이르기 때문에 성장 잠재력이 높다.

05
온라인 창업으로
성공하고 싶다면 스마트스토어

현재 글을 쓰고 있는 이 시점은 코로나19로 유통산업의 소비재 시장 판도가 바뀌고 있다. 코로나19로 인한 사회적 거리두기가 비대면 기업은 뜨고 대면 업종은 추락하는 등 많은 변화가 일어나고 있다. 그로인해 비대면 소비문화를 가속화시키며 온라인 쇼핑 기업이 수혜를 톡톡히 보고 있다. '위기는 기회다'라는 말이 있듯이 이 시기가 쇼핑몰 창업을 앞두고 있는 여러분들에게 더 많은 기회가 펼쳐질 것이라 생각된다. 앞으로 이커머스 시장은 더욱 더 가속화 될 것이다.

현재 국내에 이커머스 온라인 시장에서 가장 영향력 있는 곳은 어디일까? 소프트뱅크의 거대한 투자를 통해 이슈가 되었던 쿠팡을 꼽을 수 있다. 지난해 매출 22조로 전년 대비 54% 증가하였다. 특히 쇼핑 앱 중에서는 쿠팡이 독주하고 있다. 하지만 쿠팡의 자리를 위협하는 대표적인 채널이 바로 네이버다. 아주 빠른 속도로 이커머스 시장에서 확대되고 있다.

▲ 쿠팡에 투자한 소프트뱅크 (출처 : 이코노믹리뷰 기사)

와이즈앱·와이즈리테일 조사한 결과에 따르면 네이버 결제 금액은 2020년 상반기 12조5000억 원으로 역대 최고치라고 한다. 네이버 스마트스토어(쇼핑), 웹툰, 음악 등 네이버의 다양한 서비스를 이용할 때 결제한 금액이다. 특히 6월 네이버 결제금액은 역대 최대치인 2조3,600억 원을 기록했다.

▲ 스마트스토어 개설 수 (출처 : 디지털타임스 기사)

실제로 스마트스토어 수는 2020년 6월 까지 연 매출 1억 이상 판매자만 2만 6000명을 넘어섰다. 앞으로도 네이버는 언택트의 영향으로 거침없는 성장을 지속할 것으로 보여진다. 성장의 가속도를 밟고 우리도 스마트스토어를 시작해 보자.

네이버 페이 간편결제

▲ 네이버 페이 편리한 결제 (출처 : 네이버)

간편결제는 지난 2015년 공인인증서 의무사용이 폐지된 이후 본격적으로 도입됐다. 한국은행에 따르면 결제액을 기준으로 간편결제 국내 시장 규모는 지난해 120조원을 돌파한 것으로 추정된다.

네이버도 2015년 6월 간편결제서비스를 도입해 결제 과정을 큰 폭으로 줄였다. 쇼핑몰 회원 가입, 배송지 입력 등의 절차 없이 네이버 아이디만 있으면 상품 검색 및 결제, 환불까지 한 번에 이용할 수 있다. 또한 네이버 뮤직, 웹툰 등 디지털 콘텐츠 결제도 가능하다. 공인인증서나 문자 메시지 인증 없이 첫 번째 결제 때 사용했던 카드와 은행 계좌를 등록하면 다음부터 비밀번호만 입력해도 결제가 가능하다.

지난 2018년 상반기 6조 8000억 원, 2019년 상반기 9조1000억 원, 2020년 상반기 12조 5000억 원에 이어 2021년 상반기 네이버 결제금액이 역대 최대를 경신했다. 올 상반기에만 우리 국민이 네이버에서 결제한 금액은 무려 17조 7000억 원에 달한다.

오픈서베이에 따르면 네이버 쇼핑을 주로 하는 이유를 조사한 결과 간편결제를 가장 많이 꼽았다고 한다. 네이버페이가 주는 결제 편의성이 네이버쇼핑을 하는 주요 요인으로 여겨져 큰 역할을 하고 있는 것으로 보여진다. 편리함으로 인해 많은 구매자들은 지속적으로 네이버 쇼핑을 통해 결제를 할 전망이니 판매자로써는 네이버는 꼭 입점해야 할 플랫폼 중 하나라고 여겨진다.

네이버 멤버십

2020년 6월 '네이버플러스 멤버쉽'가 출시 됐다. 쇼핑 혜택과 음악, 영화 감상 등 콘텐츠를 이용할 수 있는 서비스다. 월 4,900을 내면 사용이 가능하다. 특히 쇼핑과 관련해서 포인트 적립이 최대 5%라 많은 소비자들이 이용할 것으로 예측된다. 한 달에 10만 원 이상 구매가능한 소비자라면 멤버십이 이득이라는 계산이다. 스마트스토어 판매자에게는 더욱 구매욕구를 일으킬 수 있는 좋은 조건이니 네이버 플랫폼의 스마트스토어를 잘 이용해 보자.

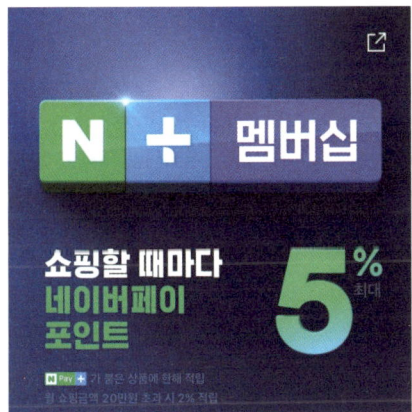

▲ 네이버 멤버십 (출처 : 네이버)

에이아이템즈(AiTEMS)

인공지능이 쇼핑 상품에도 적용되기 시작했다. 에이아이템즈(AiTEMS)는 인공지능을 뜻하는 AI와 상품을 뜻하는 Items의 합성어 이다. 사용자가 관심 있을만한 상품을 자동으로 추천해 주는데 취향과 구매패턴, 클릭했던 상품 등 행동요소와 상품의 상품명, 카테고리명, 가격, 판매처명, 상품 아이디 등의 텍스트 정보, 상품 이미지 정보 등 여러 가지 요소를 분석해 추천 트렌드 서비스를 보여준다. 계속 고도화 됨에 따라 구매 확률이 높아지고 있다.

▲ 에이아이템즈 화면 (출처 : 네이버)

Part 2

온라인 창업과 스마트스토어 쇼핑몰에 대한 이해

01 온라인 창업 마인드맵
02 쇼핑몰 창업 전 필수사항
03 잘 팔리는 아이템 소싱
04 해외 아이템 상품 찾기
05 국내 아이템 상품 찾기

01
온라인 창업 마인드맵

스마트스토어를 시작하기에 앞서 온라인 쇼핑몰 창업을 위해 준비해야 할 것을 정리해보자. 어떤 것부터 해야 하는지 무엇을 해야 하는지 정리가 잘 안될 때는 마인드맵을 이용하여 도식화해보면 머릿속이 깔끔해지고 당장 무엇부터 시작해야 하는지 그려진다.

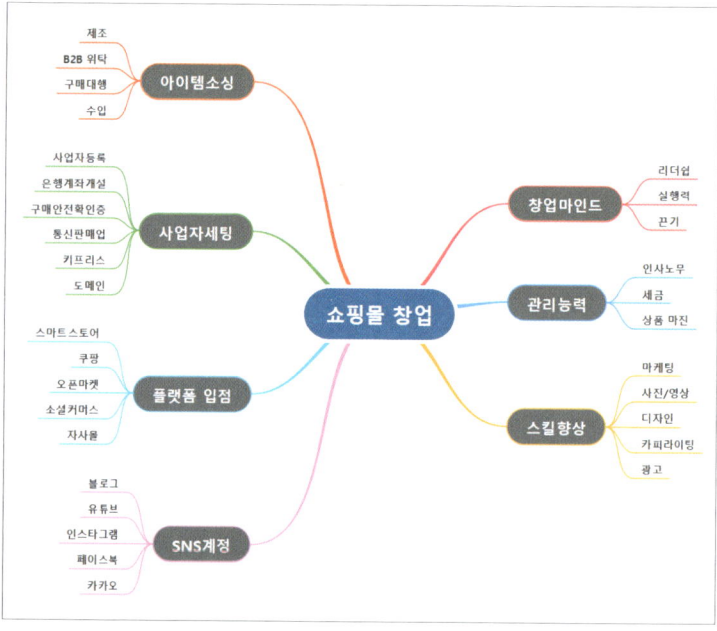

▲ 쇼핑몰 창업 마인드맵

위의 이미지는 필자가 생각하는 창업에 대한 준비과정을 마인드맵으로 그려보았다. 한눈에 보기 쉽고 어떻게 해나가야 할지 감이 잡히는가? 복잡하게 생각할 필요가 없다. 하나씩 차근차근 해나가면 된다. 우선 큰 틀로 보면 아이템 소싱, 사업자 세팅, 플랫폼 입점, sns계정가입, 창업마인드, 관리능력, 스킬 향상으로 공부해야 할 것들까지 모두 다 적어 보았다.

마인드맵에서 제일 중요하다고 여기는 부분은 실행력이다. 아무리 기획을 잘하고 계획이 있더라도 실행하지 않으면 아무것도 아닌 것이 된다. 꿈은 꿈꾸라고만 있는 것이 아니다. 꿈을 이루기 위해 있는 것이다. 실행을 못 하는 이유를 물어본다면 여러 가지 이유는 다 있을 것이다. 시간이 부족하다면 시간을 벌기 위해 어떤 것들을 포기해야만 한다. 그것도 안된다면 잠을 줄여야겠고 능력이 부족하다면 공부를 하면 된다. 그런 여러 이유는 핑계에 불과하다. 이 책을 집어 든 여러분들은 진정으로 쇼핑몰 창업을 원하는 분들이라고 생각된다. 이제 생각만 하지 말고 생각을 현실로 만들어 담대하게 나아가는 여러분들이 되길 바래본다.

note

필자는 이드로우 마인드 프로그램을 사용하고 있다. 인터넷 주소에 이드로우 마인드 홈페이지(https://www.edrawsoft.com/kr/)에 접속하여 다운받을 수 있다

창업지원을 받을 수 있는지 알아보자!

중소벤처기업부에서 주관하는 프로그램에는 사업을 처음 시작하는 예비창업자부터 3년 미만 또는 7년이내 사업자까지 지원해 주는 프로그램이 있다. 정부지원금 뿐만 아니라 창업보육공간, 컨설팅 및 교육, R&D등 여러 지원프로그램이 열려 있으니 사업에 도움될 내용이 있는지 꼭 확인해 보자.

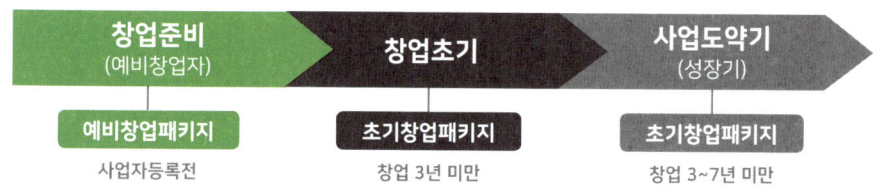

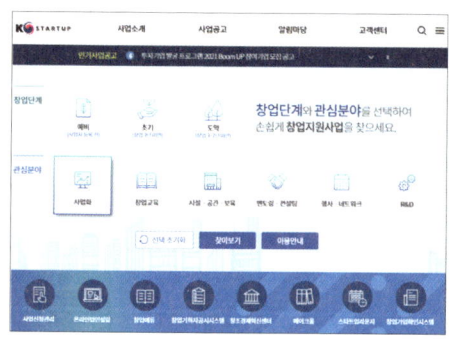

▲ K-Startup 창업지원포털

▲ 창업진흥원

신사업창업사관학교

국내외 다양한 신사업 아이디어를 발굴·보급하고 성장 가능성이 높은 유망 아이템 중심의 예비창업자를 선발하여 창업이론 교육, 점포경영 체험교육, 멘토링, 사업화 지원 등을 패키지로 지원하며 교육생 모집은 상하반기 각 1회씩 진행하고 있다.

▲ 신사업창업사관학교 홈페이지

> **note**
>
> 창업지원을 받기 위해서는 필수 서류가 있다. 그중에 가장 어렵기도 하고 중요한 것은 사업계획서에 해당된다. 아래의 사업계획서 항목을 확인하고 미리 작성하고 꾸준히 수정하는 것이 중요하다.
>
> **[사업계획서항목]**
> 1. 창업 동기 및 추진사항(창업동기 및 창업목표를 기술)
> 2. 사업추진사항 (사업추진 내용 상세히 기록)
> 3. 제품개요 (기술개발의 필요성, 창업과제의 용도, 사양, 주기능, 성능 등 제물에 대한 설명)
> 4. 국내외 시장규모 및 전망 (현재 및 향후 3년간의 시장규모, 시장전망, 국내외 시장 동향, 시장진입 조건 등 시장구조 및 특성, 주요 수요처 등)
> 5. 파급효과 (사업화 성공에 따른 고용인원 창출 등 고용창출을 많이 필요로 하는 과제 우선, 사회적 가치를 위한 노력과 계획)

02
쇼핑몰 창업 전 필수사항

온라인 판매를 하기 위한 절차는 우선 사업자등록을 하고 사업자용 통장과 공인인증서 발급을 한 후에 해당은행에서 구매안전서비스 이용 확인증을 발급받고 통신판매업을 신청하면 된다.
순서를 정리하면, 아래와 같은 순으로 진행하면 된다.

사업자등록 → 사업자은행계좌, 공인인증서 발급 → 구매안전 서비스 이용 확인증 발급 → 통신판매업신고

▲ 쇼핑몰 창업시 서류 발급 절차

어떻게 보면 위 내용과 같이 기본적인 서류만 준비되면 시작할 수 있는 사업이 쇼핑몰 사업이다 보니, 많은 사람들이 쉽게 생각하고 진입했다가 또 빠르게 폐업하게 되는 경우가 많은 것 같다.

조금 더 세부적으로 살펴보면, 1단계 아이템 선정, 2단계 사업계획서, 3단계 자금계획, 4단계 각종 서류 준비, 5단계 스마트스토어 가입, 6단계 스마트스토어 디자인, 7단계 상품등록, 8단계 스마트스토어 마케팅의 단계를 무한 반복하는 것이 쇼핑몰 사업이라고 보면 된다.

> **note**
> 스마트스토어는 사업지등록증을 내지 않아도 개인판매자로 시작할 수 있다.
> 하지만 지속적인 판매를 위해서라면 사업자 전환이 필수다. 사업자로 전환하지 않으면 가산세 부담 등의 불이익을 받을 수 있다.

사업자 등록증 발급

모든 사업자는 사업을 시작할 때 반드시 사업자등록을 하여야 한다. 사업자등록은 사업장마다 등록해야 하며 사업 개시일로부터 20일 이내에 다음의 구비서류를 갖추어 사업장 관할 세무서장에게 신청하면 된다. 위에 노트에서 확인했듯이 스마트스토어는 사업자 없이 개인판매도 가능하지만 일정 매출 이상이 되면 사업자등록 신청을 하는 것을 추천한다. 사업자 등록증은 홈택스에서 가입하여 신청해도 되고, 직접 세무서를 방문하여 신청하는 것도 가능하다. 사업자등록증 신청 시 유형은 세 가지로 볼 수 있다. 간이과세자, 일반과세자, 법인으로 신청이 가능하다.

처음 사업자를 등록할 때 보통 간이과세자로 등록을 하게 된다.
간이과세자는 낮은 세율이 적용되는 장점이 있다. 하지만 매입세액에 5~30% 만 공제를 받을 수 있다. 대신 2021년 간이과세자 개정으로 인해 4,800만원 이상 8,000원 미만의 매출이 발생하는 간이과세자에 한해 세금계산서 발급의무가 생겼다. 연매출 8,000만 원 미만에 해당할 것으로 예상되는 소규모 사업자인 경우에는 간이과세자로 등록하는 것이 유리하다.

또한, 연매출 8,000만 원 이하면 간이과세자를 계속 유지할 수 있다. 간이과세자 부가세 신고는 1년에 한 번 매년 1월에 이루어진다. 세금을 내지 않는다고 하더라도 신고는 해야 한다.
일반과세자는 10%의 세율이 적용되는 반면에 물건 등을 구입하면서 받은 매입 세금계산서 상에 부가가치세를 전액 공제받을 수 있고 세금계산서를 발행할 수 있다. 연간 매출액이 8,000민 원 이상인 것으로 예상되거나 간이과세가 배제되는 업종 또는 지역에서 사업을 하고자 하는 경우에는 일반과세자로 등록해야 한다.

홈택스에서 사업자 신청 방법

홈택스 홈페이지 상단의 신청/제출 버튼을 클릭한다.

▲ 국세청 홈택스 화면 (출처 : 홈택스)

사업자등록신청으로 들어간다.

본인이 편한 방법으로 로그인한다.

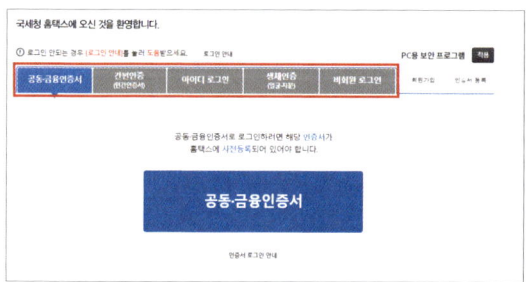

> **note**
>
> **홈택스(Hometax)란?**
> 세무서 방문없이 언제 어디서나 인터넷을 통해 세금 신고 납부, 민원증명 발급, 현금영수증 조회, 전자세금계산서 조회/발급 등을 편리하게 이용할 수 있는 종합 국세서비스다.
>
> **전자고지란?**
> 납세자가 납세고지서를 우편으로 받는 대신 홈택스에서 전자고지를 신청하면 고지 내용을 열람할 수 있는 서비스다.

개인정보 및 사업정보를 입력하고 저장 후 다음을 누른다.

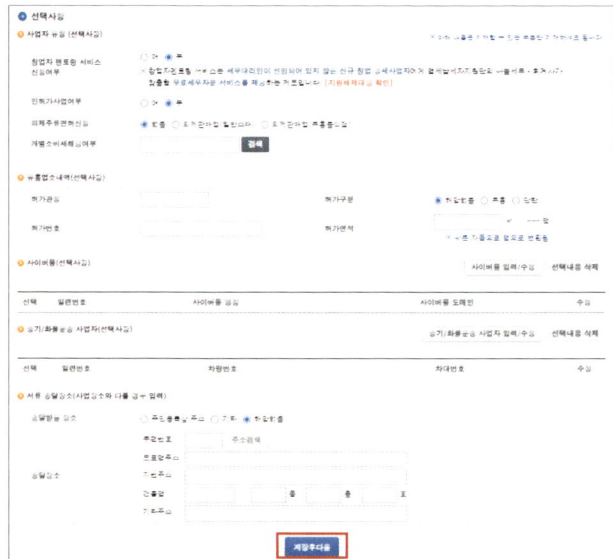

자신에게 맞는 서류를 등록한다.

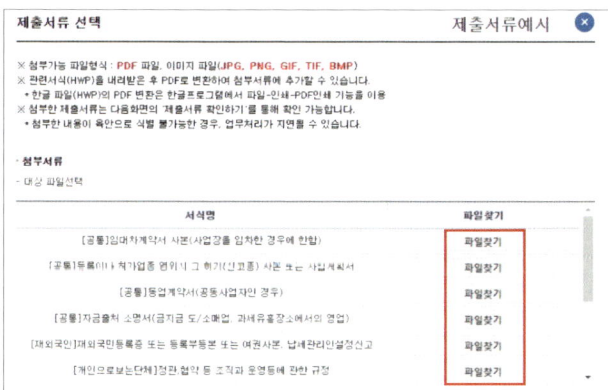

사업장이 자가가 아닌 경우 임대차계약서 사본은 필수다. 해당사항이 없는 경우 따로 서류를 첨부하지 않아도 된다. 서류첨부 후 다음을 누르면 신청이 완료되며 '나의 민원'에서 신청현황을 확인할 수 있다.

[사업자 신청시 구비서류]
- 사업자등록 신청서 1부
- 사업허가증·등록증 또는 신고필증 사본 1부
 (허가를 받거나 등록 또는 신고를 하여야 하는 사업의 경우)
- 사업허가(허가·신고) 신청서 사본 또는 사업계획서 1부 (허가 전에 등록하고자 하는 경우)
- 임대차계약서 사본 1부 (사업장을 임차한 경우)
- 2인 이상 공동으로 사업을 하는 경우에는 동업계약서 등 공동사업을 증명할 수 있는 서류
 (사업자등록은 공동사업자 중 1인을 대표로 하여 신청)
- 도면 1부 (상가건물 임대차보호법이 적용되는 건물의 일부를 임차한 경우)
- 자금출처 명세서 1부 (금지금 도소매업, 과세유흥장소 영위자, 연료판매업,
 재생용 재료 수집 및 판매업의 경우)

개인정보 및 사업정보를 입력하고 저장 후 다음을 누른다. 미리 사업의 업태 종목에 대해서 찾아보고 가면 서류 작성 시 편리하다. 상호도 미리 생각하고 유사한 사업자가 같은 이름을 사용하는지 미리 체크해야 한다. 온라인 판매를 하고자 한다면 업종에 전자상거래업을 신청해야 한다. 또한 사업자를 만든 후에 홈택스에서 사업자 신용카드도 등록해두면 세금신고 시 매입 증빙자료로 사용하기 편리하다.

note

사업자 등록을 하기 전에
온라인 특허청 키프리스에
접속하여 상표 검색을 꼭 해야 한다.

▲ 키프리스 상표 검색 화면 (출처 : 키프리스)

구매안전서비스 이용 확인증 발급

구매안전서비스 이용 확인증을 설명하기 전에 에스크로에 대하여 간단히 살펴보겠다. 에스크로란, 구매자의 결제대금을 제 3자가 예치하고 있다가 계약에 문제가 없을 경우 판매자에게 최종적으로 돈을 지급하는 서비스이다. 안전한 거래를 위해서 중개자가 돈을 지불하는 방식이라고 이해하면 된다. 에스크로 서비스는 농협, 기업, 국민은행의 각 홈페이지에서 신청이 가능하다. 통신판매업 신고를 위하여 해당 은행 홈페이지에서 출력하면 된다.

▲ KR국민은행 에스크로 화면

다른 방법으로는 네이버 스마트스토어에 가입을 하고 관리자 페이지에서 판매자 정보로 들어가면 은행에서 발급받지 않더라도 출력이 가능하다. 스마트스토어에 가입된 판매자라면 관리자 페이지에서 구매안전서비스 이용 확인증을 다운 받을 수 있다.

스마트스토어센터에 접속을 한 후 왼쪽 메뉴에서 [판매자정보]->[판매자정보]를 선택한다. 스마트스토어 가입 단계는 다음 파트에 나올 예정이다.

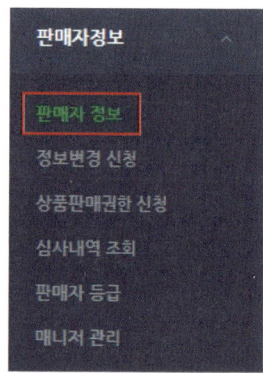 

해당 메뉴를 클릭한 후 상단 오른쪽 버튼중 구매안전서비스 이용 확인증을 선택하여 다운받으면 된다.

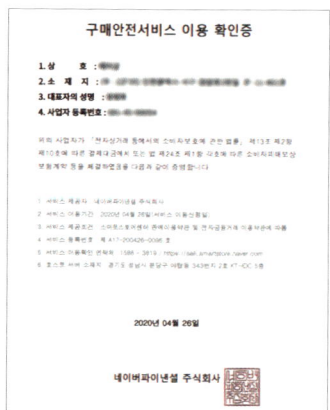

▲ 구매안전서비스 이용 확인증

통신판매업 신고증 발급

온라인에서 물건을 파는 일을 하는 사람들은 반드시 '통신판매신고'를 해야 한다. 쉽게 말해서 스마트스토어, 쿠팡, 오픈마켓, 카페24등과 같이 온라인에 상품을 판매하려는 사업자들은 필수로 통신판매업 신고를 해야 한다. 사업자등록증이 나온 후에 신청이 가능하고 업태는 도매 및 소매업, 종목은 전자상거래업을 신고해야만 통신판매업 신고가 가능하다. 만약 사업자를 이전에 개설했는데 업태와 업종이 맞지 않는다면 가까운 세무서나 홈택스에 접속하여 사업자정보 정정 신청을 해야 한다. 법인의 경우 개설 후 정정 절차가 까다로우니 처음 신청 시 가능한 업종을 모두 추가하는 것이 좋다.

통신판매업 신고증은 온라인 또는 오프라인으로 방문해서 신청하는 방법이 있다. 온라인은 정부24 홈페이지에서 신청하고 완료 후에 방문해서 수령하면 간편하게 발급이 가능하다. 또한 오프라인 신청은 시청, 구청에서 발급이 가능하다.

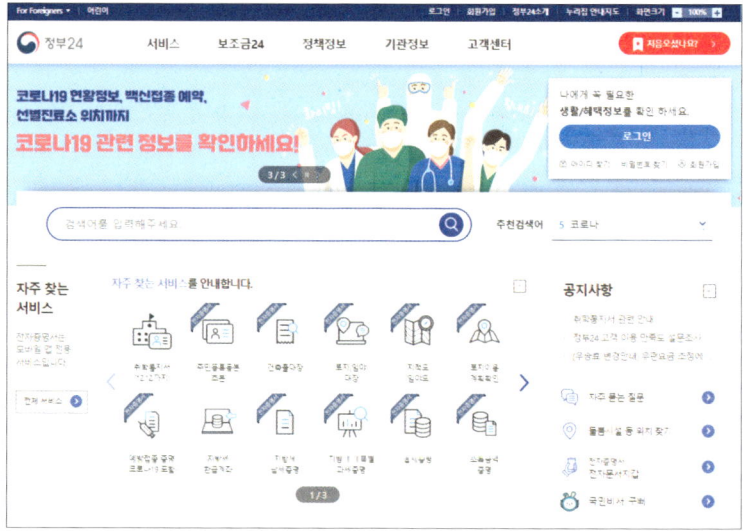

▲ 정부 24 메인 화면 (출처 : 정부24)

정부24 사이트에 접속하여 검색창에 '통신판매업신고'라고 검색한다. 신청버튼을 누르면 로그인 화면에서 비회원으로도 신청이 가능하다.

비회원으로 신청 시 개인정보동의 화면이 나타난다.

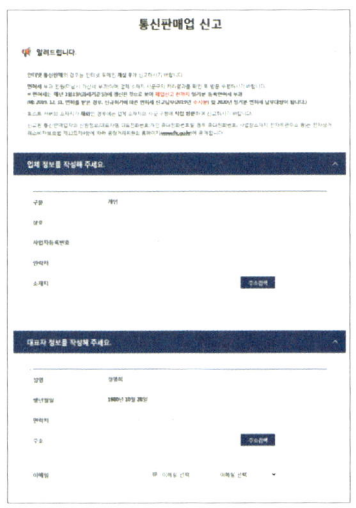

신청화면이 뜨면 본인의 사업자등록증을 참고해 정보를 작성하면 된다. 판매방식은 '인터넷'으로 가장 많이 선택을 한다. 취급품목에는 '종합몰'로 선택하면 되고 건강/식품이나 다른 품목이 있는 경우는 따로 구비서류가 필요하다. 그 외에도 구비서류를 제출해야 하는데 통신판매업 신고 시 구매안전서비스 이용확인증이 필요하다. 스마트스토어나 쿠팡에서 발급이 가능하고 그렇지 않은 경우에는 은행 사이트에서 발급이 가능하다.

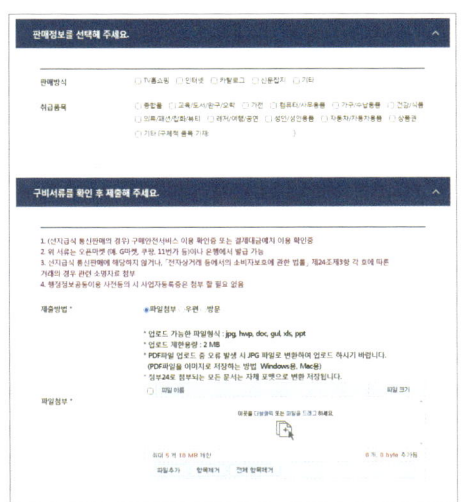

구비서류를 첨부파일에 업로드 해준다. 필요서류는 1)사업자등록증 사본, 2)구매안전서비스 이용 확인증, 3)도장(신고서 날인 시 필요 없음)이 있다.

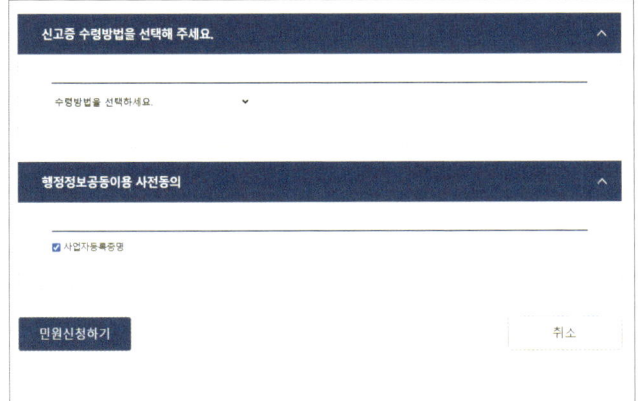
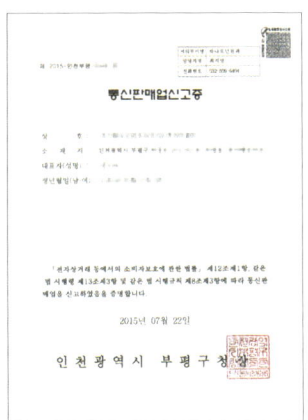

▲ 통신판매신고증

수령방법은 사업장이 소재지에 방문하여 수령하는 방문수령과 온라인발급(본인출력)이 있다. 방문수령 소재지의 경우 업체정보를 등록할 때 나오는 행정처리기관에서 수령하면 된다. 여기까지 완료가 되면 민원신청하기 버튼을 누른다. 민원신청이 완료되면 통신판매업 신고처리를 문자로 받을 수 있다. 등록면허세는 간이사업자의 경우 면제이고 일반과세자부터는 40,500원의 비용이 발생되니 참고해서 납부하면 된다.

> **note**
>
> 건강기능식품을 판매하기 위해서는 '건강기능식품 법정교육'을 받아야 한다. 자신에게 맞는 과정을 선택하고 교육을 들으면 되는데, 교육에는 교육비가 발생하며 테스트를 통과해야한다.
>
> 이후 사업자등록증과 교육수료증을 구비한 후 가까운 시, 군, 구청에 방문하거나 정부24를 통해 온라인으로 영업신고를 하면 건강기능식품 영업신고증이 발급된다.
>
> 영업신고증 발급에도 면허세가 발생하니 유의하자.
>
> 또한 식품관련판매자는 년 1회 보수교육을 이수해야한다.
>
>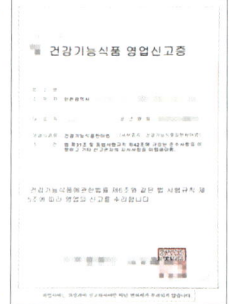
>
> ▲ 건강기능식품교육센터　　▲ 건강기능식품　　▲ 건강기능식품
> edu.khsa.or.kr　　　　　　　교육 수료증　　　　영업 신고증

03
잘 팔리는 아이템 소싱

필자는 처음에 쇼핑몰을 시작했을 때 비키니 수영복을 판매 하였다. 그 당시에는 오픈마켓이 대세여서 G마켓과 옥션을 중심으로 판매를 했다. 친구와 동업을 했는데 친구가 동대문 도매처에서 상품을 소싱해 오고 온라인 판매는 필자가 도맡아 했었다. 상품

촬영, 상품페이지 디자인, 광고 등 모든 업무를 복합적으로 수행 했다. 그러다 보니 시간은 항상 부족하고 할 일이 쌓여 있었다. 효과적으로 하지 않고 주먹구구식으로 운영을 했던 터라 힘들었던 시간이었던 것 같다. 내가 관심 없는 분야의 상품을 판매했기 때문에 소재, 원단, 디자인, 트랜드에 대한 지식도 부족한 상태였고 그냥 사람들이 많이 찾으면 팔리겠지라는 생각으로 시작했다. 하지만 결과는 실패였다. 그래서 그 이후 다시 온라인 쇼핑몰을 시작했을 때는 상품 아이템에 대한 고민을 심각하게 생각해 보고 이것저것 찾아보았다. 같은 상품을 다른 판매자가 잘 판다고 해서 나도 잘 팔린다는 생각은 큰 오산이다.

아이템 조사부터 철저히 시작해야 한다.

첫 번째 수영복 쇼핑몰을 접고 한참 뒤에 두 번째 쇼핑몰을 다시 창업 했을 때는 해외 판매를 해야겠다는 생각을 하게 되었다. 실패를 하고 나서 보니 경쟁이 심한 국내 판매는 어렵다고 생각했기 때문이다. 아마존, 이베이 관련된 교육을 찾아서 듣게 되었고 위에서 설명했던 아마존의 FBA(Fulfillment by Amazon) 까지 실행해 보았다. 그때는 아마존의 물건을 판매한다고 결심하고 마켓에 대한 조사부터 시작했다. 그래서 그때부터 국내와 해외에서 판매하는 같은 아이템에 대해서 비교 분석을 하게 되었고 해당 상품들이 해외 중국에서 가지고 오면 더 가격적인 메리트가 있다는 것을 알게 되었다. 현재 팔리고 있는 공산품중 내부분 80% 이상은 중국에서 만들어진다. 예전에 수영복을 팔았을 때처럼 도매처에서 물건을 가져와 판매해 보는 것도 좋지만 마진율을 높이기 위해서는 직접 수입을 해야겠다고 생각했다.
하지만 초기에는 상품을 직접 수입하여 소싱할 경우 리스크가 있기 때문에 먼저 소자본으로 노매저에서 상품을 소량 수입하거나 배송대행 해주는 곳과 거래하는 등 충분한 경험을 하고 안목을 넓힌 후에 직접 소싱하는 것이 바람직하다고 본다.

04
해외 아이템 상품 찾기

해외 상품에 대한 시장 조사를 하고 싶다면 직접 바이어를 찾아볼 수도 있고 해외 시장을 방문해 볼 수도 있다. 하지만 온라인에서도 충분한 시장조사를 해보고 나서 공장이나 제조업체를 찾아보는 것이 현명하다.

1688.com

중국 상품을 소싱 할 때 주로 참고했던 세 가지 사이트를 추천해 보겠다. 첫 번째 사이트는 1688.com이다. 1688은 중국 내수시장 도매사이트다. 국내 도매꾹과 같다고 볼 수 있다. 장점은 가격이 저렴하다는 것이고 단점은 중국 결제수단이 필요하다는 것이다. 중국 결제 수단을 만들려면 중국 통장이 필요하고 인증할 수단이 필요하다. 만들기가 까다롭기 때문에 배송 대행 업체를 이용하여 구매를 하고 수입을 하면 소싱이 편리하다.

▲ 1688 메인 화면 (출처 : 1688)

알리익스프레스

두 번째 사이트는 알리익스프레스라는 사이트다. 알리익스프레스는 외국 바이어들을 위한 사이트이다. 홈페이지가 영어나 한국어 지원이 가능하기 때문에 보기가 편하고 검색도 용이하다. 신용카드로도 결제가 가능하여 편리한 장점이 있다. 소량 구매 시에는 괜찮을 수 있지만 대량 구매 시에는 가격 비교가 꼭 필요하다. 제조업체나 중간 유통업체와 사이트에서 채팅이 가능하고 가격 협상이 되어 여러 가지 조건을 비교해 보고 구매해보길 추천한다.

▲ 알리익스프레스 메인 화면 (출처 : 알리익스프레스)

타오바오

세 번째 사이트는 타오바오이다. 타오바오는 중국의 소매 마켓이다. 이 사이트에서 중국 내 인기 상품 찾아보고 이 아이템이 괜찮은지 리뷰도 살펴본다. 소량 구매가 가능한 장점이 있지만 도매처가 아니기 때문에 가격비교를 꼭 해봐야 한다.

▲ 타오바오 메인 화면 (출처 : 타오바오)

번역

지금까지 중국 제품 소싱에 관한 세 가지 사이트를 알아봤다. 그렇다면 1688이나 타오바오는 모두 중국어로 되어있으니 어떻게 검색을 할 수 있을까? 생각보다 간단하다. 번역기를 이용하여 검색을 할 수 있다. 번역기는 구글 번역기나 파파고 같은 편리한 번역기가 아주 많다. 빨래 바구니를 검색해 본다고 하자. 번역 사이트에 접속하고 왼쪽 영역에 언어를 한국어로 체크를 한다. 오른쪽 영역에는 중국어를 선택하되 중국어(간체) 공통어로 설정을 한다. 왼쪽 글자 입력 영역에 한국어를 쓰고 번역 실행하기를 선택하면 중국어로 바로 번역이 된다. 중국어로 번역된 글을 복사하여 1688이나 타오바오 검색창에 붙여넣기를 해보자. 모든 상품명이 번역기로 다 되진 않지만 여러 번 하다 보면 요령이 생겨서 검색이 쉬워진다.

네이버 파파고도 구글 번역기처럼 쉽게 사용이 가능하니 원하는 검색어를 입력해보고 상품을 찾아보자.

▲ 구글 번역기 (출처 : 구글)

▲ 파파고 번역기 (출처 : 네이버)

번역한 식탁매트 중국어를 타오바오 사이트에서 검색을 해보았다. 아래와 같은 결과 화면이 나온다. 검색 결과마다 틀리지만 쉬운 단어인 경우 찾고자 하는 유사한 상품을 찾아볼 수 있다.

▲ 식탁매트 검색 결과 화면 (출처 : 타오바오)

이미지 검색

1688 사이트인 경우는 이미지로도 검색이 가능하다. 검색으로 찾기 어려운 경우 유사한 상품을 국내에서 먼저 찾아보고 상품 이미지를 저장해서 이미지 검색으로 상품을 찾는 것이다. 우선 원하는 상품을 포털사이트에서 검색 하고 해당 상품 이미지를 캡처하거나 저장한다. 주의할 사항은 너무 복잡한 이미지는 검색이 어려울 수 있으니 배경이 복잡하지 않은 상품 사진이 좋다. 애견 가방 이미지로 검색을 해보겠다.

1688 사이트에 접속을 하고 상단에 검색창 오른쪽을 보면 카메라 모양의 작은 아이콘이 있다. 아이콘을 클릭하고 이미지를 첨부하면 내가 올린 이미지의 상품과 유사한 상품들을 찾아서 보여준다. 사진 상태가 좋다면 되도록 유사한 상품을 찾아 주는 편이다. 하지만 독특하거나 중국에 없는 상품은 찾지 못 할 수도 있다. 국내에 잘 팔리는 상품을 이미지로 찾아서 비교해보자. 소싱에 많은 도움이 될것이다.

◀ 1688 이미시 검색화면

아래 결과 화면처럼 유사한 상품을 찾아준다. 상품이미지로 되어있고 배경이 복잡하지 않는 이미지가 검색이 잘된다.

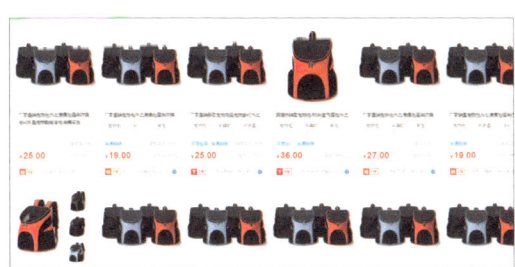

네이버에서 검색해 보면 아래와 같이 같은 상품이 있는 것을 볼 수 있다.

아마존 베스트 상품 아이템 조사

아마존은 세계 최대 마켓으로써 수많은 셀러들이 다양한 상품으로 입점해 있다. 해외에서 인기가 많은 아이템, 후기가 많은 아이템을 눈여겨 보자. 아직 국내에 런칭되지 않았거나 많이 알려져 있지 않았다면 좋은 아이템이 될 수도 있다. 베스트셀러 상품을 살펴보는 것도 중요한 시장조사가 된다.

아마존에서 https://www.amazon.com/bestsellers 로 접속하거나 구글 브라우저 검색창에 'amazon items' 라고 검색해보면 베스트 상품을 만나볼 수 있다. 상단메뉴에 5개의 메뉴가 있는데 하나씩 선택하여 어떤 상품이 인기 많은지 확인해 보자.

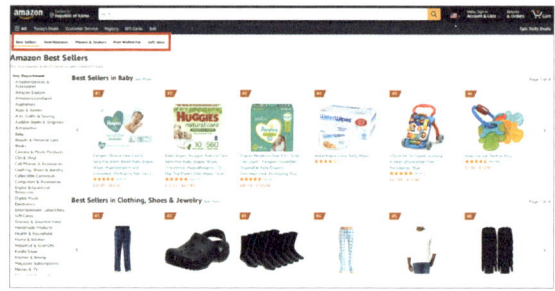

Best Sellers : 카테고리별로 상위 베스트 100상품
New Releases : 최근 출시된 판매량이 높은 상품

Movers & Shakers : 24시간 내에 판매순위 변동이 큰 상품

Most Wished For : 위시리스트에 많이 등록된 상품

Gift Ideas : 선물로 가장 많이 구매된 상품

05
국내 아이템 상품 찾기

국내 아이템에 대한 상품 조사에 유용한 사이트를 소개해 보겠다. 고객들이 선호하는 상품이 무엇인지 검색이 많이 되는 것은 어떤 것인지 살펴보자. 네이버 검색창에 '네이버 데이터랩' 이라고 검색해 본다.

데이터랩

▲ 네이버 데이터랩

데이터랩 홈페이지에 접속하면 상단에 인기검색어가 보인다. 요일별, 주간별, 월별로 조회기 기능하다. 쇼핑인사이트에서 쇼핑카테고리 분야별로 어떤 키워드가 실시간으로 인기가 많은지 조회 가능하다. 일간 조회 시 해당 날에만 트래픽이 발생되는 경우가 있으니 주간, 월간도 꼭 학인해 봐야 힌다.

데이터랩 홈페이지에 접속하면 상단에 인기검색어가 보인다. 요일별, 주간별, 월별로 조회가 가능하다. 쇼핑인사이트에서 쇼핑카테고리 분야별로 어떤 키워드가 실시간으로 인기가 많은지 조회 가능하다. 일간 조회 시 해당 날에만 트래픽이 발생되는 경우가 있으니 주간, 월간도 꼭 확인해 봐야 한다.

▲ 분야별 인기 검색어

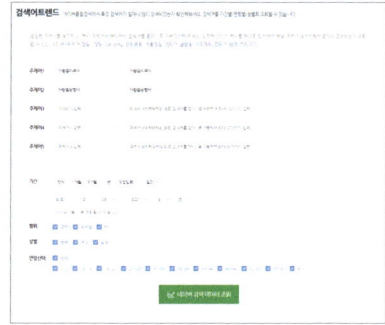
▲ 검색어트렌드

카테고리 별로 확인해 보는 것도 방법이지만 내가 원하는 키워드를 입력해서 자세히 확인해 볼 수 있다. 검색어트랜드에서 원하는 키워드 비교 분석이 가능하다. '차량용디퓨저'와 '차량용방향제'를 비교 분석해보겠다. 주제어 1과 주제어 2에 검색할 키워드를 입력하고 기간은 1년으로 설정하고 성별과 연령도 전체로 검색해 보겠다.

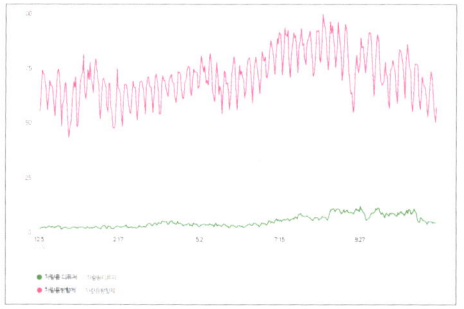
▲ 차량용디퓨저와 차량용방향제 검색결과

결과를 확인해 보면 '차량용디퓨저'보다 '차량용방향제'가 훨씬 검색량이 많은 것을 확인해 볼 수 있다. 내가 판매하고자 하는 아이템에 관련된 키워드를 비교 분석해보고 어떤 키워드로 마케팅을 해야 될지 전략적으로 구상해 볼 수 있다.

쇼핑관련 데이터를 분석해 주는 사이트는 여러 사이트가 있다. 그중 아이템스카우트라는 사이트에 대해 소개해 보겠다. 인터넷 주소창에 아이템 스카우트 인터넷 주소 https://www.itemscout.io를 입력하거나 검색 사이트에서 아이템스카우트를 검색하면 된다.

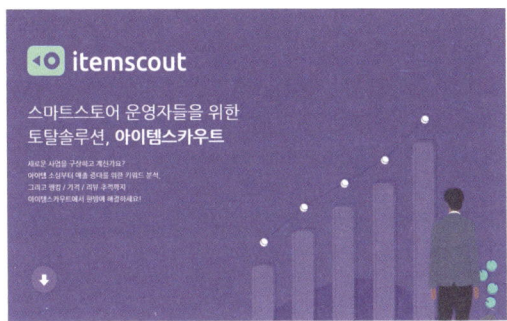
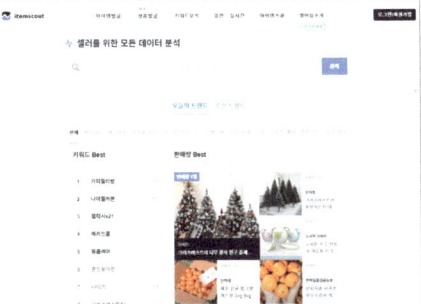

▲ 아이템스카우트 시작 화면

아이템발굴 메뉴를 클릭한 후에 카테고리 선택하는 화면에서 패션잡화>여성가방>파우치 카테고리를 선택해 보자

기간 및 세부 옵션을 설정하고 조회하기 버튼을 클릭한다.

▲ 세부옵션 설정 화면

검색결과가 나오는 것을 볼 수 있다. 상품수, 경쟁강도, 평균 광고클릭수를 확인하며 경쟁력 있는 상품을 찾아본다.

▲ 파우치 검색 결과 화면

다음은 상품발굴 메뉴이다. 상품발굴 탭을 누르면 아래와 같은 화면이 나타난다. 카테고리를 변경해 원하는 카테고리의 상품을 찾아볼 수 있다.

어떤 상품이 상승했는지, 하락했는지 볼 수 있으며 새로 올라온 상품 중 어떤 상품이 인기인지도 볼 수 있다. 날짜와 메뉴를 선택하여 신규/급상승/급하락 별로 따로 확인할 수도 있다.

▲ TOP 100 상품 순위 변동

이번에는 키워드분석이란 메뉴를 선택해 보자.

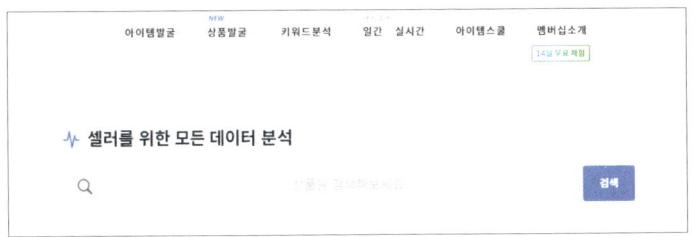

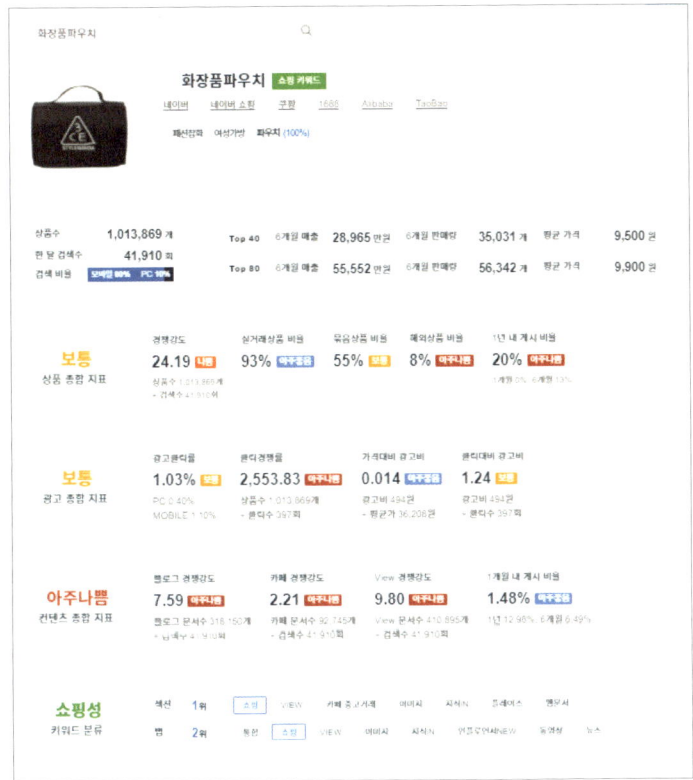

▲ 화장품 파우치 검색 결과

원하는 키워드를 입력해 보자. 여기에서는 '화장품파우치'를 검색했을 때 결과 화면이다. 해당 키워드의 상품, 광고, 컨텐츠 지표가 보여진다. 해당 키워드의 쇼핑성을 한 눈에 알 수 있으며 아이템 조사에도 편리하다.

도매꾹

쇼핑몰 창업자라면 많이 알고 있는 사이트다. 여러 도매 상품을 판매하고 B2B로 배송 대행도 가능하다. 요즘 어떤 상품이 인기 있는지 보고 판매하고자 하는 타사 상품도 있는지 확인해보고 비교해 보자.

▲ B2B배송대행 도매꾹

> **note**
>
> **국내 B2B 배송대행 서비스를 제공하는 업체**
> 종합도매사이트 : 도매차트, 도매꾹, 오너클랜, 도매창고, 온채널, 도매토피아
> 전문몰 도매 사이트 : 도매다, 본필, 식자재코리아, 나이스펫, 가방쟁이

Part 3

스마트스토어
시작하기

01 스마트스토어 개설하는 방법
02 스마트스토어 관리자 메뉴
03 스마트스토어 수수료
04 판매자 등급 관리
05 매니저 관리
06 쇼핑 윈도 신청하는 방법

01
스마트스토어 개설하는 방법

이제부터 본격적으로 쇼핑몰 시작을 위한 스마트스토어를 개설하기 위해, 네이버 검색창에 '스마트스토어 판매자센터'라고 검색해보자. 상단에 네이버 스마트스토어 판매자센터 사이트 바로가기가 나온다. 네이버 스마트스토어센터를 클릭하면 스마트스토어 가입단계를 진행할 수 있다.

▲ 네이버 스마트스토어센터 검색 결과

판매자가입하기

스마트스토어 판매자센터에 접속한 후 판매자 가입하기를 선택한다.

▲ 스마트스토어 판매자센터

판매자 유형

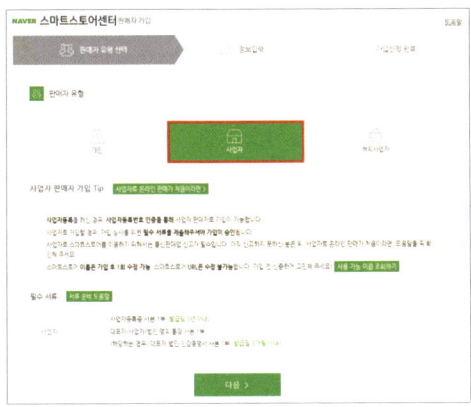

판매자 가입하기를 선택하면 다음과 같은 화면이 나온다. 판매자 유형에는 세 가지가 있다. 개인판매자, 사업자, 해외 사업자로 가입이 가능하다. 아직 사업자 등록 전이면 개인으로 판매가 가능하다. 개인으로 가입을 했다면 판매하다가 사업자 전환이 가능하다. 하지만 제대로 판매하고자 한다면 사업자로 가입하는 것을 추천한다. 운영 하다가 일정 이상 매출이 오르면 사업자 등록을 해야 한다. 또한, 가입 이후 사업자등록을 했다면 [판매자 정보 > 사업자 전환] 메뉴를 통해 사업자로 전환할 수 있다.

사업자 등록

개인판매자의 경우 [휴대전화 본인인증]을 먼저 진행한다.
사업자 판매자인 경우 사업자로 선택하고 스마트스토어를 운영할 [사업자등록번호]를 입력한다.

▲ 개인 판매자 화면

▲ 사업자 판매자 화면

판매자 아이디

스마트스토어 가입 시 기존 네이버 아이디 또는 별도 이메일로 가입이 가능하다. 사용 중인 네이버 아이디로 가입하면 편리하지만 추후 관리자 계정을 공유해서 사용할 경우는 개인 네이버 계정 정보가 공유되므로 가급적이면 이메일로 가입하는 것을 추천한다.

비즈니스 서비스 설정

다음으로 네이버 비즈니스와도 연동해야 한다. 특히 네이버 쇼핑은 반드시 연동해야 한다. 그래야만 상품이 네이버 쇼핑에 노출되기 때문이다. 네이버 톡톡은 판매자와 구매자가 채팅 할 수 있는 플랫폼이다. 구매자가 궁금한 사항이 있으면 고객센터에 문의나 전화하지 않고 채팅으로 간편히 문의 할 수 있어서 편리하다. 기존 네이버 아이디로 사용 가능하다.

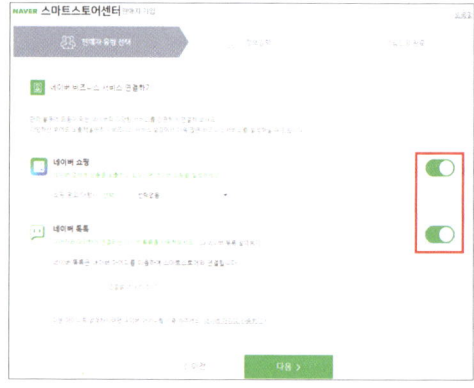

약관동의

이용 약관에 '동의합니다'를 체크 하고 하단의 다음을 선택 한다.

판매자정보

필수요소이니 판매자 정보를 정확히 입력해준다. 판매자명, 메일, 주소는 입력한 대로 구매자에게 노출된다.

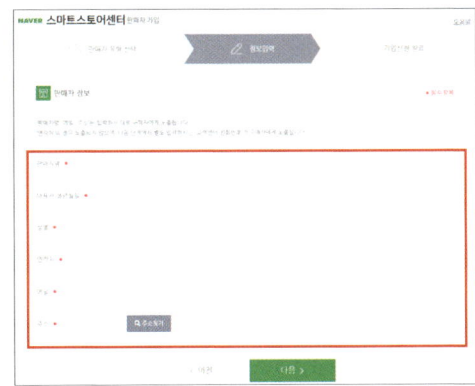

스마트스토어 정보 입력

주의 할 사항은 스마트스토어 이름은 가입 후 1회 수정 가능, 스마트스토어 URL은 수정 불가능하다. 가입 전 신중하게 고민해서 가입해야 한다. 스마트스토어의 이름은 중요하다. 네이버 검색에서 검색어로 활용되기 때문이다. 스토어 이름은 1~14자 이내로 글자 수를 제한한다. 한글, 영어, 숫자가 가능하다. 스마트스

토어 새방문 시 기억하기 쉬운 상섬이름으로 만늘어 보자. 너무 어려운 단어나 특수문자는 사용하지 않도록 하자.

> **note**
>
> 스마트스토어 URL은 변경할 수 없으며, 만약 변경하고 싶을 경우는 탈퇴를 하고 1달 후에 다시 신청을 해야한다.
>
>

카테고리 권한

먼저, 판매할 대표 카테고리를 선택한다. 총 11개의 카테고리 중 주력할 상품군 카테고리를 선택하면 된다. 대표상품 카테고리는 네이버 페이, 네이버 쇼핑 가입 시 기본 등록 정보로 사용되며 [판매자정보 > 판매자 정보] 에서 변경 가능하다.

카테고리 그룹에 따라 특정 상품은 서류 제출을 해야 상품등록 및 판매가 가능하다. 건강기능식품 등 특정 상품 카테고리의 경우 취급 상품군에 따라 신고·허가·인증 또는 판매자격 요건에 대한 서류 제출이 반드시 필요하니 해당하는 서류를 제출하여야 한다.

만약, 신고·허가·인증 또는 판매자격 요건을 갖추지 않고 상품을 판매할 경우 제재될 수 있으니, 각 적용대상 상품에 맞는 필요자격을 갖추고 상품등록을 해야 한다.

하단의 상품군별 필요자격증을 참조하여 내가 판매할 상품군에 필수 자격이 있는지 다시 한 번 확인해 보자.

상품군	관련법	적용대상 상품	필요자격증	비고
축산물	축산물위생관리법	조리하지 않은 생고기류 (생고기 / 포장육 / 냉장 / 냉동고기 all)	식육판매업신고증 (축산물판매업신고증)	
		식육부산물 상품류 (간, 심장, 비장, 위장, 창자, 꼬리, 뼈, 머리)	식육부산물전문판매업신고증 (축산물판매업신고증)	- 축산(물) 가공품의 범위: ㄴ 우유/양유 가공품·분유·연유·버터·치즈·요구르트·아이스크림 등
		판매자가 축산가공품을 직접수입해 판매하는 경우	축산물수입판매업신고증 (축산물판매업신고증)	
		판매자가 직접 자사 브랜드를 붙여 판매하는 축산물	축산물유통전문판매업신고증 (축산물판매업신고증)	
		양념조리육 판매자 all (가열/비가열 모두)	식육즉석판매가공업 신고증 (축산물판매업신고증)	
		생달걀	식용란수집판매업 신고증 (축산물판매업신고증)	
가공식품	식품위생법	가공식품 제조자가 직접 판매하는 상품	식품제조가공업신고증	- 벌꿀 채취업자가 직접 소분/포장하는 경우는 제외 - 어육제품, 툥/병조림제품, 레토르트식품, 전분, 장류 시초는 소분판매불가 항목
		제조/가공된 식품 및 식품첨가물을 판매자 임의로 소분하여 판매하는 상품	식품소분판매업신고증	
		위탁 제조된 식품 및 식품첨가물을 판매자 자신의 상표로 유통/판매하는 상품	유통전문판매업신고증	
건강기능식품	식품위생법	건강기능식품	건강기능식품판매업신고증	
수입식품	식품위생법	수입업자가 직접 판매하는 수입식품	식품등수입판매업신고증	
		구매대행(해외배송) 식품	수입식품등 인터넷구매대행업 영업등록증	
화장품	화장품법	판매자가 직접제조하여 판매하는 화장품	직접제조화장품유통판매업등록증 (화장품제조판매업신고증)	
		판매자가 외부위탁을 통해 제품을 생산하여 판매하는 화장품	위탁제조화장품유통판매업등록증 (화장품제조판매업신고증)	
		판매자가 직접 수입하여 판매하는 화장품	수입화장품유통판매업등록증 (화장품제조판매업신고증)	
		구매대행(해외배송) 화장품	수입대행형거래업등록증 (화장품제조판매업신고증)	
의료기기	의료기기법	의료기기	의료기기판매업신고증	
농약	농약관리법	온라인 판매가능 농약 all	농약판매업신고증	
비료	비료관리법	판매자가 직접 수입하여 판매하는 상품	비료수입업신고증	

▲ 상품군별 필요자격증목록

배송정보

> **note**
> 위탁배송 상품의 경우 해당 배송지 정보를 입력하면 된다. 처음에는 한 곳을 거래하며, 차차 늘려가는 방식을 추천한다.

정산대금 입금계좌/수령방법

스마트스토어에서 판매가 이루어지면 정산할 때 입금되는 계좌를 어떤 계좌로 할지 입력해야 한다. 사업자 명의의 입금계좌여야 하니 주의하자. 정산계좌는 나중에 변경이 가능하다.

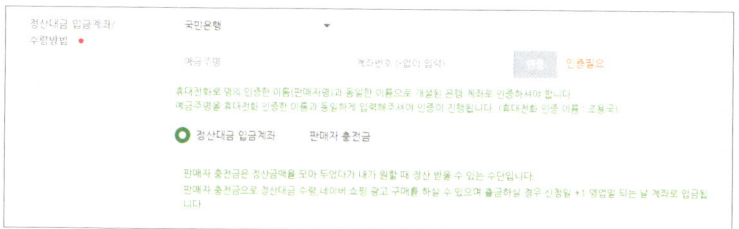

담당자 정보

마지막 담당자의 정보까지 입력하면 판매자 가입이 완료된다.

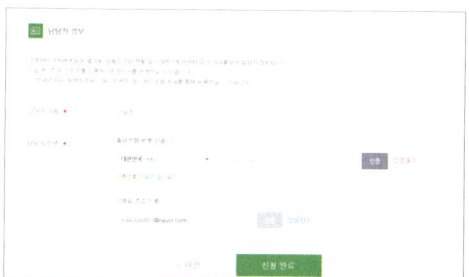
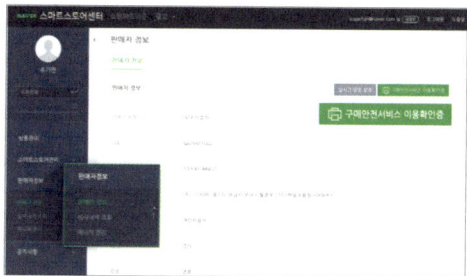

축하합니다. 드디어 가입이 완료되어, 관리자에 접속할 수 있습니다.

가입 신청 완료 후 로그인 하면 판매자 정보 메뉴에서 구매안전서비스 이용 확인증을 다운 받을 수 있다. 앞부분에 설명한대로 구매안전서비스 이용 확인증은 은행사이트에서 받을 수도 있지만 스마트스토어에 가입하여 관리자에서 다운 받는 것도 가능하다.

note

개인판매자&사업자판매자 어떤 유형으로 가입할까요?

개인 판매자로 가입하는 경우

회원 가입의 경우에는 법적 미성년자의 경우를 제외하고는 개인판매자 가입 시 휴대폰 인증이 되면 그 이외에 별도의 서류가 필요 없다. 하지만 지속적으로 판매를 하고자 한다면 불이익이 생길 수도 있다.

스마트스토어의 공지내용을 보면 통신판매신고를 권고하고 있다. 세금관련 불이익이 발생 할 수 있으니 개인판매자로 판매 후 경험을 쌓고 일정 매출이 나오면 사업자 전환을 하도록 하자. 판매자센터 로그인 후 [판매자 정보]에 [사업자 전환]이라는 메뉴를 선택하면 사업자전환이 가능하다.

지속적으로 상품을 판매하는 판매자는 사업자 등록 및 통신판매신고를 하셔야 합니다.
사업자 등록없이 지속적으로 물품을 판매할 경우 다음과 같은 불이익을 받으실 수 있음을 일러드립니다.

1 사업자등록 없이 이루어진 거래에 대하여 공급가액의 1% (간이과세자는 공급대가의 0.5%) 미등록 가산세 부담
2 사업자등록 없이 사업을 영위하는 경우, 세금계산서의 교부가 불가능하며 관련 매입세액을 공제받을 수 없음
3 사업자등록을 하지 아니하여 부가가치세를 신고하지 못한 사업장의 거래에 대하여는 신고불성실 가산세와
  납부불성실 가산세 추가 부담
   · 신고불성실 가산세: 무신고, 과소신고인 경우 신고하지 아니한 납부세액의 10% 가산세 부담
   · 납부불성실 가산세· 무납부, 과소납부인 경우 미납부 또는 과소 납부세액의 1일 0.03% (연간 10.95%)의 가산세 부담
4 소득세를 신고하지 않은 경우 신고불성실 가산세와 납부불성실 가산세 추가 부담 (주민세 별도 10%)
   · 신고불성실가산세: 산출세액에서 부신고나 과소신고 해당 비율에 대하여 20% 가산세 부담
   · 납부불성실 가산세 부납부, 과소납부의 경우 미납부 또는 과소 납부세액의 1일 0.03% (연간 10.95%)의 가산세 부담

상기 불이익 이외에 조세범처벌법 등 관련법규에 따라 처벌 될 수 있습니다.
사업자등록은 사업 개시 후, 즉 개인판매자 가입 후 20일 이내에 사업장 소재지 관할 세무서에서 신청하실 수 있습니다.

가입 신청 완료 후 14일 이내에 모든 필수 서류를 제출하면, 가입 심사가 시작된다.

가입 심사는 3일(영업일) 이내 진행되며, 심사 결과는 메일 및 SMS 문자로 결과를 받아 볼 수 있다. 자, 이제 가입이 제대로 됐다면 스마트스토어를 시작해보자!

▲ 가입승인 문자

> **note**
>
> **스마트스토어 아이디는 하나밖에 안되나요?**
> 제한적으로 스마트스토어를 추가 신청이 가능하다. 기존 계정과 상품군(소분류 카테고리 기준)이 다른 경우에만 허용하며, 회원가입일로 부터 6개월 이상, 최근 3개월 총매출액 기준 금액 (800만원) 이상, 최근 3개월 판매만족도 기준 4.5점 이상이 되어야 스마트스토어를 추가 신청이 가능하다. 단, 기존 계정과 상품군(소분류 카테고리 기준)이 다른 경우에만 허용한다.

02
스마트스토어 관리자 메뉴

관리자 접속

가입이 완료된 후, 관리자 페이지에 접속하기 위해 https://sell.smartstore.naver.com 에 접속하여 아이디와 비번을 입력하고 로그인 버튼을 누른다.

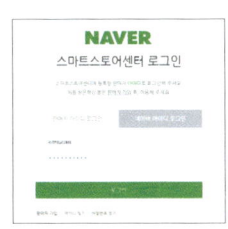

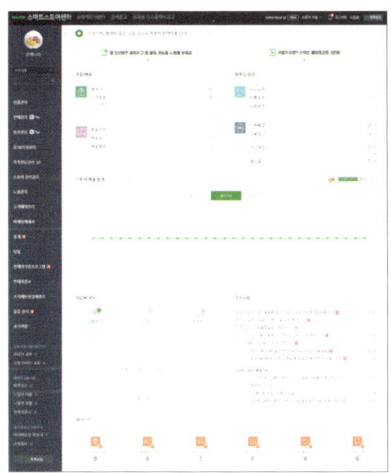

▲ 스마트스토어 관리자 페이지

회원가입 후 개설을 하고 나면 바로 스토어가 만들어 진다. 흔히 관리자라고도 하고 어드민(admin)이라고도 한다. 쇼핑몰을 운영하면 매일 관리자 페이지에 들어와 매출, 배송, 고객CS, 공지 사항 등 모든 기능을 이 화면에서 확인하게 된다.

주문/배송과 클레임/정산 부분은 매일 자주 확인해야 되는 부분이다. 통계도 일별로 매출 그래프가 확인이 되어 한 달 기준으로 봤을 때 어느 때가 매출이 높은지, 혹시 시간이 지날수록 저조해 지는 건 아닌지 결제건수와 금액을 검토해 봐야 한다. 또한, 고객 문의가 있는 경우 관리자 메인에서 확인이 되니 놓치는 부분 없이 답변을 해주자.

스마트스토어를 운영하다보면 바빠서 공지사항을 잘 못 보는 판매자분들이 여럿 있다. 중요한 공지는 팝업창으로 화면에 뜨니 꼼꼼히 살펴보자. 좋은 정보들을 볼 수 있으므로 초보 운영자라면 스마트스토어 활용 Tip도 꼭 읽어보길 바란다.

스토어를 개설하고 나의 상점을 보려면 어떻게 해야 할까?
나의 스토어로 이동하고 싶으면 좌측 상단에 프로필을 클릭하면 볼 수 있다.

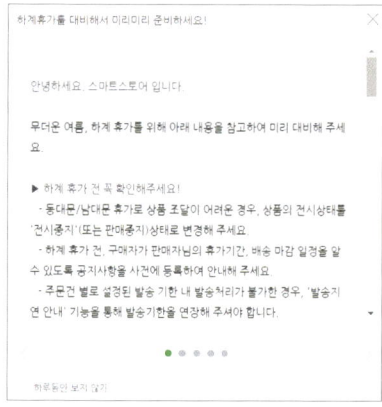
▲ 공지 팝업창

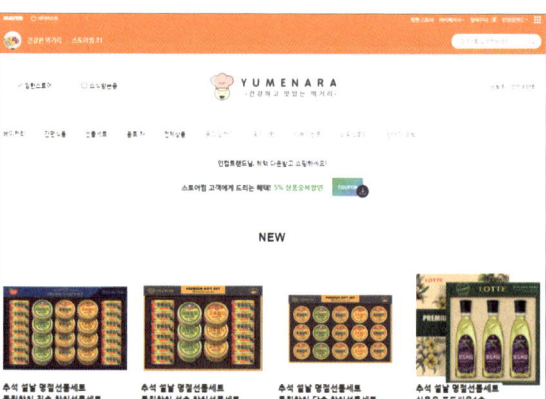
▲ 공지사항 리스트

▲ 프로필 클릭

▲ 스토어가 열린 모습

관리자 메뉴

좌측 메뉴에는 열 두 개의 메뉴가 있다.

스마트스토어의 모든 메뉴는 좌측에 있고 1차 메뉴를 클릭하면 하위 2차 메뉴가 나타난다.

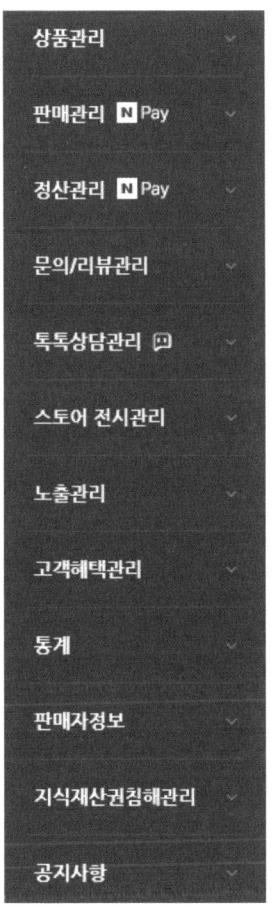

상품관리 : 상품 등록 및 조회, 수정

판매관리 : 주문조회, 취소, 반품, 교환

정산관리 : 정산내역, 부가세, 세금계산서조회

문의/리뷰관리 : 고객문의 및 리뷰

톡톡상담관리 : 톡톡 상담 및 챗봇

스토어 전시관리 : 스토어 디자인, 카테고리

노출관리 : 쇼핑윈도, 기획전, 럭키투데이

고객혜택관리 : 쿠폰 발급 및 고객등급관리

통계 : 판매 및 마케팅 분석

판매자정보 : 판매자정보변경 및 등급, 매니저 등록

지식재산권침해관리 : 지식재산권에 관한 소명내용 확인

공지사항 : 네이버 스마트스토어 공지

스마트스토어 앱 활용

스마트스토어 관리자에 접속하는 방법 중 하나로는 스마트폰의 앱이 있다. 컴퓨터 없이 외부에서 수시로 확인이 가능하니 설치해두자.

먼저 구글 플레이 스토어에서 '스마트스토어 판매자센터'를 검색한다.
검색 후 앱을 설치를 하면 스마트폰 바탕화면에 아이콘이 보일 것이다.

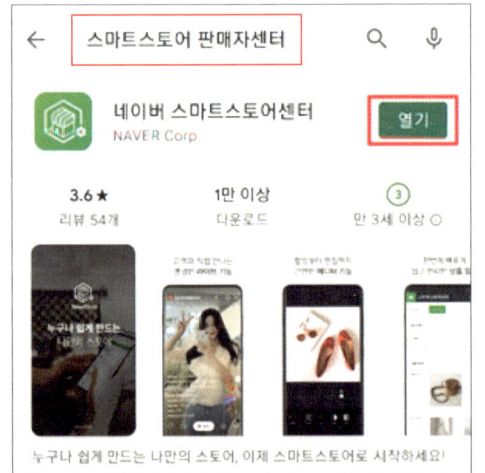

아이디 비번을 입력하여 로그인을 해보면 주문조회, 배송현황, 고객문의등 바로 확인이 가능하고 주문처리도 할 수 있다.

스마트폰에서 스마트스토어에 접속해 보면 아래와 같은 화면이 나온다.

이제는 언제 어디서나 나의 사업을 펼칠 수 있다. 만약 스마트폰으로 상품 사진을 찍는다면 컴퓨터 없이도 쇼핑몰 사업을 할 수 있다.

▲ 앱접속 관리자 화면

▲ 우측 상단 메뉴 클릭시 화면

03
스마트스토어 수수료

온라인 속 모든 판매 플랫폼에는 수수료가 있다.
스마트스토어 수수료가 다른 사이트에 비하여 저렴한 편이다. 타 사이트와의 비교 수수료는 앞전에 설명을 했고 이번에는 네이버 스마트스토어 수수료가 결제하는 수단에 따라 어떻게 다른지 상세히 살펴보겠다.

입점/등록/판매 수수료	무료
네이버 쇼핑 연동 수수료	2%
네이버페이 결제 수수료	신용카드 : 3.74% 계좌이체 : 1.65% 무통장입금 : 1% (최대 275원) 휴대폰결제 : 3.85% 네이버페이 포인트 : 3.74%

결과적으로 보면 대부분 신용카드로 결제한다고 하면 3.74% 수수료에 네이버 쇼핑과 연동될 시 2% 추가되니 최대 5.74% 정도 예상하면 될 것이다.

> **note**
>
> **네이버 쇼핑 연동 수수료는 뭘까?**
> 네이버에서 상품명을 검색 시 나오는 상품들이 판매되면 부과되는 수수료이다. 네이버 쇼핑이 연동이 안 되어 있으면 그만큼 구매자들이 검색했는데 나의 상품이 노출되기가 어렵다.
> 스마트스토어 상품을 네이버쇼핑 서비스에 노출하도록 연동시킨 경우 네이버쇼핑에 노출된 상품의 주문/판매가 이루어지면 건당 연동 수수료 2%가 추가 과금된다.
>
>
> ▲ 네이버 쇼핑에 검색된 상품이 노출된 모습

04
판매자 등급 관리

스마트스토어 판매자센터에서 [판매자 정보] > [판매자 등급] 메뉴로 가면 자신의 판매자 등급과 굿서비스 등급을 확인할 수 있다. 등급 조건 여부가 확인이 가능하므로 상위등급으로 가고자 할 때 부족한 부분은 어떻게 되며 앞으로 어느 정도 보완하면 충족이 될지 판단이 가능하다.

네이버 쇼핑에는 총 6개의 등급이 있다. 낮은 순으로 [씨앗 > 새싹 > 파워 > 빅파워 > 프리미엄 > 플래티넘] 이 있는데 어떤 조건으로 등급이 결정되는지 살펴보자.

최근 3개월 누적 데이터, 구매확정 기준(부정거래, 직권취소 및 배송비 제외)으로 등급이 주어진다. 새싹 및 씨앗 등급은 네이버 쇼핑 및 스마트스토어 사이트에서도 등급 명 및 아이콘이 노출되지 않고 파워등급 이상부터 등급아이콘이 노출된다.

등급표기			필수조건		
등급명	아이콘 노출	판매건수	판매금액	굿서비스	
플래티넘	🏅	100,000건 이상	100억원 이상	조건 충족	
프리미엄	🏅	2,000건 이상	6억원 이상	조건 충족	
빅파워	🏅	500건 이상	4천만 이상	-	
파워	🏅	300건 이상	800만원 이상	-	
새싹	-	100건 이상	200만원 이상		
씨앗	-	100건 미만	200만원 미만		

▲ 스마트 스토어 판매자 등급

판매자 등급은 PC화면에서 네이버쇼핑 검색 시 아래와 같이 스마트스토어 샵 정보가 노출된다.

▲ 네이버 '로즈힙퓨레' 검색 결과 화면

스마트스토어 샵 메인에서는 아래와 같이 노출된다.

굿서비스도 조건을 충족하면 파란색 손으로 엄지척하는 아이콘이 노출된다. 최근 1개월 데이터로 산정되며 매월2일에 업데이트가 된다.

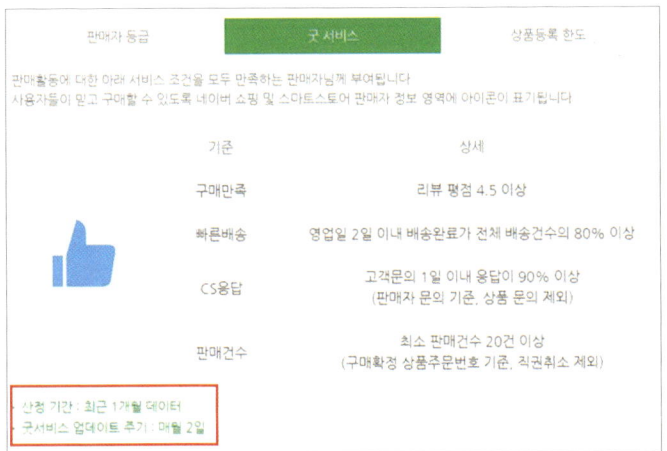

굿서비스를 받으려면 리뷰 평점 4.5이상 받아야 하며, 영업일 2일 이내 배송완료건수가 전체배송건수의 80% 이상 충족되어야 한다. 고객문의도 1일 이내 응답률이 90% 이상이어야 하고 최소 판매건수가 20건 이상이여야 굿서비스가 부여된다. 처음에는 스마트스토어 개설하고 3개월이 지나야 판매자 등급이 부여되니 매달 산정되는 굿서비스라도 충족시켜서 고객에게 신뢰 가는 이미지를 심어 주자. 최대한 빠른 고객상담과 배송은 좋은 후기를 남기게 됨을 기억하자.

판매사 등급이 높아지면 능복할 수 있는 상품 개수도 많아진다. 씨앗, 새싹은 만개까지 가능하며 파워등급 이상부터는 5만개까지 가능하다.

패널티

발송지연, 품절, 클레임 처리 지연 등 판매활동이 원활하게 이루어지지 않을 경우 페널티가 부과된다. 네이버 정책상 일반상품인 경우 결제완료일로부터 3영업일 안에 배송이 완료 되어야 한다. 발송처리기간을 넘어서 배송이 되면 패널티 점수가 부여된다. 배송이 늦어질 경우 발송처리지연이 가능하다. 발송기한을 못 지킬 경우 잊지 말고 반드시 발송지연을 사용하여 페널티점수를 받지 않도록 하자. 패널티도 점수가 많이 쌓이게 되면 판매활동에 제한이 될 수 있다. 최근 30일간 판매관리 페널티가 10점 이상이며, 판매관리 페널티 비율(판매관리 페널티 점수의 합/결제건수의 합)이 40% 이상인 경우에는 적발 횟수에 따라 판매 활동이 제한된다.

1단계 **주의** → 2단계 **경고** → 3단계 **이용제한**

판매관리 페널티 부과 기준

항목	상세 기준	페널티 부여일	점수
발송처리 지연	발송유형별 발송처리기한까지 미발송 (발송지연 안내 처리된 건 제외)	발송처리기한 다음 영업일에 부여	1점
	발송유형별 발송처리기한으로부터 4영업일 경과후에도 계속 미발송 (발송지연 안내 처리된 건 제외)	발송처리기한 +5영업일에 부여	3점
	발송지연 안내 처리 후 입력된 발송예정일로부터 1영업일 이내 미발송	발송예정일 다음 영업일에 부여	2점
품절취소	취소 사유가 품절	품절 처리 다음 영업일에 부여	2점
반품 처리지연	수거 완료일로부터 3영업일 이상 경과	수거완료일 +4영업일에 부여	1점
교환 처리지연	수거 완료일로부터 3영업일 이상 경과	수거완료일 +4영업일에 부여	1점

05
매니저 관리

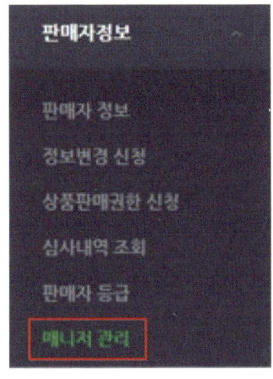

스마트스토어의 접속할 수 있는 권한을 줄 수 있는 메뉴이다. 서브권한을 매니저에게 부여하여 관리자 활동을 할 수 있게 한다. 나의 스토어의 아이디를 공유하지 않고 같이 관리자페이지에 접속할 수 있기 때문에 여럿이 사용할 경우 매니저 관리를 사용해 보자.

스마트스토어 관리자 페이지에서 [판매자정보] → [매니저 관리] 메뉴를 선택한다.

해당 페이지에서 오른쪽에 있는 매니저 초대 버튼을 선택한다. 최대 10명까지 가능하다.

초대하기 팝업창에서 매니저로 위임할 이름과 휴대폰 번호를 기재한다. 그리고 계정 주매니저로 할지 부매니저로 할지를 선택한다. 입력을 다하면 기재한 휴대폰 번호로 초대 문자가 발송된다.

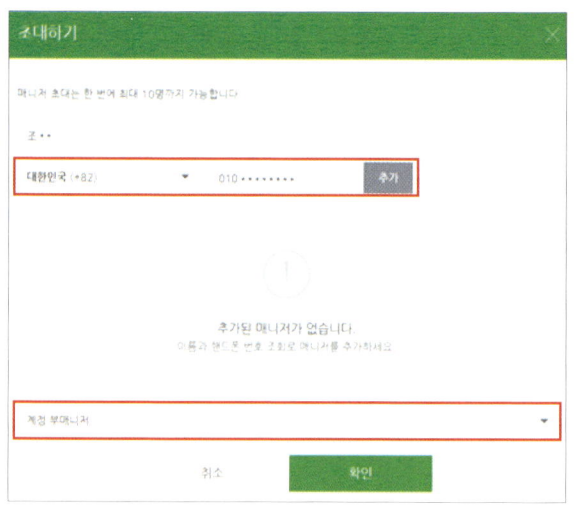

휴대폰 번호로 링크주소가 발송되는데 해당 사이트로 접속하여 네이버 아이디를 인증 받으면 관리자 페이지에 접속이 가능해진다. 매니저 기능을 사용하면 간단한 인증절차로 스토어에 동시 접속하여 편리하게 운영을 할 수 있다.

▲ 매니저 초대 문자

> **note**
>
> 드디어 온라인에 나의 건물이 만들어졌다. 원하면 더 많은 건물을 만들고 수익을 창출 할 수 있다. 얼마나 신기한 일인가? 이제부터 원하는 제품을 올리고 판매하는 방법을 안내할 것이다.

06
쇼핑 윈도 신청하는 방법

쇼핑원도는 노출관리>쇼핑원도 노출제한에서 신청이 가능하다.

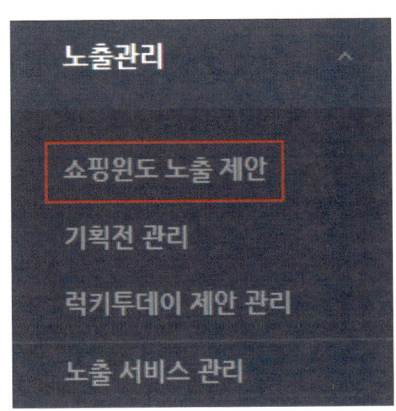

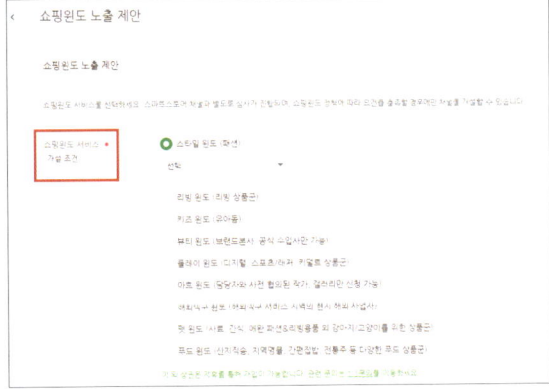

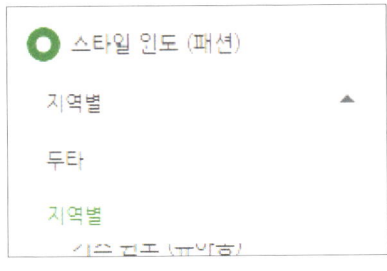

스타일원도는 두타와 지역별로 선택할 수 있는데, 두타에 입점 되어 있는 것이 아니라면 지역별을 선택하면 된다.

쇼핑윈도의 카테고리는 다음과 같다.

스타일윈도, 뷰티윈도, 리빙윈도, 푸드윈드, 키즈윈도, 플레이윈도, 아트윈도, 해외직구윈도, 펫윈도로 총9개의 쇼핑윈도가 있으며 스타일윈도를 기준으로 설명하려 한다. 스타일윈도의 입점조건은 아래와 같으며 입점 기준 self 체크하기를 통해 본인의 쇼핑몰과 비교할 수도 있다.

조건에 부합한다면 제안서를 작성하면 된다.

첨부서류까지 추가하고 채널 추가 요청을 하면 신청이 완료 된다.

쇼핑윈도 심사는 신청 후 영업일 3일 이내로 진행되며 결과는 판매자정보>심사 내역 조회에서 확인할 수 있다.

Part 4

스마트스토어
세팅하기

01 스토어 관리
02 스토어 디자인 꾸미기
03 스토어 카테고리 설정

01 스토어 관리

스마트스토어 대표이미지와 상호, 도메인은 스마트스토어 판매자센터 관리자 페이지에서 설정할 수 있다. 먼저 아래의 표에 내용을 작성해 본다. 도메인의 경우는 개인 도메인을 구매하여 사용하거나, 스마트스토어에서 제공해 주는 무료 도메인을 사용할 수 있다.

스토어 대표이미지 스타일	ex) 심플, 귀여움, 브라운컬러
상 호	ex) 유메나라
도 메 인	ex) https://smartstore.naver.com/globaltop

지금부터 실전으로 변경하기 위해 스마트 스토어의 관리자에서 [스토어 전시관리] > [스토어 관리] 메뉴로 가보자

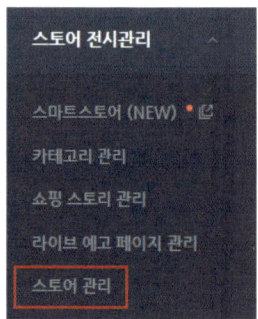

스토어명과 소개

스토어명 변경은 1회만 가능하니 처음에 스토어 가입 시 이름은 신중히 정하는 것이 좋다.

스토어 대표 이미지는 프로필 이미지라고 생각하면 된다. 네이버에서 심사 후 1~2일 검수 후에 등록이 가능하다. 사이즈는 160px × 160px이상으로 준비하고 jpg, jpeg, gif, png 확장자로 저장해야 한다. 정비율 이미지만 등록이 가능하다. 심사 후 노출 중으로 바뀌면 스마트스토어에 대표이미지가 보인다.

소개 글은 50자 이내로만 작성이 가능하다. 스마트스토어 메인에 대표이미지와 소개 글 노출되는 부분은 아래와 같다.

도메인

스마트스토어의 URL은 가입 시에 입력한 대로 사용이 된다. 나만의 주소를 따로 만들어서 스마트스토어에 연동하는 것도 가능하다. 나만의 고유주소를 만들고자 한다면 먼저 도메인부터 구매해야 한다.

그렇다면 기존에 자동으로 만들어진 스마트스토어 주소 말고 다른 도메인을 만들고자 한다면 어떻게 하면 좋을까? 이름 정하는 것만큼 도메인도 정하기가 어려울 수 있다. 이미 부르기 쉽고 기억하기 쉬운 이름들은 타 사이트에서 사용하고 있는 경우가 많기 때문이다. 개인적 취향과 연관 있지만 사업자명이나 스토어명 등 연관이 있는지 여러 사항들을 고려해 보고 구매하길 바란다.

> **note**
>
> **도메인인란?**
> 숫자로 이루어진 인터넷상의 컴퓨터 주소를 알기 쉬운 영문으로 표현한 것을 말한다. 시스템, 조직, 조직의 종류, 국가 이름순으로 구분된다. 형식은 도메인명. 사이트의 종류(회사, 정부기관, 학교). 국가(일본의 경우 jp, 중국의 경우 cn)의 순으로 보여진다.
>
>

> **note**

도메인 이름 만들 때 참고사항

짧은 이름
일반적으로 짧은 도메인 이름을 사용하는 것이 좋다. 긴 도메인은 기억하기 어려워 사용자가 사이트로 바로 접속하는데 힘들기 때문이다.

키워드
도메인 이름에 사용된 용어가 사이트의 콘텐츠와 관련이 있어야 한다. 어떤 점을 알리고 싶은지 키워드를 나열해 보고 최대한 인접한 키워드를 선택해야 한다.

브랜드명
브랜드를 사용하면 고유하게 식별될 수 있으며, 도메인이 돋보일 수 있다. 사용자는 널리 각인된 브랜드를 빠르게 알아보기 때문에 브랜드를 사용하여 차별성과 지속성을 만들어 갈 수 있다. 브랜드를 확립하려면 오랜 시간이 걸리지만, 일단 확고하게 정립된 브랜드는 사이트의 인기도에 꾸준히 보탬이 될 수 있다.

도메인 끝자리
가능하면 .com이나 .co.kr (국가가 특정된 도메인)을 사용하는 게 좋다.

숫자 또는 대시
문자가 아니고 숫자나 하이픈이 들어간 사이트 이름은 기억하기 어려울 수 있다. 글로 입력하는 것이 아닌 구두로 사이트의 이름을 전해야 할 때 제대로 전달이 안 될 수도 있다.

잘못된 맞춤법
맞춤법 오류가 있으면 스팸 사이트라는 의심을 받을 수 있다.

기존 브랜드 또는 상표와 비슷한 경우
사이트 이름이나 사이트의 콘텐츠가 기존 업체와 비슷하게 보일 경우 저작권 위반 또는 오남용 신고가 접수되어 도메인이 정지되거나 소송을 당할 수 있다.

도메인을 살 수 있는 사이트는 검색을 해보면 여러 사이트가 나온다. 네이버에 '도메인'이라고 검색을 해보겠다.

검색결과에 나오는 여러 사이트 중에 아이네임즈라는 사이트에 접속하여 도메인을 검색해보겠다.

▲ 아이네임즈 메인화면

도메인 입력 하는 검색창에 영문 예시 도메인으로 'dogmoa' 라고 입력 하고 검색을 해보면 아래와 같은 화면이 나온다.

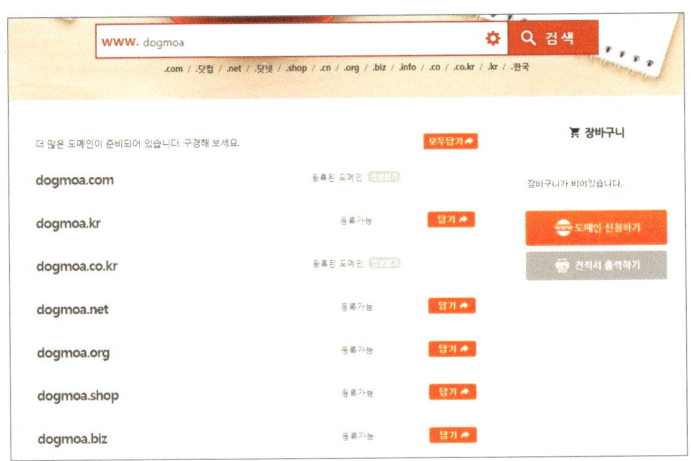

등록한 도메인이라고 나오면 해당 도메인을 다른 곳에서 사용 중인 것이다. 'dogmoa'라는 도메인은 .kr이 .net가 가능하고 가장 대표적인 .com은 구매할 수 없다는 것을 알 수 있다. 여러분들도 생각했던 도메인주소가 있다면 영문으로 입력을 해서 나만의 도메인을 찾아보자! 사이트별로 가격이 조금씩 다를 수 있지만 1년에 2만원 내외로 구매가 가능하다.

> **note**
>
> **도메인 구매가능 사이트**
> 네이버에서 '도메인'이라고 검색하면 구매가능한 여러 사이트를 볼 수 있다.
> 가비아 : https://domain.gabia.com
> 카페24 : https://www.cafe24.com
> 후이즈 : https://domain.whois.co.kr

02
스토어 디자인 꾸미기

오프라인 매장에서 쇼핑을 한다고 해보자. 고객들은 잘된 디스플레이에 더 끌리게 될 것이다. 제일 처음 방문했을 때 제일 눈에 띄는 것은 어떤 것인가? 색상의 조화가 잘 이루어 졌는가? 상품 배열이 잘되어 있는가? 보기 좋은 떡이 먹기도 좋다는 옛말을 기억하자. 스마트스토어에서는 블로그처럼 레이아웃이 템플릿으로 되어있고 전체 배경색상과 컴포넌트 설정 등 간편하게 변경할 수 있는 기능이 있다.

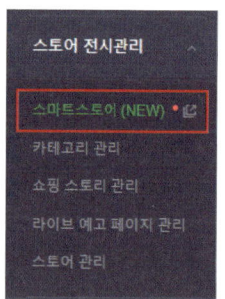

관리자페이지에서 [스토어 전시관리] - [스마트스토어 (NEW)] 메뉴에 가보자. 테마와 레이아웃 등을 설정할 수 있다.
스마트스토어 관리메뉴에는 공통관리, 컴포넌트 관리 메뉴가 있다. 공통관리 메뉴에서는 스마트스토어의 전체 테마 색을 설정할 수 있고, 컴포넌트 관리 메뉴에서는 스토어 디자인 및 진열에 관련된 내용을 설정할 수 있다.

컬러테마 메뉴에서 보면 14가지 색상으로 배경색상 선택이 가능하다. 예를 들어보면 유아용품을 판매한다고 하면 노랑, 핑크 등 화사한 색상이 어울릴 수 있고 친환경 제품이라면 그린색상을 배경에 적용하면 잘 어울릴 것이다. 본인이 판매하는 아이템에 맞추어 색상을 선택하여 보자.

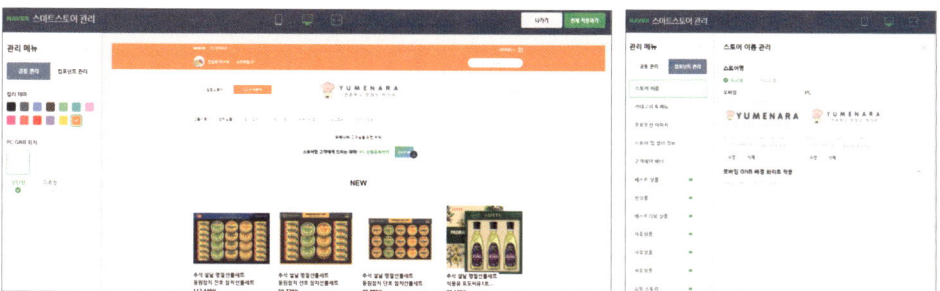

▲ 스마트스토어 관리메뉴

컴포넌트 관리 메뉴를 클릭한 후에 스토어 이름 항목을 클릭하면 스토어명을 로고형 또는 텍스트형으로 변경할 수 있다.

프로모션이미지는 최대한 5개까지 등록이 가능하다. PC버전은 사이즈를 1920px × 400px에 맞추고 모바일의 경우는 750px × 600px로 제작하여 jpg, png 이미지로 올려야 한다. 이미지를 클릭 시 해당 상품 판매페이지로 이동할 수 있게 상품 찾기를 선택하여 나의 스토어에 올린 상품을 찾아 링크연결도 해야 한다.

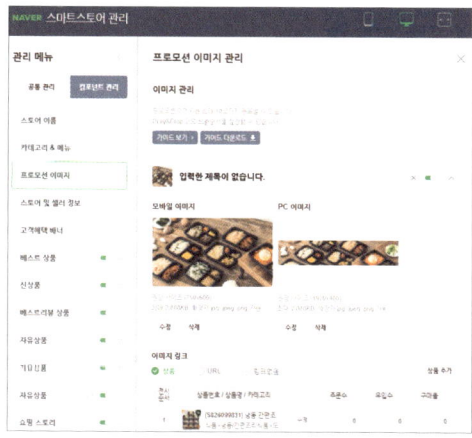

▲ 프로모션 이미지 적용

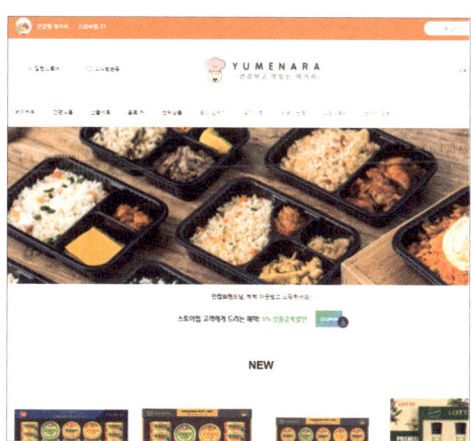

▲ 프로모션 이미지 적용

03
스토어 카테고리 설정

스마트스토어에 카테고리 설정을 하기 위해 관리자페이지에서 [스토어 전시관리] - [카테고리 관리]를 선택한다.

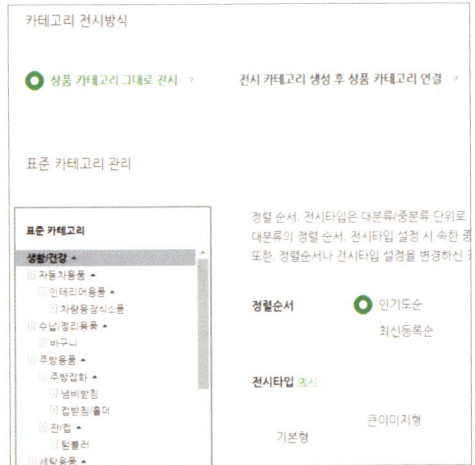

카테고리 전시방식은 두 가지가 있다. 상품 카테고리 그대로 전시방식과 전시 카테고리 생성 후 상품카테고리 연결방식이다.

첫 번째, 그대로 전시 하는 방식은 상품 등록 시 설정한 카테고리인 대분류, 중분류, 소분류가 그대로 보인다.

관리자에서 설정한 카테고리가 스토어에 그대로 노출되는 것을 확인할 수 있다.

이번에는 내가 만들고자 하는 카테고리 명을 설정하고 따로 연결해주는 방식으로 설정해보겠다. 카테고리 추가 버튼을 선택한다.

'대분류명을 입력하세요' 라고 적혀있는 입력창에 원하는 카테고리명을 입력 한다. '인테리어 소품'이라는 카테고리를 만들어 보겠다.

대분류 카테고리를 추가하고 추가한 카테고리를 선택해 보자.
카테고리명을 변경할 수 있고 해당 카테고리를 글자로 보이게 할 건지 이미지로 보이게 할 건지를 설정할 수 있다. 카테고리에 상품을 연결할 수도 있는데 '카테고리 단위로 연결' 과 '개별상품 단위로 연결' 하는 두 가지 방식이 있다.

카테고리 단위로 연결을 선택하고 카테고리 찾기를 선택한다. 내가 선택한 카테고리에 대분류, 중분류, 소분류, 세분류를 저장해두면 자동으로 해당상품이 지정한 카테고리에 노출된다.

매번 상품마다 카테고리에 연결하지 않아도 자동으로 등록되기 때문에 편리하다.

상품카테고리를 설정하고 선택버튼을 클릭하면 선택한 상품 카테고리에 저장이 된다. 최대 20개까지 카테고리를 지정할 수 있다.

확인 버튼을 클릭하고 나의 샵에 가보자. 내가 지정한 카테고리가 노출 되는 것을 확인할 수 있다.

Part 5

스마트스토어
상품 등록하기

01 상품 등록하는 방법
02 고객혜택 및 쿠폰 관리하는 방법
03 고객등급 등록 및 관리하는 방법
04 공지사항 등록하는 방법
05 템플릿 관리하는 방법
06 엑셀로 상품 대량등록하는 방법

01
상품 등록하는 방법

스마트스토어에 상품 등록하기 전에 미리 준비해야 할 사항들이 있다. 상품 제목, 상품가격, 포인트 적립, 상품 이미지, 상품 스펙, 배송 안내 등을 준비하고 등록을 시작하자.

상품 제목	2단 화장품파우치 거울 메이크업박스
상품가격	9,900원
포인트 적립	스토어찜 상품중복할인 쿠폰 5%
상품 이미지	목록이미지 5개, 상품 상세이미지 12개, gif이미지 3개
상품 스펙	스펙 이미지 1개
배송 안내	배송안내 템플릿 1개

관리자 페이지 왼쪽 [상품관리]에서 [상품등록]을 선택한다. 필수항목은 빨간색 블릿으로 표시되어 있다. 필수 항목은 반드시 모두 입력해야만 상품이 등록되니 꼼꼼하게 챙기자.

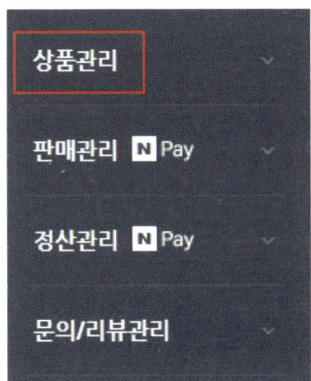 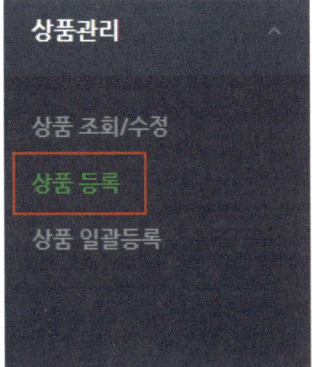 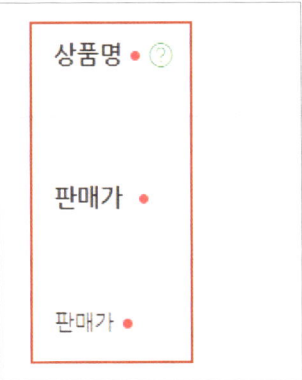

> **note**
>
> **상품 등록전에 꼭 알아야 하는 네이버 쇼핑 검색 알고리즘**
>
> 네이버 쇼핑 검색 결과의 노출 순위를 결정하는 검색 알고리즘은 적합도, 인기도, 신뢰도의 3가지로 구성된다. 파트8에서 최적화 내용을 상세히 설명하겠다.
>
> **적합도**
>
> 이용자가 입력한 검색어가 상품명, 카테고리, 제조사/브랜드, 속성/태그 등 상품 정보의 어떤 필드와 연관도가 높은지, 검색어와 관련하여 어떤 카테고리의 선호도가 높은지 산출하여 적합도로 반영
>
> **인기도**
>
> 해당 상품이 가지는 클릭수, 판매실적, 구매평수, 찜수, 최신성 등의 고유한 요소를 카테고리 특성을 고려하여, 인기도로 반영
>
> **신뢰도**
>
> 네이버쇼핑 페널티, 상품명 SEO 등의 요소를 통해 해당 상품이 이용자에게 신뢰를 줄 수 있는지는 산출하여, 신뢰도로 반영

상품 카테고리 설정

나의 상품이 어떤 카테고리에 적합한지 먼저 확인을 꼭 해 봐야 한다. 카테고리가 나의 상품과 매칭이 잘 안 될 경우 네이버 쇼핑에 노출이 잘 안 될 수 있으니 주의하자.

카테고리를 설정하기 전, 카테고리를 잘 모르겠다면 먼저 네이버 쇼핑에서 내가 판매하고자 하는 상품을 검색해 본다. 타 상품들이 어떤 카테고리로 설정했는지 보인다. 참고하여 등록해보자.

▲ 디지털/가전> 계절가전>선풍기>휴대용선풍기 카테고리 제품

카테고리 설정은 카테고리명을 직접 검색해서 설정하는 방법이 있고 카테고리명을 선택하는 두 가지 방법이 있다.

카테고리명 검색을 선택하고 원하는 카테고리명을 검색하면 하단에 카테고리 목록이 보인다. '휴대용 선풍기'라고 검색을 해보았다. 결과로는 디지털 가전 > 계절가전 > 선풍기 > 휴대용선풍기 라고 결과가 나타난다. 해당 목록을 선택하면 설정이 된다.

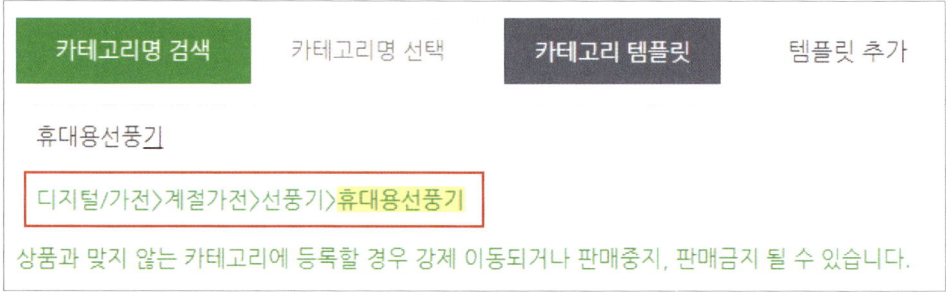

카테고리명을 선택할 시에는 대분류, 중분류, 소분류로 펼쳐진다. 카테고리를 선택하여 등록을 하면 대분류는 변경이 불가하다. 중분류, 소분류는 변경이 가능하다.

카테고리와 상품명

소분류 카테고리 명과 내 상품명에 입력하는 키워드가 같아야 노출이 잘된다. 예를 들면 카테고리에 휴대용 선풍기를 선택했다면 상품명에 휴대용선풍기 키워드를 입력해 주는 것이다.

상품명 등록 및 주의사항

상품명을 입력하기 전에 키워드 분석을 통하여 사전 조사를 해보고 입력해야 한다. 노출과 매우 연관이 있으므로 면밀히 검토해보자.

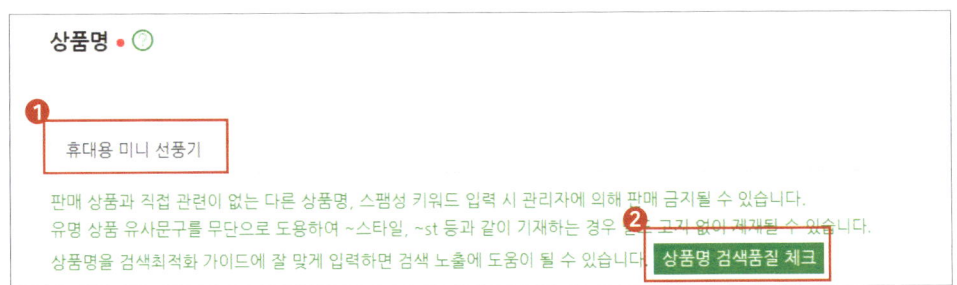

상품명 입력 후 검색 품질 체크를 해보면 잘 입력했는지 확인이 가능하다. 이것도 확인해야 할 부분이지만 키워드를 잘 매칭했는가가 더 중요하다.

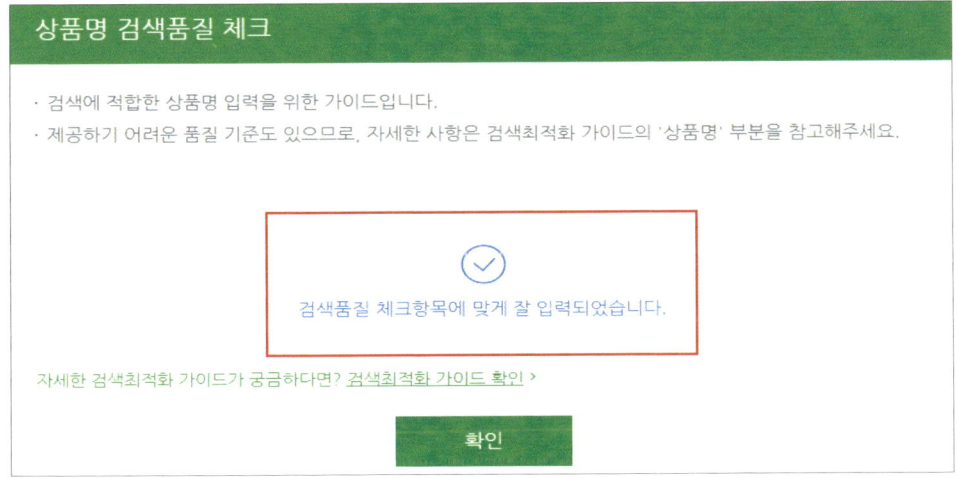

판매가 할인율 적용

판매가를 입력하고 할인가도 설정하는 것이 좋다. 소비자들은 판매가격에서 할인이 적용되는 가격이라면 저렴하게 산다고 느껴져 더 구매하고 싶어질 수도 있다. 할인가를 설정하는 것이 필수는 아니다. 하지만 다음에 럭키투데이나 기획전에 등록할 때 반드시 할인가가 적용되어야 등록이 가능하므로 판매가를 조금 더 높게 쓰고 할인가를 적용해 보자.

아래의 판매가는 10,900원이다. 여기에 1,000원을 할인가를 적용하여 실제 판매되는 금액은 9,900으로 보인다. 그럼 수수료는 판매가로 적용이 될까? 할인가로 적용이 될까? 스마트스토어 수수료는 판매가 기준이 아닌 할인가 기준으로 책정된다.

▲ 할인가 설정

▲ 할인가 적용 예시

재고수량 설정

재고 수량은 가지고 있는 수량을 직접 입력해주면 된다. 정확하지 않아도 등록 후 수정이 가능하니 임의로 등록해도 된다. 전체 재고 수량이므로 옵션별로 따로 수량을 입력하고자 하면 하단의 옵션 설정에서 가능하다.

옵션이 있는 경우는 옵션 별로 재고 수량을 지정할 수 있다.

> **note**
>
> 스토어에서 상품 분석을 할 때 다른 스토어에 판매되고 있는 상품의 재고 수량을 알아보는 방법은 제품 구매 페이지에서 주문 수량을 9999를 입력하고 주문하기 버튼을 클릭하면 주문 가능 수량이 나오는 것을 볼 수 있다. 정기적으로 입력해 보며 체크해 보면 해당 제품이 1주일 평균 몇 개 나가는지를 알 수 있다.
>
>

옵션 설정

옵션에는 선택형과 직접 입력형이 있다.

선택형

선택형은 옵션을 고객이 선택하게 하는 방식이다.

선택형의 옵션구성 별로는 단독형과 조합형이 있고 옵션 명 개수는 세 개까지 가능하다. 옵션 명을 입력하고 옵션값에 대한 구분은 콤마(,)로 구분해준다. 마지막으로 [옵션 목록으로 적용] 버튼을 누르면 상세옵션목록이 나타난다.

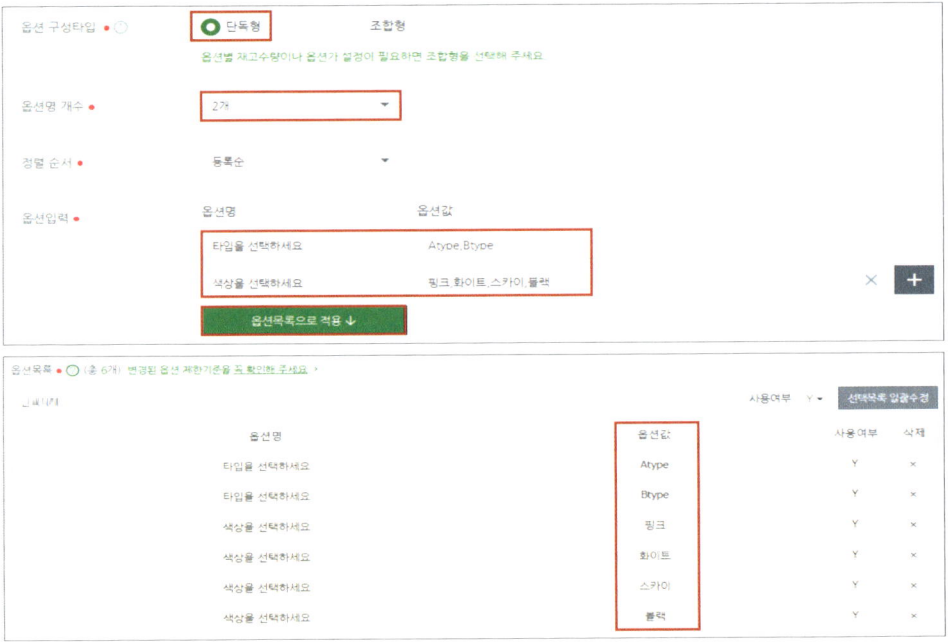

▲ 상세옵션목록이 노출된 모습

조합형

조합형으로 선택 시 상세옵션목록은 아래와 같이 달라진다. 조합형은 옵션가, 재고 수량을 각각 다르게 입력이 가능하다. 처음 설정 시 재고 수량 기본값이 0으로 되어 있어 품절로 등록되니 재고 수량을 입력해야 판매중으로 바뀐다. 옵션가격은 플러스(+) 뿐만 아니라 마이너스(-) 가격으로도 설정이 가능하다.

옵션가 설정 범위

네이버에서는 지나친 옵션 설정으로 인해 옵션가의 상하선을 두고 있다. 판매가격에 따라 범위가 다르니 범위를 벗어나는 옵션상품이 있는 경우는 따로 상품등록을 하는 게 좋다.

▲ 옵션가 추가구매 설정 범위

직접입력형

직접 입력형은 고객이 옵션입력 칸에 원하는 옵션 내용을 직접 입력하는 방식이다. 옵션 명의 개수는 총 5개까지 가능하다.

> **note**
>
> **옵션가격설정**
>
> 네이버는 간결한 구매 옵션을 권장하고 있다. 옵션이 너무 복잡할 시에는 상품을 따로 등록 하는 것이 좋다.
> 판매가를 일부러 낮추고 옵션가에서 금액을 판매가보다 높게 책정하여 금액을 올리는 방법을 사용하면 어뷰징으로 인식 될 수도 있다.

상품 목록 이미지 등록

목록 이미지는 총 10개까지 등록이 가능하고 대표 이미지로 등록된 이미지는 네이버에서 상품 검색 시 리스트 형태로 목록 이미지와 같이 결과가 노출된다. 보통 썸네일이라고도 한다. 타사와 경쟁이 되어 비교되는 이미지이기 때문에 하나를 올리더라도 잘 만들어서 올려야 한다. 비슷비슷한 이미지 사이에서 나의 상품을 클릭하게 하려면 어떻게 해야 할까에 대한 고민을 많이 해봐야 한다. 하단의 이미지를 보면 '애견방석'과 '경추베개'를 검색한 결과 화면이다. 여러분들은 어떤 이미지가 눈에 들어오는가? 클릭하고 싶은 이미지가 있는가? 이미지 하나도 마케팅 요소이다. 어떻게 고객에게 흥미를 유발할지 연구해야 한다. 상품 페이지 하나의 매출이 천만원이 될 수도 있고 일억이 될 수도 있다.

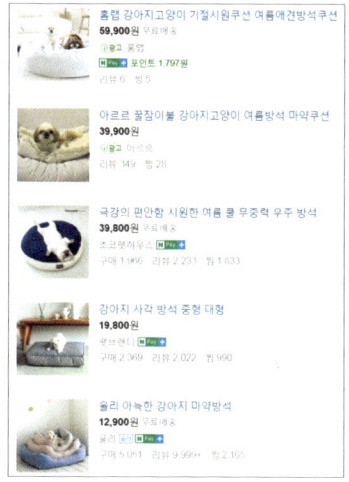 

▲ 애견방석 검색 결과   ▲ 경추베개

대표 이미지는 정사각형 1000px × 1000px 사이즈로 맞춰서 업로드 해야 한다. (윈도우에 입점 된 경우 750px × 1000px) 대표이미지는 한 개의 이미지를 업로드 하는 것이고 추가 이미지는 9개까지 가능하다. 확장자는 jpg, jpcg, gif, png, bmp형식으로 저장해야 한다.

대표 이미지는 필수 항목이다. (+)버튼을 선택하여 저장한 이미지를 [내 사진] 버튼을 클릭하여 찾기를 한 후 이미지를 선택한다.

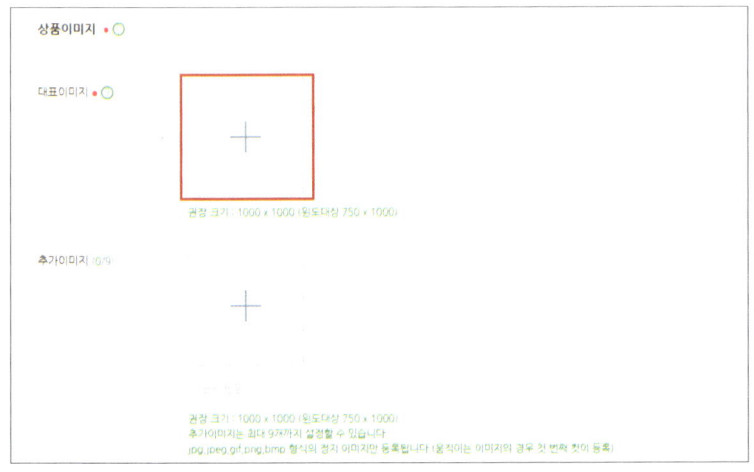

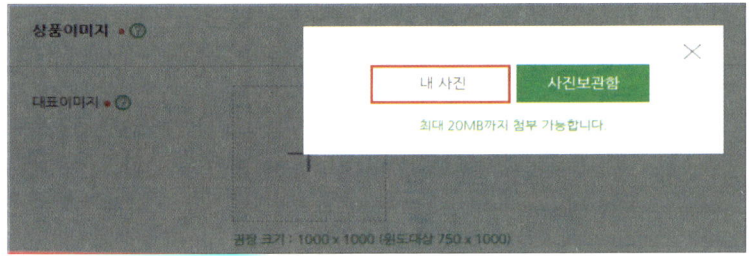

나머지 추가 이미지도 올려보자. 개수가 많을수록 고객이 상단에 목록 이미지만 봐도 대략 어떤 제품인지 알기가 쉬워진다.

▲ 목록이미지 결과 화면

동영상 등록하는 방법

상품소개에 동영상이 있는 것과 없는 것의 차이가 있을까? 동영상이 있어야 고객이 상품을 보는 시간이 더 길어진다고 한다. 그 이외에도 상품의 착용이나 사용 방법에 대한 시연을 영상으로 보여주면 백번 글을 쓰는 것보다 한번 보는 것이 이해도 빠르고 주목을 끌기에 충분하다. 동영상을 업로드 할 때는 되도록 1분 이내 영상을 권장한다. 영상을 업로드하고 나면 고객이 볼 수 있는 노출되는 영역은 상품 상세페이지에서 목록 이미지 중 제일 마지막에 보인다. 또한, 상세 페이지 정보 내에서는 최상단에 노출된다.

동영상을 업로드 하면 자동으로 GIF 이미지가 생성된다. 여기에서 생성된 GIF 이미지는 흔히 움짤(움직이는 이미지)라고도 한다. 따로 플레이 하지 않고 연속 재생되는 이미지라고 생각하면 된다. 요즘 추세로 상세페이지에 동영상을 많이 활용하는데, 일반적인 영상의 경우 플레이 버튼을 클릭해서 실행해야 영상이 보이는데 움직이는 이미지는 실행하지 않고도 바로 영상이 보이기 때문에 더 많은 사용자에게 노출되기 좋다. 자 그럼 준비된 동영상을 업로드 해보자. (+) 버튼을 클릭하고 동영상 올리기 팝업창이 나오면 [내 동영상 가져오기]를 선택하여 저장해둔 영상을 업로드 한다.

최대 1분짜리 동영상을 업로드할 수 있다. 파일 확장자는 AVI, WMV, MPG, MPEG, MOV 등으로 올려야 한다. 네이버 TV 채널 연동 시 해당 채널에 같이 등록된다.

만약 네이버 TV 채널이 없다면 연동이 되지 않지만 상세페이지에 동영상 등록은 가능하다. 네이버 TV는 개설 조건이 따로 있으며 승인을 받아야 하니 네이버 TV에 연동하기 전에 확인해 보는 것이 좋다.

다 업로드 하고 나면 영상이 이미지컷으로 분할되어 보여지고 '동영상 대표이미지를 선택해 주세요'라는 문구가 보일 것이다. 정지된 이미지 중 보기 좋은 이미지로 선택을 해보자.

미리보기 첫 화면은 대표이미지로 설정된 이미지가 먼저 보이게 된다.

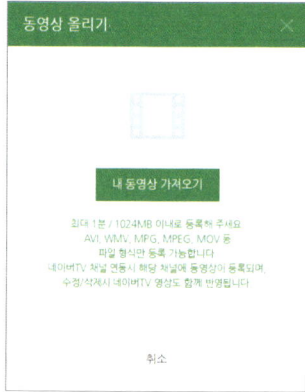
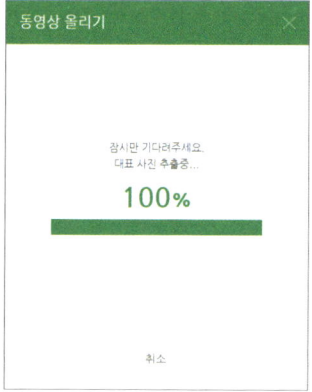
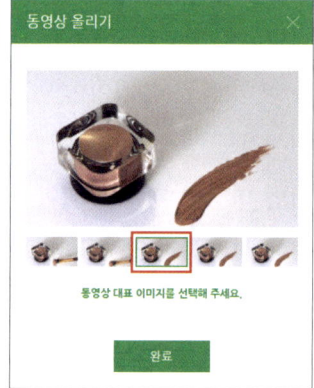

▲ 동영상 업로드 진행과정

▲ 동영상 등록 완료 모습

대표 이미지를 설정하고 완료가 되었다면 GIF 미리보기를 해보자. 영상이 움직이는 이미지로 변환된 것을 알 수 있다.

움직이는 이미지가 잘 만들어졌다면 자동으로 추출된 이미지를 따로 저장을 해보겠다. 브라우저마다 다를 수 있지만 미리보기 한 상태에서 GIF움직이는 이미지에 오른쪽 마우스를 클릭하면 [다른 이름으로 사진 저장]이 가능하다. 이미지를 저장해서 다른 곳에 사용해도 좋겠다.

동영상 타이틀	색조화장품 브라운 아이섀도우 2.5g
	상품 상세 및 통합 검색 노출시 활용되는 문구입니다. 상품과 직접 관련 없는 내용 입력 시 판매금지될 수 있습니다.

이제 동영상 올리기 마지막으로 동영상 타이틀을 적어보자. 20자 이내로 상품에 맞는 키워드를 조합하여 적는다. 상품 상세 및 검색 노출 시 활용되는 문구이므로 빠지지 않고 꼭 적어주자.

> **note**
> 제작된 움짤 이미지를 마케팅에 활용해 보자. 블로그 글쓰기 또는 SNS에 함께 올려보며 등록한 상품쪽으로 접속하게 하여 접속량을 늘려보는 것도 좋은 방법이다.

상세설명 등록하는 방법

상세설명을 등록할 때 권장 크기는 가로기준으로 860px 이다. 세로의 경우는 작업하는 길이에 따라 자유롭게 하면 된다. 상세설명의 경우 제작할 때 운율감있게 제작하는 것이 좋다. 글과 이미지, 움짤 등 상세설명을 보는 소비자가 지루하지 않고 원하는 정보를 얻을 수 있게 제작되어야 이탈하지 않고 끝까지 내용을 보며 구매를 결심하게 된다.

상세설명을 제작하기 위해서는 SmartEditorONE 메뉴를 누르고 시작하면 된다.

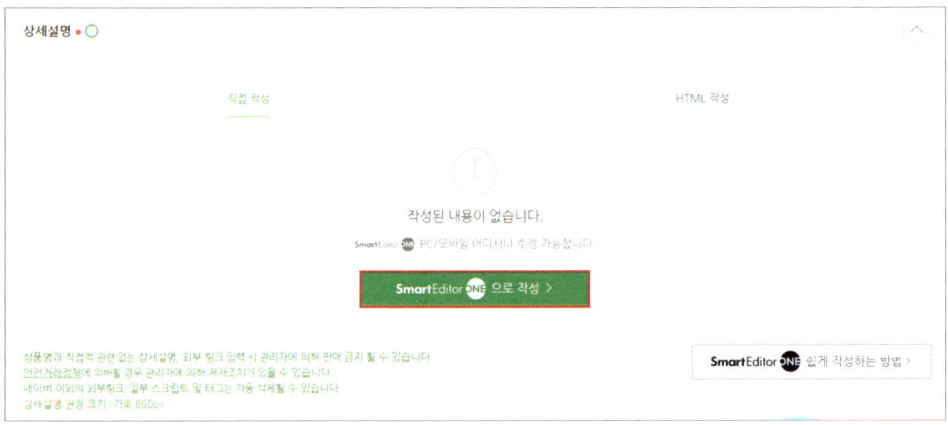

상세페이지를 편집할 수 있는 에디터 화면이 나온다. 사진 및 내용을 입력하며 편집을 진행하면 된다.

편집창의 오른쪽을 보면 템플릿 메뉴가 나오는데, 템플릿 메뉴를 클릭하면 네이버에서 만들어 놓은 상세설명 템플릿이 나온다.

선택한 템플릿에 원하는 내용을 입력하며 편집할 수 있다. 텍스트의 경우는 블록 설정을 하면 텍스트 편집 메뉴가 나오는 것을 볼 수 있다.
상세 페이지에 사진을 입력하기 위해 사진 추가 메뉴를 클릭한다.
사진 선택 창에서 추가하려고 하는 사진을 선택하고 열기 메뉴를 클릭하면 사진이 입력되는 것을 볼 수 있다.

편집창에 사진이 입력되는 것을 볼 수 있다.

편집이 완료된 후에 오른쪽 상단에 있는 등록 메뉴를 누르면 편집이 완료된다.

상품 주요 정보 등록

상품주요정보를 꼼꼼하게 입력하면 검색에서 상위 노출 될 확률이 올라간다. 상품 주요정보에서 모델명, 브랜드, 제조사, 카테고리별 상품속성을 등록하게 되는데, 모델명을 입력하고 [찾기]를 클릭하여 같은 모델을 찾으면 다른 항목은 자동으로 채워진다.

상품정보제공고시는 통신판매업자에게 '전자상거래 등에서 상품등의 정보제공에 관한 고시'에 따라 상품의 특성을 객관적으로 판단 가능한 정보를 사전에 제공토록 의무를 부과한 규정이다.

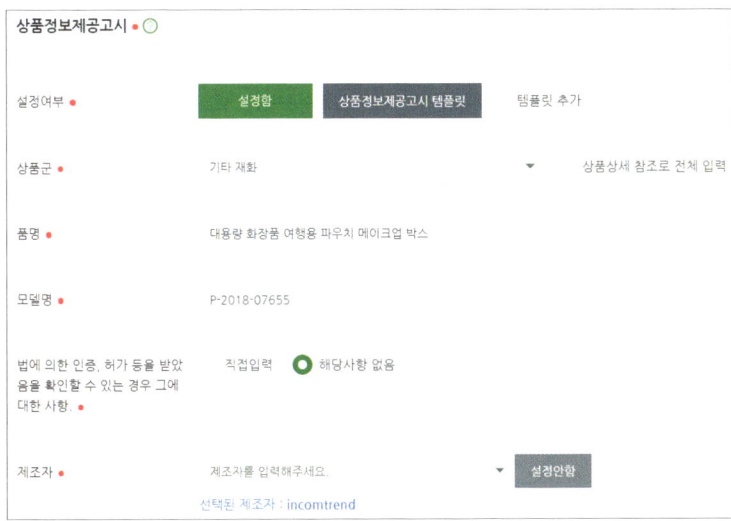

위에서 설정한 내용이 상세설명에 등록된 것을 볼 수 있다.

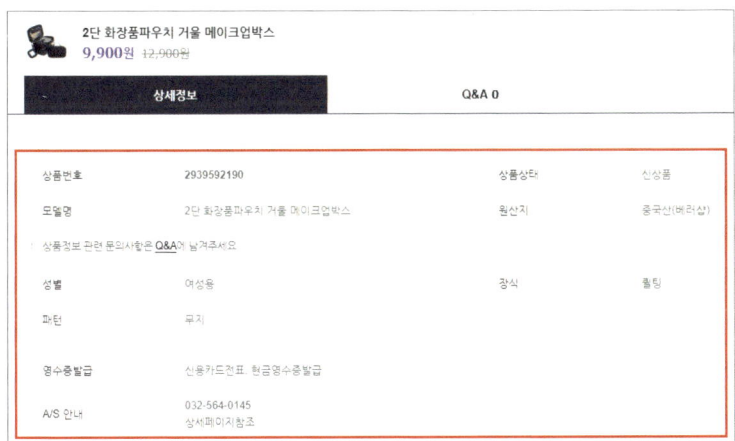

배송정보 설정

배송정보에는 상품의 배송방법, 배송비 등 배송 관련 전반적인 내용을 등록한다. 배송 여부에서 배송은 택배, 소포, 등기, 직접배송 등 실물 배송되는 상품일 경우이며, 배송 없음은 E쿠폰 등 실물 배송이 아닌 상품이다. 배송방법에서 택배회사나 우체국을 통해 상품을 배송하는 방법과 가구 등 판매자가 직접 배송을 진행하는 방법을 선택할 수 있다. 방문수령은 구매자가 직접 판매자에게 방문하여 상품을 수령하는 서비스이고 퀵서비스는 퀵서비스 업체를 통해 배송하는 경우 사용한다.

배송속성에서 일반배송과 오늘출발 상품으로 구분하여 배송 설정할 수 있다. 오늘출발 상품의 경우 소비자도 선호하고 스마트스토어 점수에도 좋다. 묶음배송 설정에서 가능을 선택한 경우 여러 상품을 동시 구매할 때 배송비를 묶어서 한 번만 부과하게 된다. 묶음배송 불가를 선택하면 상품단위로 구매자에게 배송비를 부과하게 된다.

상품별 배송비는 유료, 무료, 조건부 무료, 수량별, 구간별로 설정할 수 있다. 상품별 배송비를 유료로 설정하고 기본 배송비를 입력한다. 별도 설치가 필요한 상품의 경우는 별도 설치비 있음을 선택하고 출고지 주소를 설정하면 된다.

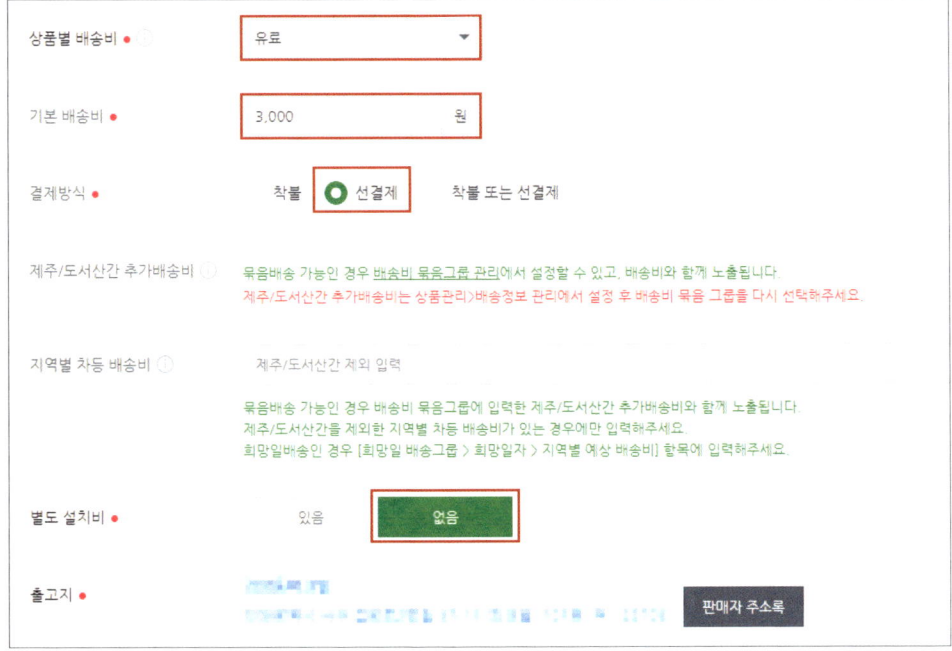

반품/교환 설정에서는 반품/교환 택배사를 선택하고 반품배송비(편도)와 교환배송비(왕복)를 입력하고 반품/교환지 주소를 입력한다.

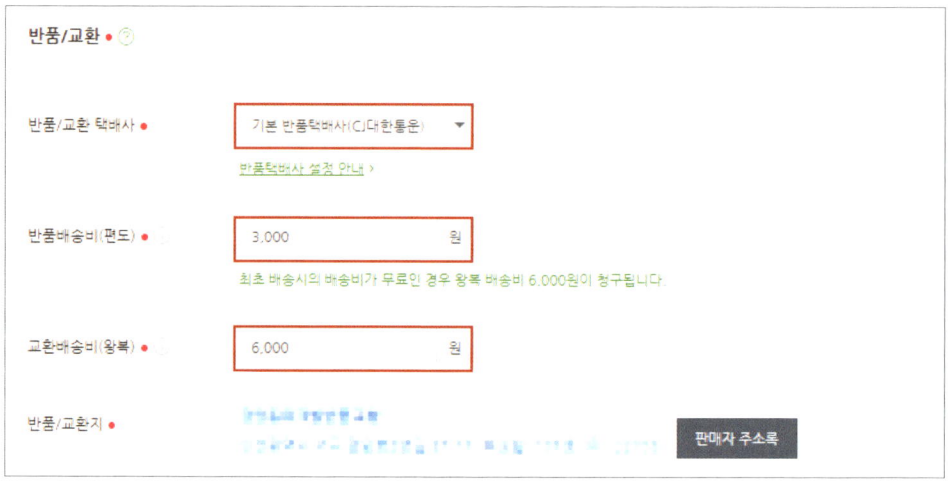

> **note**
>
> **청약철회(반품/교환) 시, 주의해야 할 부분**
>
> 전자상거래 등에서의 소비자보호에 관한 법률에 따라 청약철회(반품/교환) 방해 행위 적발 시, 이용정지 또는 관련 법에 의거하여 제재될 수 있다.
> 또한, 법에서 규정하는 청약철회 사유를 제외한 판매자의 임의적인 안내는 법에 따라서 인정되지 않을 수 있다.

A/S 특이 사항 설정

A/S템플릿에 A/S 전화번호를 등록해 놓았다면 필요할 때 바로 템플릿을 적용하면 되므로 편리하게 이용할 수 있다. 위탁 배송이나 자체 배송 모두 A/S안내는 필수 사항이므로 정확한 정보를 입력해야 하며, 위치는 상세설명 페이지에 노출된다. 위탁배송의 경우는 계약을 맺은 위탁배송 업체의 정보를 입력하면 된다. 입력하기 전에 위탁배송 업체와 협의를 해야 한다. 판매자 특이사항 항목에는 청약철회, 배송기간 및 방법, 교환/반품의 보증 및 추가비용, 판매일시/판매지역/판매수량/인도지역 등과 관련하여 특이사항이 있는 경우 입력한다.

note

도매 사이트에는 상품에 관한 세부정보및 공급사 정보가 표시되어 있다.
관련 정보를 찾아서 내용을 기입하면 된다.

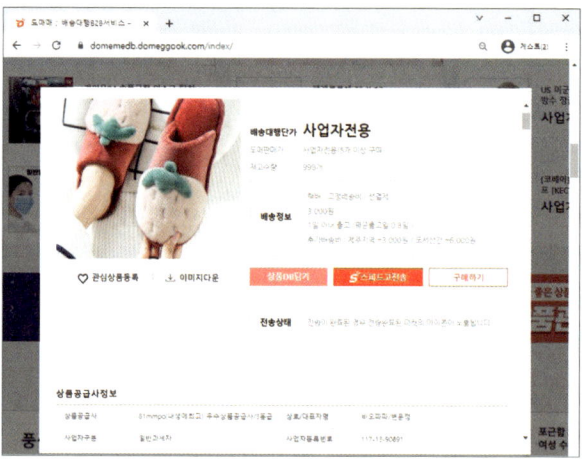

추가상품 구성

추가상품은 등록하고 있는 상품과 연관하여 세트로 함께 판매하려고 하는 상품이거나, 추가 구성 상품을 등록하면 좋다. 추가상품 입력방식은 직접 입력하기, 엑셀 일괄 등록, 다른상품 추가상품 불러오기 방식으로 등록이 가능하다.
추가상품명은 최대 10개까지 설정할 수 있으며, 최대 5,000개까지 등록 가능하다. (PC 환경에서만 등록 가능하다)

> **note**
>
> 추가상품 영역은 배송비를 별도로 설정할 수 없다. 추가상품 구매 시 배송비가 추가로 발생할 경우 구매자가 구매 전 확인할 수 있도록 상세페이지 등에 기재해주고 별도로 받아야 한다.

구매/혜택 조건 설정하는 방법

구매/혜택은 상품 구매자에게 제공하는 혜택이다. 최소구매수량은 1회 구매 시 2개 이상 구매가 필요한 상품에 설정하는 기능이며, 1회 또는 1인으로 구매 수량을 설정할 수 있다. 1인 구매 시 최대는 네이버 ID기준 1인이 구매할 수 있는 최대 수량을 설정하는 항목이다. 복수구매할인은 일정 수량 또는 일정 금액 이상 구매를 할 경우 할인 설정이 가능하다.

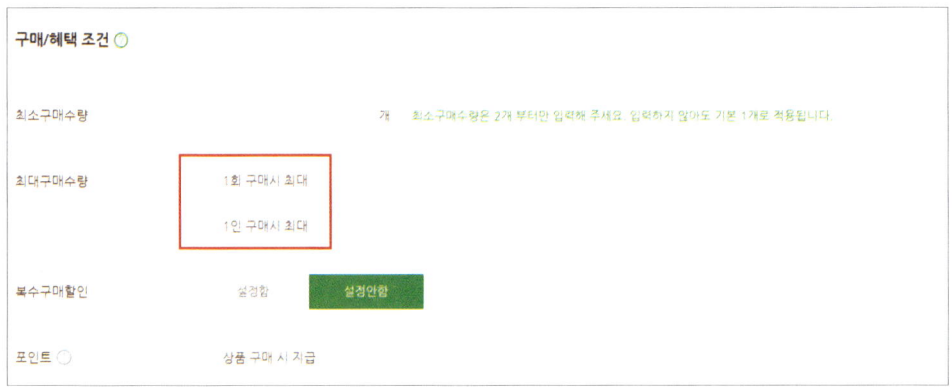

> **note**

복수구매할인 예시

A상품 판매가 5,000원 / 5개 이상 구매 시 1,000원으로 복수구매할인이 설정된 경우
B상품 판매가 10,000원 / 즉시할인 3,000원 / 복수구매할인 미설정된 경우

☞ A상품 5개를 한 번에 구매 시 개당 1,000원씩 할인 적용되어
복수구매할인 총 5,000원 할인 적용
= 구매자 실제 결제금액 : 20,000원
☞ B상품은 복수구매할인 설정이 되어있지 않으므로 미적용

A상품 판매가 5,000원 / 즉시할인 1,000원 / 주문금액 10,000원 이상 구매 시
1,000원으로 복수구매할인이 설정된 경우

☞ A상품 2개를 한 번에 구매 시 주문금액은 실 결제금액이 아닌 '판매가'
기준으로 반영되어 개당 1,000원씩 할인이 적용되어 복수구매할인
총 2,000원 할인 적용
= 구매자 실제 결제금액 : 6,000원

A상품 판매가 10,000원 / 즉시할인 3,000원 / 주문금액 20,000원 이상 구매 시
1,000원으로 복수구매할인이 설정된 경우

☞ A상품 2개를 사더라도 '판매가'기준에 충족하여 개당 1,000원씩 할인 적용
= 구매자 실제 결제금액 : 12,000원

A상품 판매가 7,000원 / 즉시할인 10%(700원 할인)적용 / 주문금액 10개 이상
구매 시 20%로 복수구매할인이 설정된 경우

☞ 판매가 7,000원X(즉시할인 10%+복수구매할인율 20%)X10개=21,000원 할인 적용
= 구매자 실제 결제금액 : 49,000원

포인트 설정화면을 통해 구매자에게 네이버페이포인트를 혜택으로 지급한다. 네이버페이 포인트로 지급되는 금액만큼 판매자 정산금에서 차감된다. 상품 구매 시 지급의 경우는 상품을 구매한 구매자에게 포인트가 지급되고, 상품리뷰 작성 시 지급은 상품 구매 후 리뷰를 작성한 구매자에게 포인트가 지급된다.

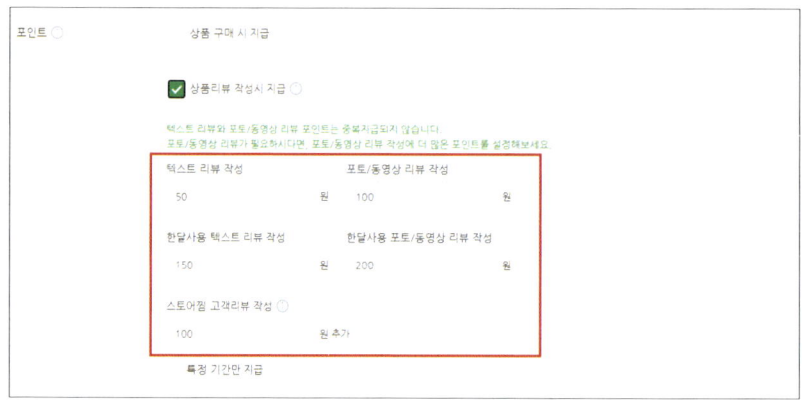

무이자 할부 항목은 3개월, 6개월, 9개월, 12개월, 24개월, 36개월로 할부 기간을 정할 수 있으며, 무이자 할부 수수료는 판매자 부담이며, 판매금액 정산 시 자동으로 차감된다. 사은품은 구매자에게 제공되는 사은품 관련 설명을 적으면 되고, 사은품 지급은 자체적으로 해야 한다. 이벤트 항목은 상품상세 페이지의 상품명 하단에 홍보문구로 노출된다. 단순 홍보글이 아닌, 구체적인 이벤트 문구를 기재해야 한다.

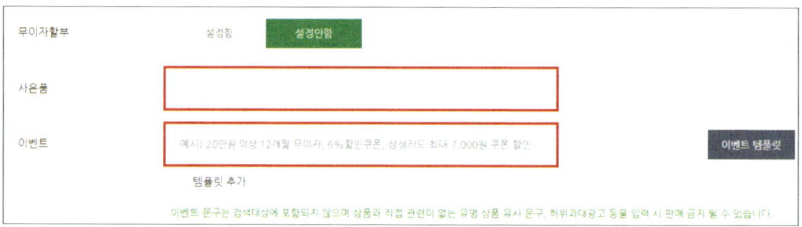

note
설정한 혜택 금액은 판매자 부담이며, 주문시점 기준에 설정된 혜택이 제공된다.

태그 설정

태그는 검색에 영향을 주기 때문에 중요하다. 최대 10개 까지 설정할 수 있으며 판매상품과 관련 있는 태그만 허용이 된다. 판매상품과 직접 관련 없는 태그를 입력 시 판매금지 될 수 있다. 요즘 뜨는 HOT 태그, 감성태그, 이벤트형 태그, 타깃형 태그 등 항목에서 선택하면 된다.

태그입력란에 원하는 태그를 직접 입력하여 적용할 수 있다.

Page title과 Meta description 항목에는 SNS등 소셜 서비스에 상품정보 공유 시 노출되는 내용이다. Page title는 해당 페이지 제목을 입력하는 곳이며, 미입력 시 (상품명:스마트스토어) 형태로 노출된다. Meta description은 SNS등 소셜 서비스에 상품정보 공유 시 타이틀 아래 노출되는 설명글이다. 미입력 시 (스마트스토어 : 스마트스토어 소개글) 형태로 노출된다.

판매자 코드는 판매자가 상품을 판매 관리하기 편리하도록 설정하는 항목이다.

지금 등록하고 있는 상품을 어떤 채널에 노출할 것인지를 선택하는 화면이다. 스마트스토어와 쇼핑윈도 2곳에 등록할 수 있다. 스마트스토어 전용 상품명 사용을 선택하면 전용 상품명을 입력할 수 있다. 전용 상품명을 추가하는 경우 스마트스토어, 쇼핑윈도, 네이버쇼핑에 전용 상품명이 우선 노출된다. 위에서 입력한 상품명을 변경할 시 전용 상품명은 변경되지 않는다. 변경이 필요할 경우 개별로 변경을 해야 한다. 가격비교 사이트 등록을 체크하면, 상품이 네이버 쇼핑 또는 가격비교에 노출된다. 상품이 노출되기를 원하면 전시중을 선택한다. 스토어찜회원 전용상품은 스토어를 찜한 고객만 구매할 수 있도록 실정하는 기능이다. 공지사항을 설정하기 위해서는 설정함을 클릭하고 공지사항을 선택하면 된다.

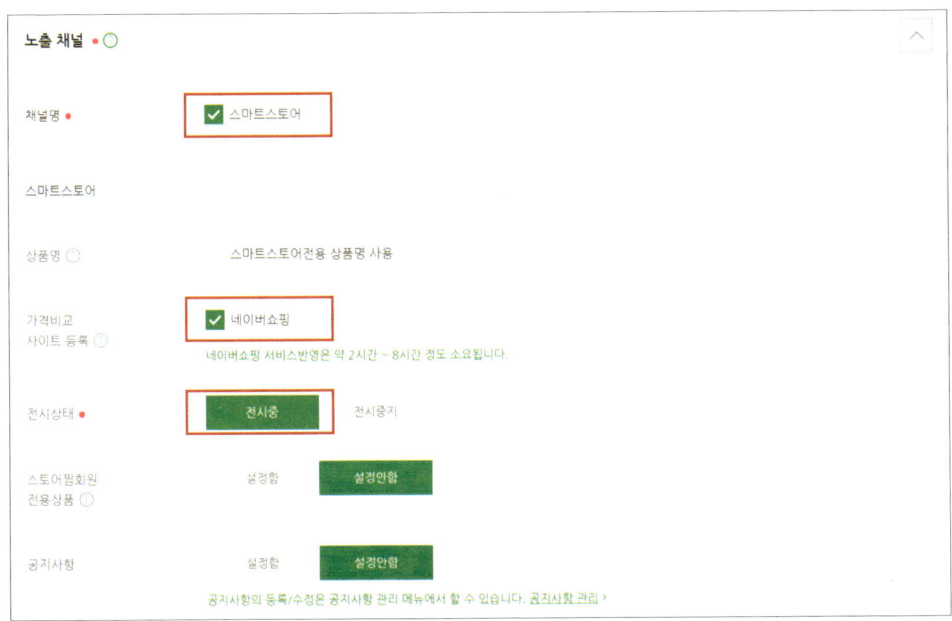

> **note**
>
> 스마트스토어와 쇼핑윈도를 모두 운영하는 경우 아래와 같이 2가지 채널 모두를 선택할 수 있다. 채널을 1개만 선택하면 선택한 채널에만 상품이 노출된다.
>
>

02 고객혜택 및 쿠폰 관리하는 방법

관리자 페이지 왼쪽 메뉴에서 [고객혜택관리]에서 [혜택 등록]을 선택하면 혜택 등록을 할 수 있는데, 타겟팅 대상은 첫구매고객, 재구매고객, 스토어찜 등 타겟팅 목적에 맞게 원하는 타겟으로 혜택 설정이 가능하다. 혜택 종류로는 쿠폰과 포인트적립이 있고, 타겟팅 대상에 따라 발급건수 제한 설정도 가능하며, 할인설정에서 할인율 또는 할인금액과 최대 할인금액을 설정할 수 있다. 상품 판매가 기준으로 특정 금액 이상의 상품에 사용이 가능하도록 최소주문금액 설정도 가능하며, 혜택기간과 쿠폰의 유효기간도 설정할 수 있다.

혜택종류가 포인트적립일 경우 지급될 포인트는 상품 판매가 15% 이하로 입력이 가능하며 최대 2만 포인트까지만 지급되는데, 카드청구할인/배송비/추가구성상품가격은 적립 대상 기준에서 제외되며, 상품할인(즉시할인)과 할인쿠폰(상품할인, 스토어찜할인) 옵션 가격은 포함되어 지급액이 결정된다.

타겟팅 대상

첫구매고객, 재구매고객, 스토어찜, 소식알림 등 마케팅 목적에 맞도록 타겟팅 대상을 선택할 수 있고, 혜택종류, 쿠폰종류, 발급건수, 쿠폰 유효기간 등을 다양하게 설정이 가능하다.

·· 첫구매고객

첫구매고객 혜택은 최근 2년간 구매이력이 없는 고객을 대상으로 쿠폰을 발급해준다. 가장 먼저 첫구매고객 쿠폰을 등록해보자.

[고객혜택관리]의 [혜택 등록]으로 들어가면 ①혜택 이름을 30자 내로 적어야하는데

예시로 '첫구매고객 쿠폰'이라고 적어보았다. ②타겟팅 대상을 [첫구매고객]으로 선택하고, ③혜택종류의 쿠폰을 누르면 아래로 쿠폰을 설정하는 부분이 나타나는데, ④쿠폰종류는 다음 세 가지 중 하나를 선택할 수 있다.

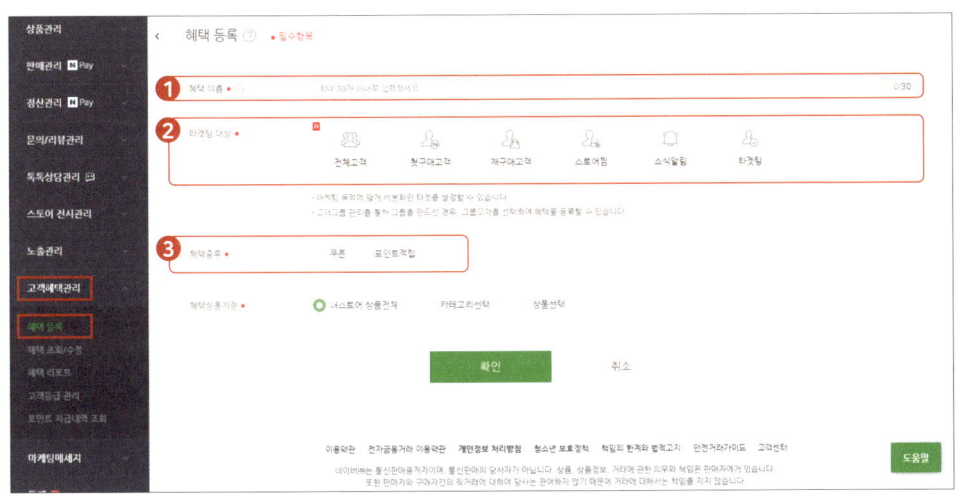

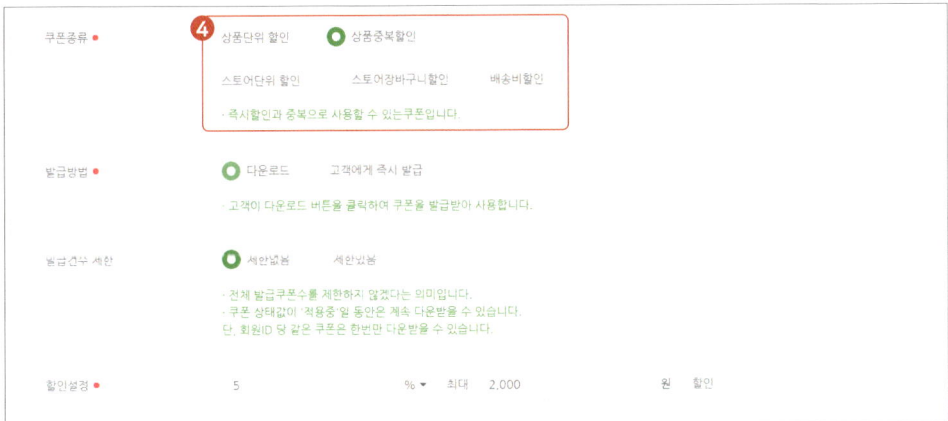

- · **상품중복할인**: 상품단위로 사용가능(즉시할인과 중복으로 사용가능)
- · **스토어장바구니할인**: 해당 판매자의 제품 중 장바구니에 담은 총 주문금액에 사용가능(즉시할인, 상품할인, 상품중복할인과 동시에 사용가능)
- · **배송비할인**: 유료배송 상품에 배송비 묶음그룹 기준으로 사용가능

⑤아래 예시에서 발급건수 제한은 '제한없음'으로 선택했지만, '제한있음'으로 선택하는 경우 최대 99,999개 이하로 입력이 가능하며, 입력한 개수를 초과하면 더 이상 쿠폰은 발행되지 않는다. 보통은 '제한없음'으로 등록을 많이 하지만, 마케팅 비용이 정해져있는 등 때에 따라 쿠폰사용 금액을 제어하고 싶은 경우 '제한있음'을 활용한다. 할인금액은 할인설정에서 %(퍼센트) 버튼을 눌러 할인단위를 %와 원 중에 선택하여 설정이 가능하다.

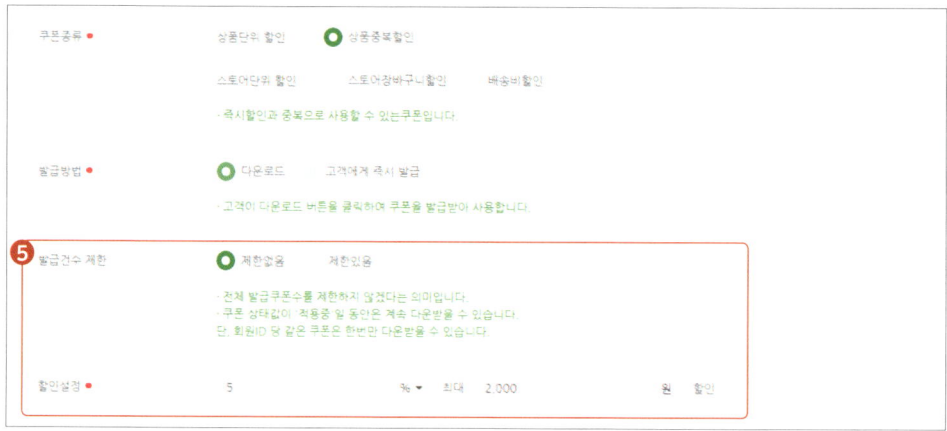

⑥쿠폰종류 중 상품중복할인과 배송비 할인 쿠폰의 최소주문금액은 판매가를 기준으로 사용된다. 예를 들어 300원 중복할인 쿠폰의 경우 최소주문금액이 1,000원일 때, 판매가가 1,000원인 제품에 즉시할인 400원이 적용되어 결제금액이 600원이 되더라도 최소주문금액은 판매가 기준이기 때문에 최종 결제금액은 600원에서 300원 중복할인 쿠폰이 적용된 300원이 된다. ⑦혜택기간은 따로 설정하지 않는 경우 기본으로 익일로 설정되며, '특정 기간만 혜택 제공'을 체크하는 경우 첫 발급일과 마지막 발급일을 설정하여 설정된 기간 동안만 쿠폰이 노출되도록 할 수 있다.

쿠폰의 유효기간을 [기간으로설정]으로 하는 경우 쿠폰의 발급일과 관련 없이 설정된 기간 내로 쿠폰이 유효하며, 유효기간의 시작일은 바로 위의 혜택기간 시작일과 동일하게 자동으로 입력되고, 적용종료일도 필수도 입력해 줘야 한다. [발급일 기준으로 설정]으로 하는 경우엔 쿠폰이 발급일로부터 며칠간 유효하도록 설정할 것인지를 입력할 수 있다.

마지막으로 ⑧혜택을 어디에 지정할 것인지 선택해 줘야 하는데, [첫구매고객] 혜택에는 '내스토어 상품전체'만 선택이 가능하다.

모든 설정을 마치고 ⑨맨 아래의 [확인] 버튼을 누르면 혜택 등록이 완료된다.

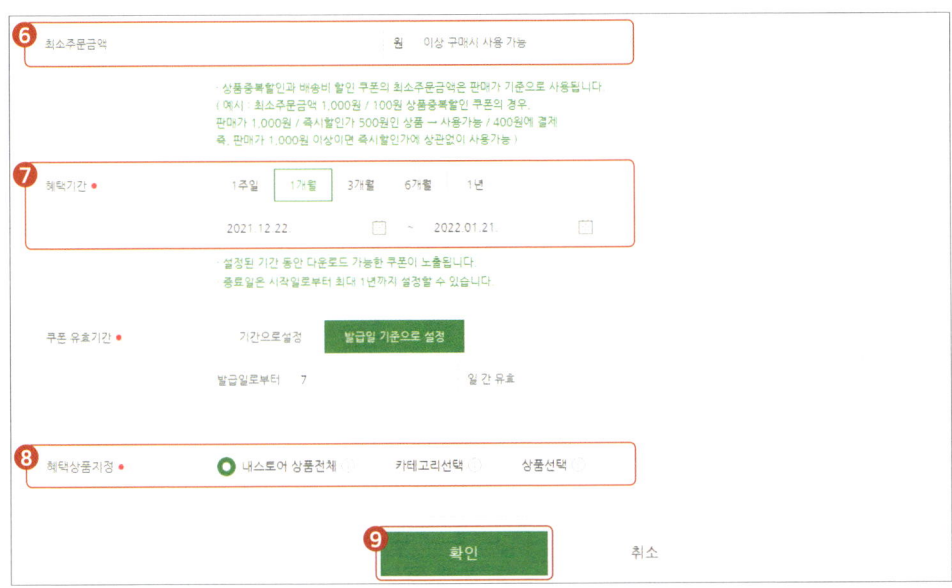

팝업창에서 지금까지 설정한 첫 구매고객 혜택의 정보를 한 번 더 확인하고 [저장] 버튼을 누르면 첫 구매고객 쿠폰의 등록이 완료되어 위에서 설정한 날짜부터 다운로드 가능한 쿠폰이 노출된다. 그리고 다시 한 번 뜨는 혜택등록이 완료되었다는 팝업창의 [혜택 조회] 버튼을 눌러보자.

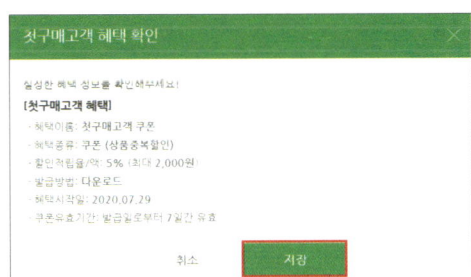 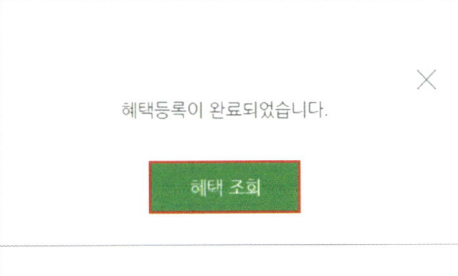

그러면 [고객혜택관리]의 [혜택 조회/수정] 화면으로 넘어가면서 등록한 혜택의 조회, 중지, 수정, 복사 등으로 혜택을 관리할 수 있다.

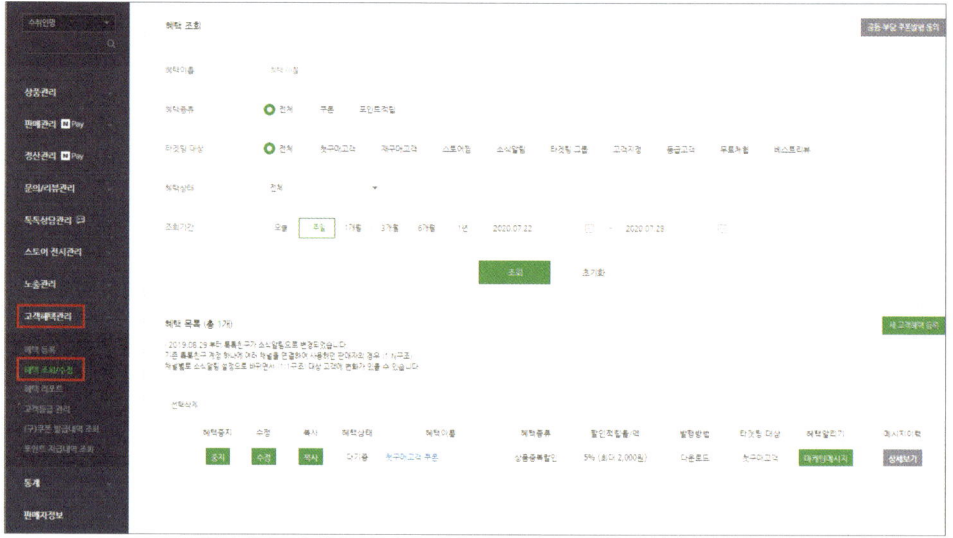

·· 재구매고객

최근 6개월(180일)간 구매이력이 있는 고객을 대상으로 재구매 할인쿠폰을 발급해 주거나, 포인트를 적립해 줄 수 있다. 2회째 구매부터 혜택이 적용되며 재구매조건으로 내 스토어에서 구매한 모든 유저에게 혜택을 제공하거나 지정된 특정 상품을 구매한 유저에게 혜택을 제공할 수 있다.

·· 스토어찜

스토어를 찜하거나 이미 찜한 고객에게 쿠폰을 발급해줄 수 있다. 아직 스토어찜을 하지 않은 고객에게는 스토어찜 요청 문구가 노출되며, 스토어찜을 누르게 되면 쿠폰 다운로드가 안내된다. 이미 스토어찜을 한 고객이 아직 스토어찜 쿠폰을 발급받지 않았다면 스토어찜 쿠폰을 발급받을 수 있도록 노출된다.

위의 예시처럼 일정 금액 이상 구매 시 최대 할인금액 설정도 가능하며, 쿠폰의 유효기간도 발급일 기준으로부터 며칠간 유효할 것인지 설정할 수 있다.

> 고객님, 잊지마세요!
> 스토어찜, 소식알림 동의 고객에게만 드리는 쿠폰
> 이 상품 구매할 때 꼭 사용하세요~!

코코	코코
5%	**1,000원**
스토어찜 상품중복할인 쿠폰	소식알림 동의 상품중복할인 쿠폰
5,000원 이상 구매시 최대 1,000원 할인	10,000원 이상 구매시 할인
발급일로부터 7일 간 유효	발급일로부터 3일 간 유효
사용가능 상품보기 (쿠폰다운로드 이후) >	사용가능 상품보기 (쿠폰다운로드 이후) >

·· **소식알림**

스토어찜에 동의한 후 소식알림까지 동의한 고객에게 소식알림 쿠폰혜택을 줄 수 있는데, 소식알림의 목적은 스토어에 혜택이 노출되는 '소식알림 고객 늘리기+유지하기'와 스토어에 혜택 노출이 되지 않는 '마케팅메시지 보내기'가 있다.

[소식알림 혜택 노출 예시]

타겟팅 목적이 '소식알림 고객 늘리기+유지하기'인 경우 위의 예시처럼 스토어에 소식알림 혜택을 노출하여 아직 소식알림에 동의하지 않은 고객이 소식알림 동의를 누를 때 다운로드 가능한 쿠폰이 안내되며 이미 소식알림에 동의한 고객에게는 아직 발급 받지 않은 소식알림 쿠폰이 발급 가능하도록 노출된다. 이미 발급 완료된 쿠폰은 중복 발급이 불가하여 노출되지 않는다.

타겟팅 목적이 '마케팅 메시지 보내기'인 경우 스토어에는 소식알림 혜택이 노출되지 않으며, 혜택 등록을 완료한 후 [고객혜택관리]의 [혜택 조회/수정]에 들어가 아래와 같은 [마케팅 메시지]버튼을 눌러 소식알림에 농의한 고객에게 톡톡으로 혜택을 첨부하여 마케팅 메시지를 보낼 수 있다.

[마케팅 메시지] 버튼을 누르면 아래와 같은 창이 뜨는데, 사진 없이 텍스트와 링크를 사용하는 텍스트형, 가장 기본인 이미지/텍스트/링크를 조합한 기본형, 기획전이나 진행중인 행사명을 강조할 수 있는 프로모션 전용 이벤트형, 스마트스토어의 연동된 상품들을 직접 고른 리스트에 콘텐츠를 입력할 수 있는 매거진형, 스마트스토어의 연동된 상품을 리스트로 첨부하는 상품리스트형, 스마트스토어의 연동된 상품을 가로형태로 첨부하는 상품카드형이 있다.

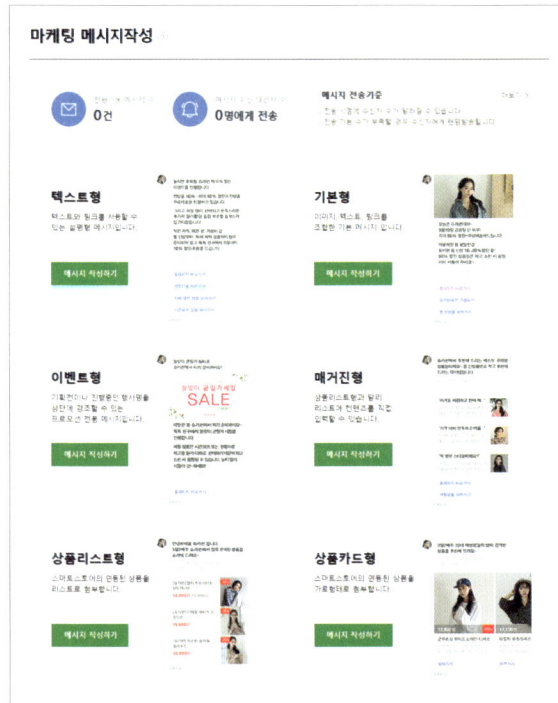

전송 가능 메시지 수는 총 스마트스토어 소식알림 유저 수인 현재 발송 가능한 메시지 건수이며, 여러 스마트스토어에 동시에 소식알림을 한 고객은 중복 제거되어 집계된다. 매월 1일을 기준으로 보유한 소식알림 고객 수만큼 자동으로 충전되며, 매주 월요일마다 전주에 늘어난 소식알림 고객 수만큼 메시지가 추가로 충전된다. 메시지 차감은 1명에게 메시지를 보내면 전송 가능 메시지 수에서 1건이 차감되며, 톡톡파트너센터에서 단체 메시지를 사용한 경우에도 동일하게 차감된다. 소식알림 고객 수가 감소되었다고 하여 전송가능 메시지 수가 차감되지는 않지만 남은 메시지 수가 다음 달에 이월되지는 않는다.

·· 타겟팅

특정 고객을 직접 지정하여 혜택을 제공하거나, 고객의 거래기간, 거래정보(주문금액, 주문횟수), 관심정보(스토어찜, 소식알림, 상품찜)를 설정하여 각 그룹에 해당하는 단골 고객에게 혜택을 제공할 수 있다.

고객을 지정하여 혜택을 제공하는 경우 구매, 스토어찜, 소식알림 고객을 구분하여 기간별로 검색이 가능하며, 쿠폰 발급 고객 수는 최대 1,000명까지 추가가 가능하다.

[고객등록 설정 화면]

그룹별 혜택을 적용하는 경우 거래기간은 필수선택 항목이며, 이번 달을 제외한 전월 1일부터 말일 기준으로 기간 내 직권취소를 제외하고 주문(결제)을 한 번이라도 했으며 구매확정을 한 고객을 대상으로 한다. 해당 거래기간에 들어온 주문 중 주문금액과 횟수에 따라 세분화된 기준으로 고객을 그룹핑 할 수 있다. 이때, 주문횟수는 상품주문번호 기준이 아닌 주문번호 기준으로 구매한 횟수를 의미한다.

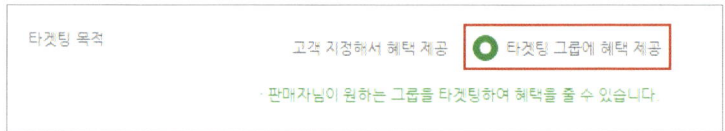

[예상 고객수 확인] 버튼을 클릭하면 실시간으로 관심여부를 추출하고, 어제까지의 통계정보를 기준으로 거래기간과 거래정보를 추출하여 그룹을 등록한 시점의 날짜로 예상 고객수가 노출된다.

혜택종류

혜택 종류는 두 가지로 쿠폰과 포인트 적립이 있다. 쿠폰은 모든 타겟팅 대상에 설정이 가능하며 고객에게 상품중복할인, 스토어장바구니할인 또는 배송비 할인 쿠폰을 제공할 수 있다. 발급방법으로는 설정한 혜택기간동안 다운로드가 가능한 '다운로드'와, 설정한 발급일의 새벽~오전 중 즉시 고객에게 발급되는 '고객에게 즉시 발급'이 있다. 포인트 적립은 재구매 고객에게만 설정이 가능하며, 만약 고객에게 여러 개의 혜택을 제공한 경우 포인트와 쿠폰 각각 고객이 받을 수 있는 최대혜택으로 노출된다.

혜택상품지정

혜택에 적용할 상품을 아래의 3가지 중 하나를 선택할 수 있다. 단, 도서 상품의 경우 출판문화산업진흥법에 근거하여 10%이하의 상품할인 쿠폰만 사용이 가능하며, 상품 중복할인 쿠폰을 사용할 수 없다. 그리고 전통주 상품의 경우 주류거래질서 확립에 관한 명령위임 고시에 근거하여 10%이하의 정률 할인쿠폰, 배송비 할인쿠폰과 적립금 사용이 가능하다.

- **내스토어 상품전체** : 내 스토어에서 판매중인 모든 상품에 혜택이 적용되며, 쇼핑윈도를 함께 운영중인 경우 쇼핑윈도에도 동일하게 혜택이 적용된다.
- **카테고리선택** : 스마트스토어에 등록된 상품 중 특정 카테고리를 지정하여 혜택을 적용한다.
- **상품선택** : 스마트스토어의 상품번호를 이용하여 혜택이 적용될 특정 상품을 최대 500개까지 선택할 수 있다.

> **note**
> 방문 고객에게 주는 혜택은 구매 결정에 큰 역활을 한다. 위에서 살펴본 내용과 같이 지금 등록하는 상품에 맞게 혜택을 적용해 보자. 구매전환율을 높일 수 있을 것이다.

03
고객등급 등록 및 관리하는 방법

고객등급 관리는 고객등급별 혜택을 설정하여 우수고객에게 혜택을 제공하는 서비스로, 고객은 혜택을 제공받으며 스토어 재방문으로 이어져 단골을 만들 수 있다. 등급은 SILVER, GOLD, VIP, VVIP 4개의 등급 중 최소 1단계부터 4단계까지 설정이 가능하며, 설정된 등급은 다음달 1일부터 적용되어 별도로 설정을 변경하지 않을 경우 매월 1일 정오 전까지 등급 산정이 완료되어 자동으로 적용된다.

1 [고객혜택관리]의 [고객등급 관리] 메뉴로 이동한다.
2 등급기준을 주문금액과 주문횟수 중 하나를 선택한다.
3 구매 기간은 3개월, 6개월, 1년 중 하나를 선택할 수 있다. (이번달 말일까지 구매 확정된 거래 기준)

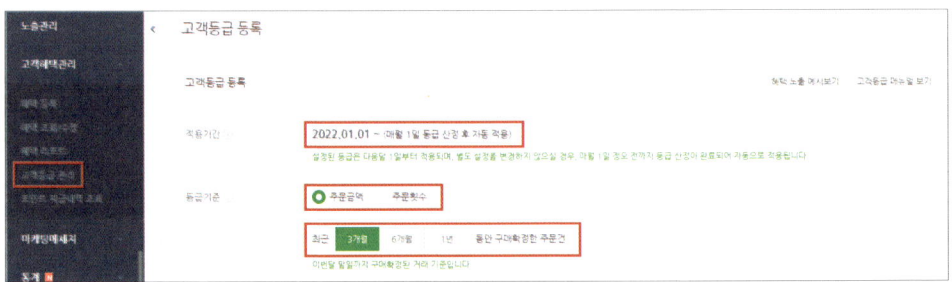

4 SILVER, GOLD, VIP, VVIP 중 사용할 등급을 선택한다. (등급명은 고정으로 수정 불가)

- 최소 1단계 ~ 최대 4단계
- VVIP 등급만 단독으로 설정할 수 없다.

5 각 등급의 등급조건과 등급혜택을 설정한다.

- 등급조건 : 주문금액 5만원 이상 ~ 100만원 이상

  주문횟수 2회 이상 ~ 10회 이상

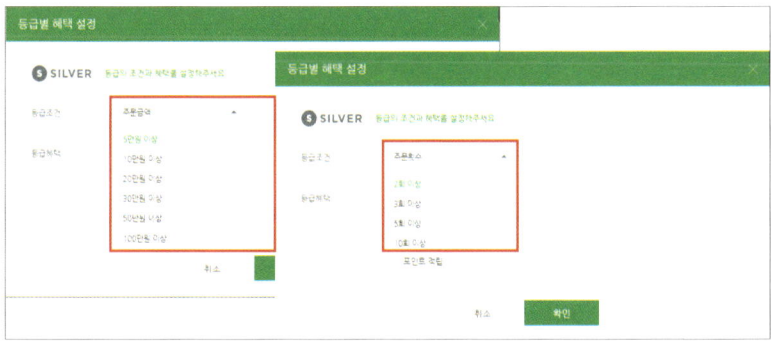

- 등급혜택 : 상품중복할인 쿠폰, 스토어장바구니할인 쿠폰, 배송비할인 쿠폰, 포인트 적립 중 선택 가능하다. 매월 1일 자동으로 쿠폰이 즉시 발급되며 쿠폰 유효기간은 해당 월 1일 ~ 말일까지로 기간 내 사용하지 못한 쿠폰은 만료처리 된다.

❻ 등급별 조건과 혜택 설정이 완료되면 저장 버튼을 누른다.
예상 고객수는 지금 시점에 선택한 조건에 해당하는 숫자로, 실제 등급이 적용되는 시점(매월 1일)과 다를 수 있다.

고객등급 수정 방법

고객등급은 고객과의 약속이므로, 사전고지기간 없이 등급이 수정되어 고객 클레임이 발생하는 경우 판매자에게 불이익이 있을 수 있어 반드시 1개월 사전고지기간을 두고 안내를 해야 한다. 수정된 내용은 바로 반영되지 않고 해당 달 말까지 유지되며, 다음 달 1일부터 적용된다.

[수정] 버튼을 클릭하면 고객등급 수정 메뉴가 나오고, 등급기준과 등급별 혜택 설정을 변경할 수 있다. 수정이 완료되면 [저장] 버튼을 클릭한다.

저장이 완료된 화면은 고객등급 혜택이 적용예정에 등급을 수정한 경우와 적용 중에 등급을 수정한 경우로 나뉘는데, 적용예정에 등급을 수정한 경우 다음달 1일부터 자동으로 수정한 고객등급이 적용되고, 적용 중에 등급을 수정한 경우 적용중과 수정 예정 탭이 구분되어 현재 적용중인 등급별 혜택과 다음 달 수정될 혜택을 구분하여 확인할 수 있다.

고객등급 수정
혜택 노출 예시보기
고객등급 매뉴얼 보기
적용기간
2020.08.01 ~ (매월 1일 등급 산정 후 자동 적용)
설정된 등급은 다음달 1일부터 적용되며, 별도 설정을 변경하지 않으실 경우, 매월 1일 정오 전까지 등급 산정이 완료되어 자동으로 적용됩니다
등급기준
주문금액
주문횟수
최근
3개월
6개월
1년
동안 구매확정한 주문건
이번달 말일까지 구매확정된 거래 기준입니다
등급별 혜택 설정
고객등급은 최소 1단계 ~ 최대 4단계까지 설정 가능합니다
사용여부
등급명
등급 조건
등급별 혜택
예상 고객수
수정
SILVER
50,000원 이상 ~ 100,000원 미만 구매 고객
· 상품중복할인 쿠폰
· 할인금액 3% (최대 10,000원)
· 최소주문금액 10원 이상 구매시 사용가능
· 쿠폰수량 1개
3명
수정
GOLD
100,000원 이상 ~ 300,000원 미만 구매 고객
· 상품중복할인 쿠폰
· 할인금액 6% (최대 10,000원)
· 최소주문금액 10원 이상 구매시 사용가능
· 쿠폰수량 1개
1명
수정
VIP
300,000원 이상 ~ 500,000원 미만 구매 고객
· 상품중복할인 쿠폰
· 할인금액 9% (최대 10,000원)
· 최소주문금액 10원 이상 구매시 사용가능
· 쿠폰수량 1개
0명
수정
VVIP
500,000원 이상 구매 고객
· 상품중복할인 쿠폰
· 할인금액 13% (최대 100,000원)
· 최소주문금액 10원 이상 구매시 사용가능
· 쿠폰수량 1개
0명
수정
취소
저장

고객등급 관리
SILVER
GOLD
VIP
VVIP

고객등급 관리
2020.08.01 ~
SILVER
GOLD
VIP
VVIP

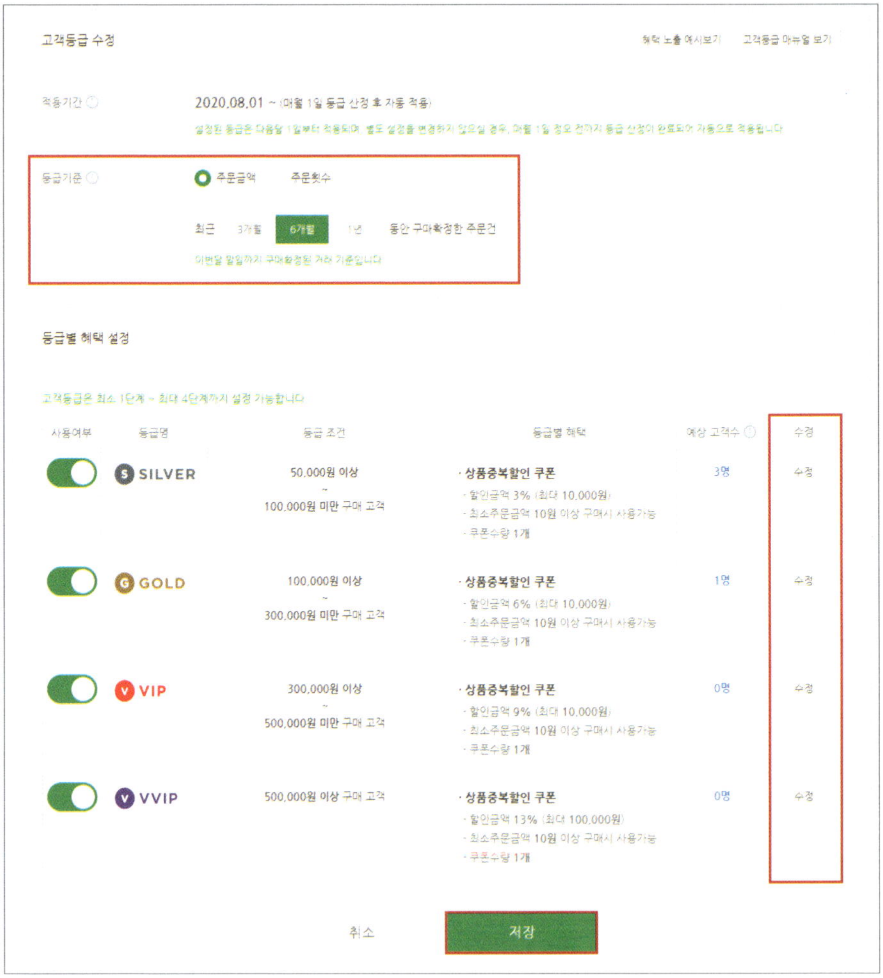

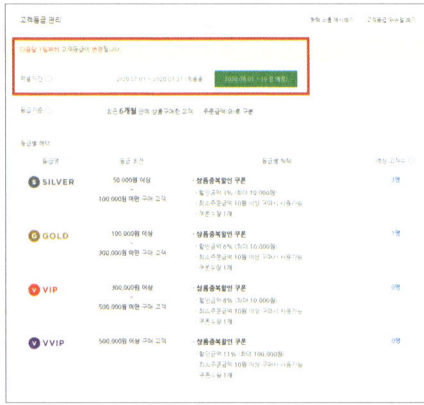

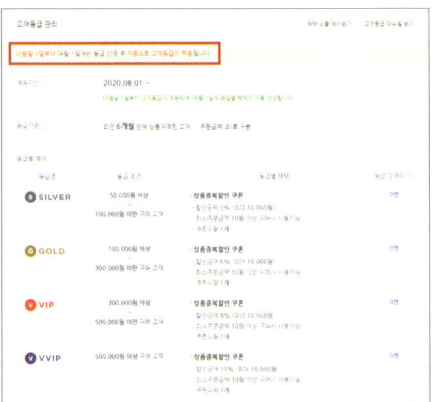

고객등급 중지 방법

고객등급 중지도 고객등급 수정과 마찬가지로 등급혜택이 적용 중인 상태에서는 반드시 1개월 사전고지기간을 두고 안내해야 한다. 수정된 내용은 바로 반영되지 않고 해당 달 말까지 유지되며, 다음달 1일부터 적용된다.

고객등급 혜택노출

고객등급은 전월 말일까지 구매확정 된 주문 건을 대상으로 매월 1일 새롭게 선정되며, 네이버에 로그인한 ID가 고객등급 조건에 충족한 경우에만 등급 확인이 가능하며, 로그인하지 않았거나 등급이 없는 고객은 등급안내만 고지된다. 등급안내의 '더보기' 버튼을 누르면 등급별 상세한 혜택 확인이 가능하다.

04
공지사항 등록하는 방법

진행되는 이벤트를 알리고 싶은 경우, 그리고 명절이나 휴가시즌 전후로 배송 지연으로 인한 고객 클레임이 많이 발생하게 될 때 고객에게 전달해야할 사항들을 공지사항으로 등록해보자.

[상품관리]에서 [공지사항 관리]에 들어가면 공지사항을 등록하거나 수정할 수 있고, 공지사항을 등록하고 싶다면 화면 오른쪽 위쪽의 [새 상품 공지사항 등록]버튼을 클릭하면 된다.

분류

공지사항의 분류는 일반, 이벤트, 배송지연, 상품으로 나뉘며 중요 공지사항으로 설정도 가능하다.

'중요 공지사항으로 설정'에 체크를 하면 공지사항 목록에 중요표시 확인이 가능하다.

제목과 상품 공지사항 상세

제목에는 '실연휴 배송안내', '여름휴가 배송지연', '7월 이벤트' 등 한눈에 관리가 쉽도록 작성하고 상품 공지사항 상세는 상품을 등록할 때처럼 [스마트에디터ONE으로 작성] 버튼을 눌러 작성한다. 첨부하는 이미지의 권장 크기는 가로 860px이다.

전시위치

전시위치는 웹, 모바일, 전체로 나뉘는데 보통은 '전체'로 선택하며, '모든 상품에 공지사항 노출'을 체크해야 스토어 내 각각의 상품에 자동으로 공지사항이 나타난다.

전시기간

전시기간 설정의 경우 이벤트 기간이 정해져있거나, 명절연휴 기간 동안만 공지사항을 노출하고 싶을 때처럼 기간이 있는 공지사항에 설정한다. 전시기간을 [설정함]으로 선택하고 달력모양 버튼을 눌러 해당 공지사항을 전시하고자 하는 기간을 입력한다.

팝업사용

팝업사용을 설정하면 스토어홈(PC)에 노출되며, 모바일과 쇼핑윈도는 지원되지 않는다. 팝업사용도 전시 기간과 마찬가지로 [설정함]으로 선택하고 달력 모양 버튼을 눌러 팝업을 사용하고자 하는 기간을 입력한다.

공지사항 설정이 모두 끝났다면 [상품 공지사항 등록] 버튼을 눌러 공지사항을 등록한다. 공지사항 등록/수정 이후 상품에 반영되기까지는 최대 1분이 소요되며, 쇼핑윈도

에 공지사항을 노출하려면 분류는 '배송지연'으로 선택해야 하고 '모든 상품에 공지사항 노출'을 체크하고 스마트에디터ONE으로 상세내용을 작성하여 등록되어야 한다.

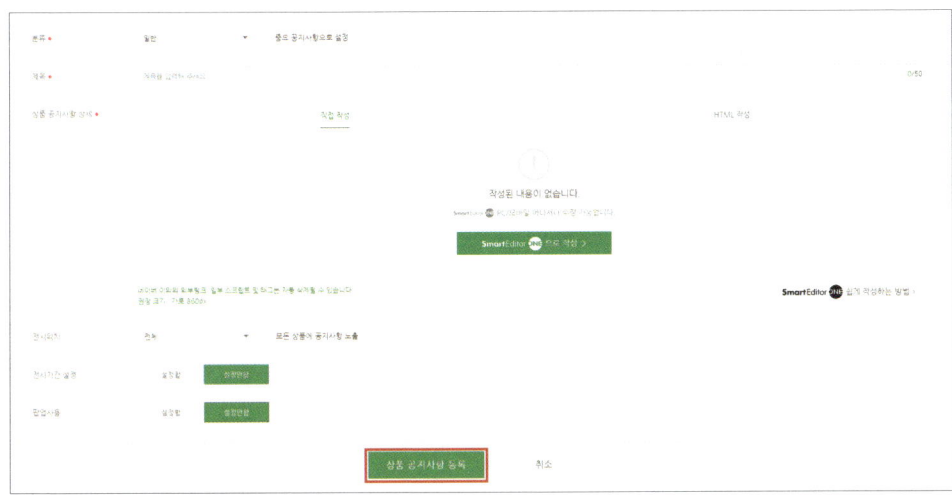

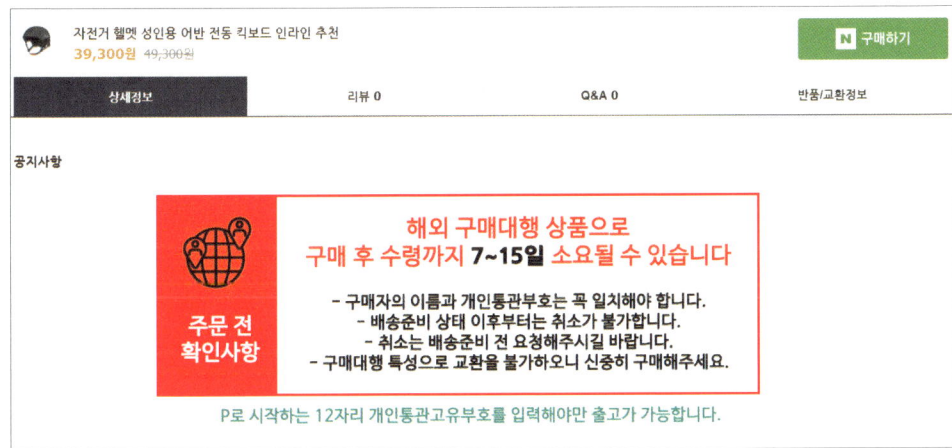

05
템플릿 관리하는 방법

템플릿 관리는 상품 등록 시 사용하는 자주 쓰는 카테고리, A/S문구, 홍보문구 등을 한 곳에서 관리하여 상품등록을 쉽게 해주는 메뉴이다. 기존에 등록된 템플릿 관리와 신규 템플릿 등록을 할 수 있다.

배송비 템플릿 관리

배송비 템플릿은 최대 500개까지 등록이 가능하며, 등록해놓은 배송비 템플릿은 상품 등록 시 '배송'의 '배송여부' 항목에서 [배송비 템플릿] 버튼을 클릭해 불러올 수 있다.

만약 상품등록 시 [배송비 템플릿] 선택 후에 템플릿 관리에서 해당 템플릿을 수정하

는 경우 기존에 템플릿이 적용된 상품에는 반영되지 않는다. 그렇기 때문에 이미 템플릿이 적용된 배송정보의 수정을 원하는 경우 '상품관리'의 '상품조회/수정' 메뉴에서 건별 또는 일괄로 변경을 해줘야한다.

카테고리 템플릿 관리

자주 쓰는 카테고리를 '대분류>중분류>소분류>세분류'를 선택한 후 등록해놓으면 상품등록 시 '카테고리'의 [카테고리 템플릿] 버튼을 클릭해 간편하게 자주 쓰는 카테고리를 선택할 수 있다.

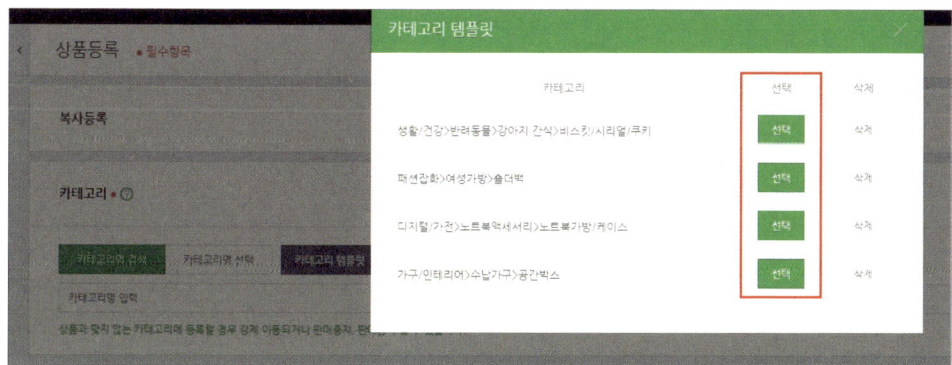

A/S 템플릿 관리

자주 쓰는 A/S전화번호와 A/S안내를 설정하여 상품등록 시 'A/S, 특이사항'의 'A/S전화번호' 항목에서 [A/S 템플릿] 버튼을 클릭하여 불러올 수 있다.

이벤트 템플릿 관리

상품명 하단에 홍보문구로 노출되는 이벤트 문구는 40자 내로 작성이 가능하며, 상품등록 시 '구매/혜택 조건'의 '이벤트' 항목에서 [이벤트 템플릿] 버튼을 클릭해 불러올 수 있다.

▲ 홍보문구 노출 예시

문의 템플릿 관리

자주 등록되는 배송, 교환, 반품 등의 고객 문의에 대한 답변을 문의 템플릿으로 등록하여 간편하게 불러와 처리할 수 있다. '문의/리뷰관리'의 '문의 관리' 항목에서 문의에 대한 답글 작성 시 '답글 템플릿 불러오기'를 클릭하면 등록된 문의 템플릿을 불러올 수 있고, '고객 문의 관리' 항목에서는 [템플릿 관리] 버튼으로 문의 템플릿 등록도 가능하며 문의유형을 선택하여 문의 템플릿을 불러올 수 있다.

▲ 문의 템플릿 관리/등록 화면

▲ 고객문의 관리의 템플릿 선택 화면

상품정보제공고시 템플릿 관리

자주 등록하는 상품군을 선택하여 상품정보제공 고시 템플릿을 저장해놓을 수 있다. 미리 상품정보제공 고시 템플릿에 저장해 놓지 않더라도 상품을 등록하면서 저장도 가능하다. '상품정보제공 고시'의 '설정 여부' 항목에 [템플릿 추가]를 체크 후 상품을 등록하면 자동으로 '상품정보제공 고시 템플릿 관리' 탭에 저장된다. 이는 추후 상품 등록 시 템플릿 활용이 가능하다.

06
엑셀로 상품 대량등록하는 방법

스마트스토어에 상품을 일괄 등록하기 위해 [상품관리]-[상품 조회/수정] 메뉴에서 [엑셀양식다운로드]를 클릭하여 엑셀 양식을 다운받는다.

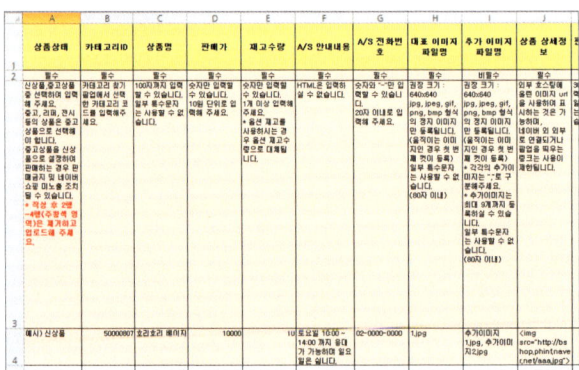

▲ 스마트스토어 엑셀 양식

양식을 모두 작성할 필요는 없다. 엑셀시트 2행을 보면 필수, 비필수, 조건부 필수로 나뉘는데 본인의 상품에 따라 작성하면 된다.

작성 예시는 다음과 같다. 여기서 주의할 점은 카테고리ID와 원산지 코드이다. 다른 내용은 본인이 직접 작성해야 하지만 이 두 부분은 네이버가 제시하는 내용을 삽입해야 하기 때문이다.

상품상태	카테고리ID	상품명	판매가	재고수량	A/S 안내내용	A/S 전화번호	대표 이미지 파일명	추가 이미지 파일명	상품 상세정보	판매
필수	필수	필수	필수	필수	필수	필수	필수	비필수	필수	비
신상품,중고상품 중 선택하여 입력해 주세요. 중고, 리퍼, 전시 등의 상품은 중고 상품으로 선택해야 합니다. 중고상품을 신상품으로 설정하여 판매하는 경우 판매금지 및 네이버 쇼핑 미노출 조치될 수 있습니다. * 작성 후 2행~4행(주황색 영역)은 제거하고 업로드해 주세요.	카테고리 찾기 팝업에서 선택한 카테고리 코드를 입력해주세요.	100자까지 입력할 수 있습니다. 일부 특수문자는 사용할 수 없습니다.	숫자만 입력할 수 있습니다. 10원 단위로 입력해 주세요.	숫자만 입력할 수 있습니다. 1개 이상 입력해 주세요. * 옵션 재고를 사용하시는 경우 옵션 재고수량으로 대체됩니다.	HTML은 입력하실 수 없습니다.	숫자와 "-"만 입력할 수 있습니다. 20자 이내로 입력해 주세요.	권장 크기 : 640x640 jpg, jpeg, gif, png, bmp 형식의 정지 이미지만 등록됩니다. (움직이는 이미지인 경우 첫 번째 컷이 등록) 일부 특수문자는 사용할 수 없습니다. (80자 이내)		외부 호스팅에 올린 이미지 url을 사용하여 표시하는 것은 가능하며, 네이버 외 외부로 연결되거나 팝업을 띄우는 링크는 사용이 제한됩니다.	30자 력해 일부 는 사 습니다
(예시) 신상품	50000807	호리호리 베이지	10000	10	토요일 10:00 ~ 14:00 까지 응대가 가능하며 일요일은 쉽니다.	02-0000-0000	1.jpg		<img src="http://bshop.phint.naver.net/aaa.jpg">	
신상품	50001780	2단 화장품ㅍ	12900	99999	월~금 9시부터 6시까지 토,일은 쉽니다.	032-219-0800	1.jpg		<img src="http://bshop.phint.naver.net/aaa.jpg">	
신상품	50001780	베러샵 여행	23900	99999	월~금 9시부터 7시까지 토,일은 쉽니다.	032-219-0800	2.jpg		<img src="http://bshop.phint.naver.net/aaa.jpg">	
신상품	50001780	화장품 파우	9900	99999	월~금 9시부터 8시까지 토,일은 쉽니다.	032-219-0800	3.jpg		<img src="http://bshop.phint.naver.net/aaa.jpg">	
신상품	50001780	쿠션 커버 쇼	10900	99999	월~금 9시부터 9시까지 토,일은 쉽니다.	032-219-0800	4.jpg		<img src="http://bshop.phint.naver.net/aaa.jpg">	
신상품	50001780	북유럽 쿠션	9900	99999	월~금 9시부터 10시까지 토,일은 쉽니다.	032-219-0800	5.jpg		<img src="http://bshop.phint.naver.net/aaa.jpg">	

	S	T	U	V	W	X	Y	Z	AA	AB	AC	AD	AE	
	배송 노출 여부	원산지 코드	수입사	복수원산지 여부	원산지 직접 입력	배송방법	배송비 유형	기본배송비	배송비 결제 방식	조건부무료-상품판매가 합계	수량별 부과-수량	반품배송비	교환배송비	
	필수	필수	조건부 필수	필수	조건부 필수	조건부 필수	조건부 필수	조건부 필수	조건부 필수	조건부 필수	조건부 필수	조건부 필수	조건부 필수	
	: 노출함 : 노출안함 식품의 경우 노출안함을 택하면 구매하더라도 노출되지 않습니다. * 일반 상품은 [노출함]으로 등록됩니다	원산지 찾기 팝업에서 검색한 원산지 코드를 입력해 주세요. * 꼭 서식을 텍스트로 입력해 주세요.	원산지를 "수입산"으로 선택한 경우 필수로 입력해 주세요.	조건부 필수 N : 원산지 같음 Y : 원산지가 다른 상품을 등록 시 * Y인 경우 상세정보에 상품원산지를 입력해 주세요.	가타 > 직접입력인 경우 필수로 입력해 주세요.	배송상품인 경우 택배/소포/등기,직접배송(화물배달) 항목 중에서 선택하여 입력해 주세요.	배송비 유형이 조건부무료,유료,수량별,유료-조건부무료 항목 중 선택하여 입력해 주세요.	기본배송비가 있는 경우 필수입니다.	착불 또는 선결제	배송비 유형이 조건부무료인 경우 필수입니다. 무료배송이 가능한 상품판매가 합계 금액을 입력해 주세요.	배송비 상품인 경우 수량별 부과인 경우 필수입니다. 반복부과될 상품개수를 입력해 주세요.	배송 상품인 경우 필수로 입력해 주세요. 10일 이상 10일 단위로 입력해 주세요.	배송 상품인 경우 필수로 입력해 주세요. 10일 이상 10일 단위로 입력해 주세요.	
		9680		N		택배, 소포, 등기	조건부 무료	2500	착불 또는 선결제	30000		2500	2500	
		03		Y		택배, 소포, 등기	조건부 무료	2500	선결제	30000		2500	2500	
		03		Y		택배, 소포, 등기	무료	2500	착불	20000		2500	2500	
		03		Y		택배, 소포, 등기	유료	2500	착불 또는 선결제	30000		2500	2500	
		03		Y		택배, 소포, 등기	수량별	2500	선결제	30000	3	2500	2500	
		03		Y		택배, 소포, 등기	조건부 무료	2500	선결제	20000		2500	2500	

카테고리와 원산지는 상품 일괄등록의 첫 화면에서 검색할 수 있다.

또 하나 주의할 점은 업로드 전에 2,3,4행은 삭제해야 한다는 것이다. 이는 첫 셀에도 표시되어 있으니 꼭 셀에 표시된 내용을 잘 읽어보자.

다시 첫 화면으로 돌아가면 파일 업로드가 비활성화 되어 있는 것을 볼 수 있는데, 이미지를 업로드 해야 활성화가 된다. 이미지는 상품의 이미지를 말하며, 위 양식에 적은 파일 그대로 업로드 하면 된다.

이미지를 업로드 하고 나면 파일 업로드가 활성화 되며 양식 파일을 올리면 끝이 난다. 올린 후 상품 조회 메뉴나 스마트스토어로 가서 제대로 올라갔는지 확인하는 것이 좋다.

> **note**
>
> 온라인 도매 사이트에 접속해 보면 엑셀로 상품을 등록할 수 있도록 제공해주는 자료가 있다. 해당 엑셀 자료를 다운받아서 스마트스토어에서 제공해주는 엑셀 시트에 맞게 변경하여 등록하는 방식이다. 상품을 관리하다 보면 대량 등록해야 하는 경우가 많이 있기 때문에 엑셀 등록 방법을 필수로 익혀두면 좋다.
>
>

Part 6

스마트스토어
주문처리 및 배송방법

01 주문 및 배송처리 방법
02 주문 취소 처리 방법
03 구매확정 및 리뷰 확인
04 정산관리 및 세금계산서 조회

01
주문 및 배송처리 방법

고객이 상품을 주문한 경우 관리자 페이지에 주문 건수가 보인다. 주문이 들어오면 그때부터 주문처리 및 배송 단계로 진입하게 된다. 처음 주문이 들어온 경우는 많이 긴장하게 되며 어디서부터 어떻게 처리해야 할지 많은 고민을 하게 된다.

스마트스토어 관리자 화면에서 판매현황을 보면 입금대기, 신규주문, 배송준비, 배송중, 배송완료 등 최근 일주일에 대한 판매현황 정보를 볼 수 있다. 이 중에서 입금대기와 신규주문에 관한 확인이 첫 번째다. 입금대기의 경우는 주문자가 주문할 때 결제수단을 무통장으로 선택한 후 아직 입금하지 않았을 때 표시되고, 신규주문의 경우는 주문자가 주문할 때 카드 결제 및 간편결제 서비스 등을 이용하여 상품에 대한 결제가 이루어진 경우 신규 주문단계로 넘어가게 된다. 배송처리 단계를 진행해 보기 위해 신규 주문 항목에 표시되어 있는 주문 건수를 나타내는 숫자를 클릭한다.

신규주문 리스트가 나오는 것을 볼 수 있다. 신규주문 리스트 항목에서 우선 상품 주문번호를 클릭하여 주문 정보를 확인한다. 상품 발송이 가능한 상태라면 [발주확인]을 누른다.

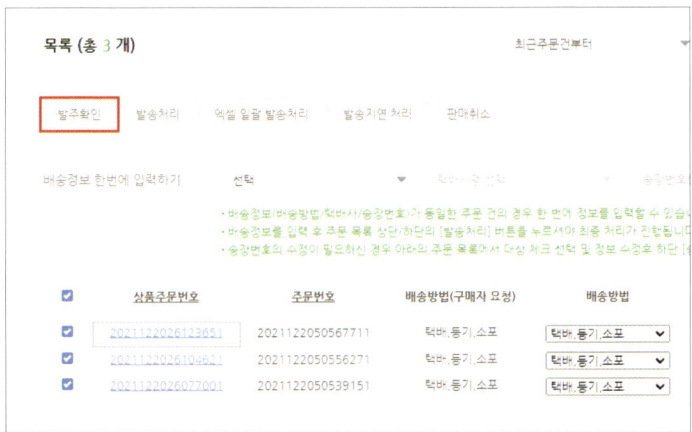

[발주확인]을 누르면 [신규주문]에서 [배송준비]로 주문이 넘어가게 된다.

상품을 포장하고 운송장번호가 나오면 배송방법 및 택배사를 선택한 후에 송장 번호를 입력하고 [선택 건 발송처리] 버튼을 클릭하여 배송방법 및 택배사, 송장번호를 입력한다. 마지막으로 [발송처리]를 누르면 전산입력은 모두 끝이 난다.

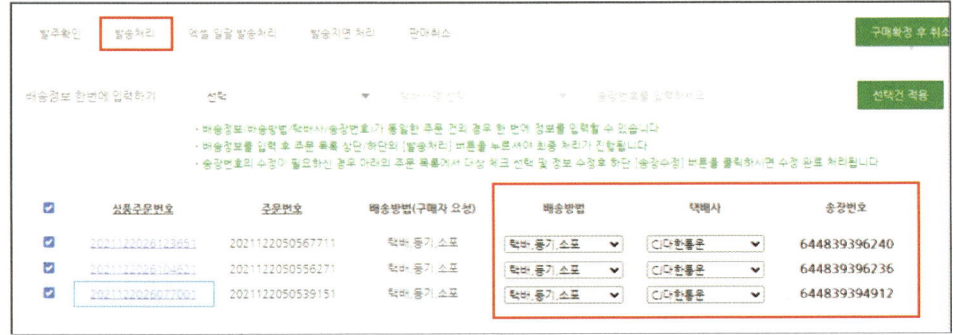

배송현황 관리 페이지로 이동하여 현재 배송중인 항목을 볼 수 있다. [배송추적] 버튼을 클릭하여 현재 상품이 배송처리가 잘 되었는지 확인한다.

[배송조회] 서비스를 통해 현재 상품의 배송 상태를 점검해 볼 수 있다.

02
주문 취소 처리 방법

주문한 고객이 상품 주문을 취소한 경우 관리자 페이지의 취소요청 항목에 숫자가 표시된다. 숫자를 클릭하여 취소 사유를 확인하고 상황에 맞게 다음 단계를 처리한다.

구매자가 주문을 취소한 경우 취소요청 항목에 숫자가 있는 것을 확인할 수 있다. 표시된 숫자를 클릭한다.

[취소관리] 화면으로 이동된 것을 볼 수 있다. 취소관리 리스트에 취소 접수된 건이 있고 상품주문번호를 클릭하여 고객의 정보 및 취소 사유를 확인할 수 있다. 내용을 확인한 후에 상단에 있는 [취소 완료처리] 버튼을 클릭한다.

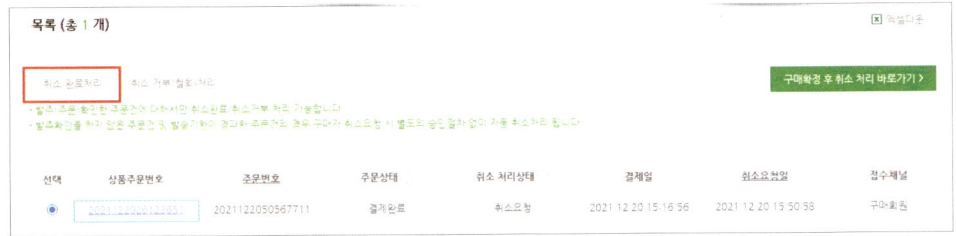

취소처리 진행에 대한 팝업 창이 나타난다. 메시지를 확인한 후에 [확인] 버튼을 클릭한다.

이어서 환불처리가 정상적으로 되었다는 메시지 창이 표시되는 것을 볼 수 있다. 메시지를 확인한 후에 [확인] 버튼을 클릭하면 취소처리가 완료된다.

03
구매확정 및 리뷰 확인

주문한 고객이 구매확정을 해야 판매 대금에 대한 부분을 입금 받을 수 있다. 고객의 구매확정 및 구매 평 관리를 잘해서 재구매 및 매출 증대를 위해 노력해야 한다.

구매확정 내역은 [판매관리] 항목에 [구매확정 내역] 메뉴를 클릭하면 볼 수 있다. 최근 7일 이내에 구매 확정된 주문 건수가 표시되며 상세 검색 기능을 이용하여 기간, 주문번호 등으로 검색하여 확인할 수 있다.

최근 구매 확정된 주문 건부터 위에서부터 노출되며, [전체주문 엑셀다운로드] 버튼을 클릭하여 구매 확정된 전체 주문내역을 다운로드하여 보관할 수 있다.

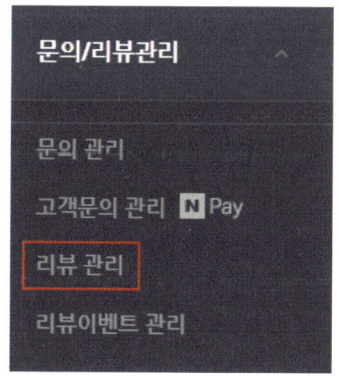

구매평, 즉 리뷰는 [문의/리뷰관리] 메뉴에서 확인할 수 있다. 기간, 평점 등 세부내역으로도 조회가 가능하다.

이 화면에서는 구매자가 작성한 리뷰를 조회하고 리뷰에 대한 댓글 작성이 가능하다. 때로는 리뷰에 욕설 및 비방 글이 있는 경우가 있는데 그런 리뷰를 신고할 수 있는 기능도 있다. 리뷰를 보기 위해 리뷰내용을 클릭하면 상세히 볼 수 있는 팝업 창이 나타난다.

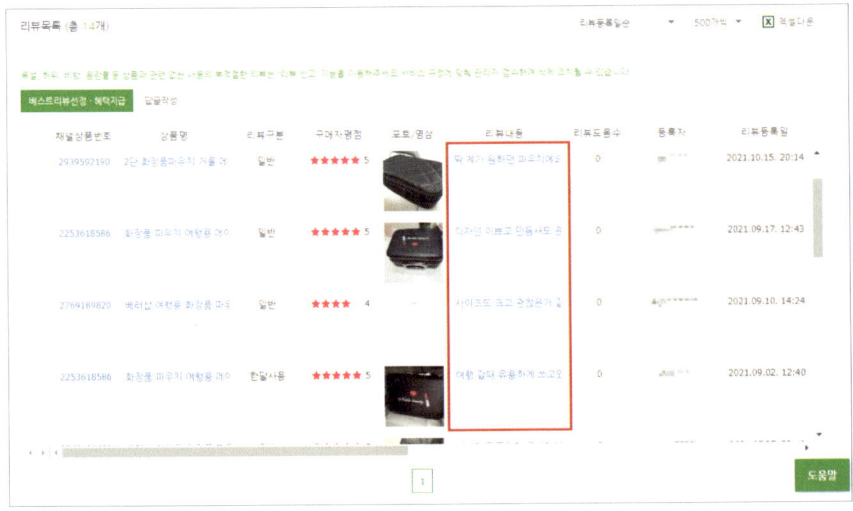

팝업창에서는 리뷰에 댓글을 달수도 있고 신고를 할 수도 있다.

04
정산관리 및 세금계산서 조회

[정산관리] 메뉴를 통해서 정산 받는 금액 및 수수료 정산일 등을 체크할 수 있다.

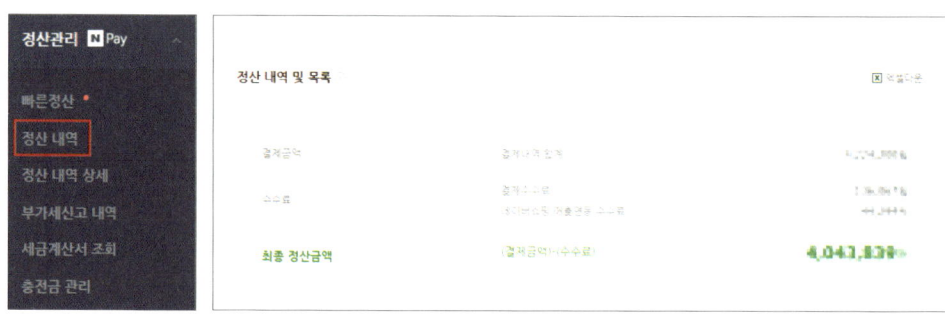

판매자의 부가세 신고를 돕기 위한 참조 화면이다. 판매자가 작성한 내용과 차이가 있을 수 있으며 자동계산된 내용을 참고 자료로 활용하는 용도다. [정산관리] 메뉴에서 [부가세신고 내역] 메뉴를 선택한다. 검색할 기간을 설정한 후에 [검색] 버튼을 클릭하면 상세한 내용을 볼 수 있다.

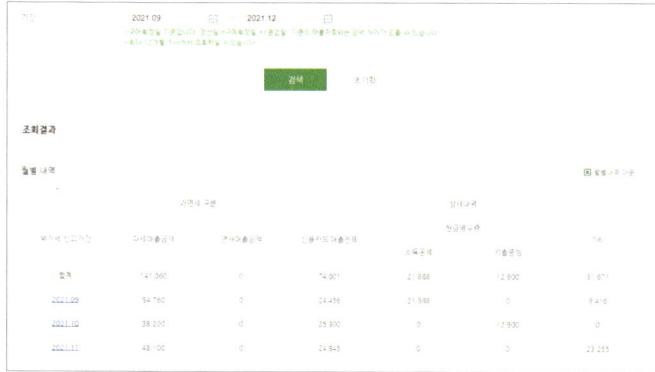

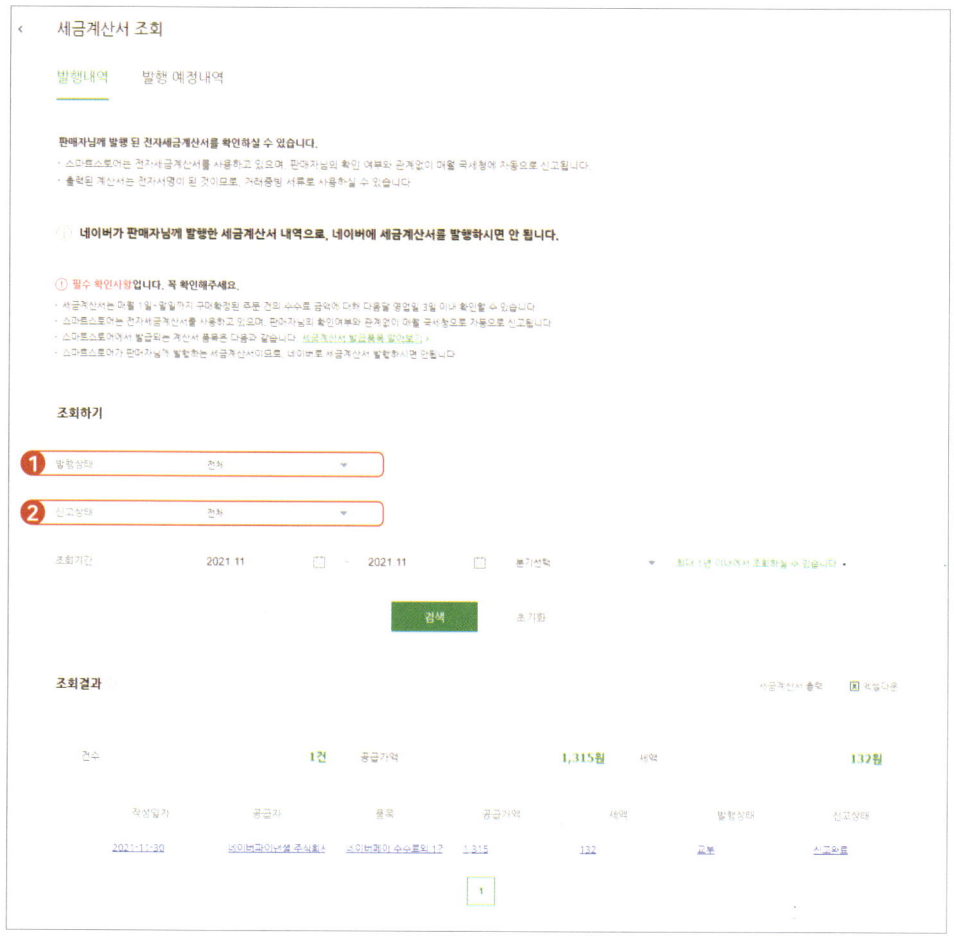

① **발행상태** : 발행상태는 교부와 교부확인으로 검색할 수 있으며, 교부의 경우 이메일로 발행을 완료한 상태다. 교부확인의 경우 세금계산서를 발행받은 고객이 이메일을 확인한 경우 상태가 변경된다.

② **신고상태** : 신고상태에는 미신고, 접수완료, 신고완료, 신고실패로 나누어서 검색할 수 있으며 미신고는 세금계산서 금액은 만들어졌지만, 국세청에 신고 전인 상태이며, 접수완료의 경우는 발행한 세금계산서가 국세청에 신고 된 상대다. 신고완료의 경우는 신고 된 세금계산서가 국세청에 정상적으로 등록이 완료된 상태이며, 신고실패는 특정 사유에 의하여 국세청에 신고가 이루어지지 않은 상태다.

> note

부가세신고

부가세신고는 상품판매 및 매출의 주체인 판매자가 직접 신고를 진행해야 한다. 제공되는 부가세신고 내역을 참고하여 국세청에 신고하면 된다.

스마트스토어 부가세신고 내역은 판매자의 편의를 위해 제공되는 자료다. 작성하는 자료와 차이가 있을 수 있으니 참고 자료로만 활용해야 한다.

부가세신고 기간 월별 링크를 클릭하여 월별내역/일별내역/건별내역을 엑셀 파일로 다운로드하거나 출력할 수 있다.

부가세신고 내역은 매월 5일 이내에 확인 가능하다. 스마트스토어 매출집계일 기준은 구매확정 기준으로 실제 정산지급 일자와는 차이가 있다. (정산지급 = 구매확정 후 2영업일)

사업자 구분이 '간이과세자'인 경우는 공급대가(매출액) 표기에 공급가액 및 부가세액을 구분하지 않고, 부가세신고 내역 > 과세여부는 '면세'로 표기되고 있다.
'기타' 항목은 휴대폰 결제 및 네이버페이 포인트(현금성 외 충전건 및 무상), 네이버에서 발행한 쿠폰에 대한 매출 금액이다. 부가세신고 시 해당 금액은 '기타매출'로 포함하면 된다.

제공되는 자료는 부가세가 포함된 금액이다.

세금계산서

출력된 계산서는 전자서명이 된 것이므로, 거래증빙서류로 사용할 수 있다. 세금계산서는 매월 1일~말일까지의 구매확정 된 상품주문 건의 [결제수수료 + 채널수수료 + 판매자부담 무이자할부 수수료 + 네이버쇼핑 매출연동 수수료 + (구)판매수수료] 금액에 대하여 익월 3영업일 이내에 발행된다.

세금계산서 발행기준인 구매확정 된 상품주문 건의 수수료 합계와 정산내역에서 확인 가능한 정산완료일 기준의 금액 합계는 차이가 있을 수 있다.

스마트스토어는 전자세금계산서를 사용하고 있으며 판매자 회원의 확인 여부와 관계없이 매월 국세청에 자동으로 신고가 이루어진다.

Part 7

매출 향상시키는
상세페이지 노하우

01 잘 팔리는 상품에는 다 이유가 있다
02 유입을 늘리는 썸네일과 카피라이팅
03 기획부터 철저히 하자
04 상세페이지 제작 시 필수 요소
05 유용한 상세페이지 제작 사이트
06 이미지 및 폰트 자료
07 움직이는 이미지를 만드는 방법

01
잘 팔리는 상품에는 다 이유가 있다.

똑같은 상품을 등록해도 누구는 판매가 잘 이루어지고 누구는 네이버 쇼핑에서 페이지조차 보이지 않는 이유는 뭘까? 백화점에 가보면 쇼윈도에 진열되어 있는 많은 상품이 고객들을 유혹하고 있다. 온라인 판매자도 이와 마찬가지다. 힘들게 찾아온 손님을 어떻게든 붙잡아야 한다. 지나가는 손님을 붙잡는 호객행위가 온라인 판매에서는 시선이 가는 썸네일과 구매 욕구를 일으키는 상세페이지라고 말하고 싶다. 잘 만든 상세페이지가 매출 천만 원이 될 수도 있고 일억짜리 매출을 만들 수도 있다. 명심하자! 무조건 상세페이지를 클릭하게 유도하고 구매하게끔 만드는 것이 우리의 일이라는 것을, 그냥 사진만 대충 찍어서 올리면 팔리겠지라는 안일한 생각들을 버리고 제대로 호객행위를 해보자! 잘 만든 상세페이지 하나가 얼마의 매출을 발생하게 할지 상상해보자!

상품이 팔리기까지 3단계의 순서대로 진행이 된다. 우선 상품이 잘 팔리려면 내 상품이 여러 곳에 노출이 되어야 한다. 아무리 잘 만들어도 노출이 안 된다면 소비자가 볼 수 없기에 우리는 최대한 여러 곳에 노출이 되게 만들어 줘야 한다. 두 번째로는 클릭을 유도하여 유입률을 높여야 한다. 여기서 클릭을 했다면 구매전환율의 데이터도 마케팅 전략을 세우는데 중요한 지표가 될 것이다. 해당 클릭률 데이터가 낮다면 썸네일과 제목을 수정 보완해보고 구매전환율이 낮다면 상세페이지를 보완해 보자.

| 노출 | 유입 | 구매 |

▲ 구매로 이어지는 단계

아무리 노출이 잘되어도 시선을 끌지 못하고 매력적인 요소가 없으면 구매가 일어나기 쉽지 않다. 상위노출에 대해서는 뒷부분에서 설명하겠다. 우선 노출이 되었다면 나머지 매력요소를 어필하는 단계의 중요성은 8할 이상이라고 본다.

하나의 상세페이지가 엄청난 가치를 지니고 있다는 것을 알아야 한다. 정말 정성스럽게 만들어보자. 그 정성이 밑거름되어 여러분의 돈 버는 나무가 될 것이다.

그렇다면 유입을 잘되게 하려면 어떻게 해야 할까? 처음으로 제작하게 되면 초보 셀러들은 막막하고 무엇부터 해야 될지 모르는 경우가 많다. 잘 판매하고 있는 판매자의 상세페이지를 찾아보자. 경쟁업체의 상세페이지를 연구해 보는 것이 곧 성공 노하우라고 생각한다.

먼저 시작한 경쟁사의 제품분석을 통해 그리고 우리 회사 제품의 강점과 약점, 고객의 니즈를 잘 분석하여 끌리는 컨셉을 만들어야 한다.

02
유입을 늘리는 썸네일과 카피라이팅

시선이 가는 썸네일로 고객의 클릭을 유도하자!

네이버 쇼핑에서 상품을 검색했을 때 나오는 대표 이미지를 목록 이미지 또는 썸네일이라고 한다. 고객이 가장 먼저 보는 이미지이기도 하다. 제품을 검색하면 여러 업체의 수많은 썸네일이 보인다. 그중 내 상품을 선택하게 하려면 처음 대면하는 눈에 잘 띄고 흥미를 유발하는 썸네일이여야 한다.

아래 이미지 두 개를 비교해 보자. 어떤 이미지가 눈에 띄는가? 썸네일은 한눈에 상품의 특징을 잘 나타내며 호기심을 유발하고 선명한 고화질 이미지로 만들어야 한다.

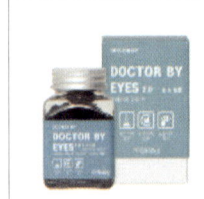 

▲ 네이버 '애견 눈물' 검색 결과 화면

썸네일은 카테고리별로 다른 양상을 보인다. 블루투스 이어폰 검색 시 흰 배경에 배경이 제거된 이미지가 많이 보이고 붕어빵 팬 검색 결과 썸네일에 텍스트, 영상, 테두리가 있는 이미지가 상위에 노출되어 있다. 카테고리별로 또는 키워드를 검색한 결과 전자제품, 생활용품, 패션, 화장품등 다양한 카테고리에 따라 상위 노출되는 썸네일을 꼭 확인해보고 나만의 전략을 만들어야 한다.

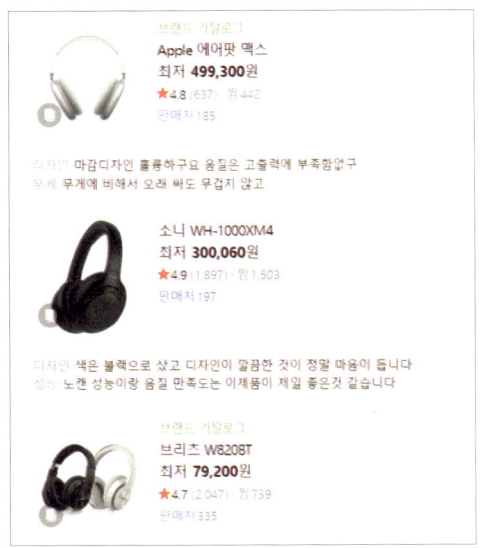
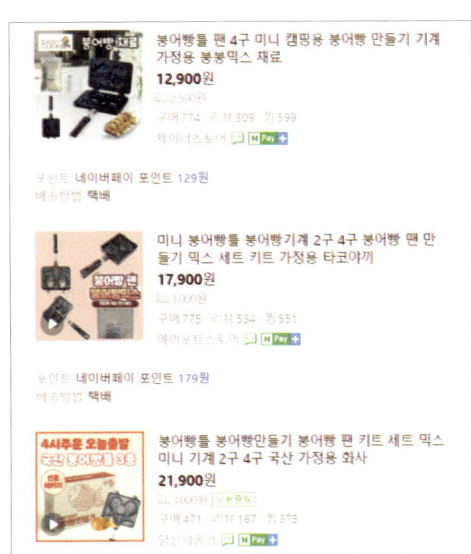

▲ 네이버 '블루투스 이어폰', '붕어빵 팬' 검색 결과 화면

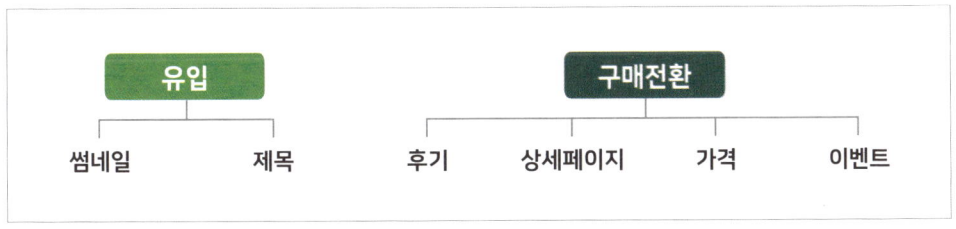

▲ 유입과 구매전환을 높이는 요소

매출 향상시키는 상세페이지 노하우

> **note**

네이버 키워드 광고 시 대표 이미지 가이드

- 광고대상 상품이 이미지 내에서 주된 콘텐츠로 명확히 확인되는, 고품질 이미지 사용을 권고
- 업체 또는 쇼핑몰 등의 공식 'CI/로고/마크'만 추가 가능
- 공식 이외의 마크 또는 로고, 텍스트를 추가하면 광고 제한
- 최대 4분할된 이미지를 등록할 수 있으나, 분할된 이미지는 서로 달라야 하며 분할된 비율이 동일해야 함

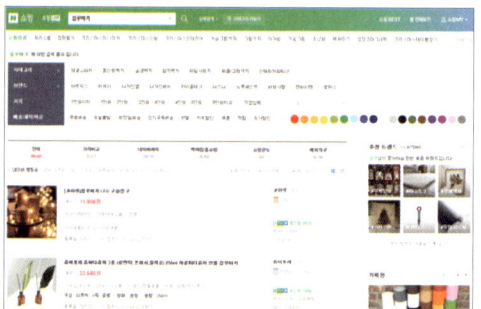
▲ 쇼핑광고 PC

▲ 쇼핑광고 Mobile

이미지 배경 지우는 사이트

흰 배경에 깔끔한 배경이미지를 원한다면 Removebg를 이용해 보자.
너무 복잡한 이미지는 적용이 안 될 수도 있다.

▲ Removebg https://www.remove.bg/ko

▲ 적용사례

카피라이팅과 글쓰기로 마음을 움직이자!

핸드폰을 손에 쥐고 손가락으로 스크롤을 힘차게 움직이며 시선이 멈출 수 있는 무엇인가를 찾는다. 시선이 멈추게 되는 특별한 카피. 그것을 만드는 법은 무엇일까? 우선 확실한 타겟이 아닐까 하는 생각이 든다. 아무리 잘 쓰더라도 타겟에 맞지 않는 내용이면 우리는 흘려 넘긴다. 나의 사이트에 수백 명 수천 명의 직원이 있다고 생각해 보자. 내가 쓰고 있는 문구 하나하나가 그 직원들이 말하는 것이라고 상상해 보자. 그리고 누구에게 말할 것인가라고 생각해 본다. 그렇다면 답이 나온다. 대상은 정해져 있는데 그 대상의 관심과 다른 이야기를 한다면 아마도 1초도 마주하고 싶지 않을 것이다. 바로 이탈하게 된다. 그래서 잘 쓴다기보다는 대상에게 와 닿을 수 있는 언어를 선택하여 쓰는 것이 더 중요하다. 그렇기 때문에 세부적이어야 한다. 내가 원하는 단어가 보일 때 멈추기 때문에 세부적인 단어를 선택하여 작성될 때 시선이 멈춘다. 고객의 니즈를 만족시키기 위해서는 키워드, 색상, 레이아웃, 디자인에 해당하는 4가지 요소를 통일성 있게 잘 조합하여야 한다.

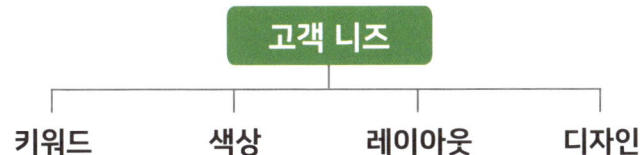

▲ 고객 니즈를 만족시키는 4가지 요소

예를 들어 슬리퍼를 판매한다고 가정할 때 슬리퍼라고 표현하기보다는 사무실 슬리퍼, 사무실 슬리퍼 보다는 키 높이 사무실 슬리퍼라고 표현하는 방식으로 더 세부적인 키워드를 기준으로 어필해 보면 해당 제품을 찾는 사람은의 시선이 멈추게 된다.

▲ 네이버 '사무실 슬리퍼' 검색 결과 화면

03
기획부터 철저히 하자

상세페이지를 만들기 전에 적어보면서 구체적으로 어떻게 할지 구상해보자.
우선 상품의 특징을 찾아보고 고객에게 어떤 요소로 어필할지 체크한다. 소비자의 니즈를 파악하려면 연령별, 성별, 가격별 조사를 해야 한다. 또한 잘 팔리는 상품을 벤치마킹하고 타사의 후기도 면밀히 살펴본 후 나의 컨셉을 정해본다. 그 내용을 토대로 상품에 대한 키워드를 뽑아보자.

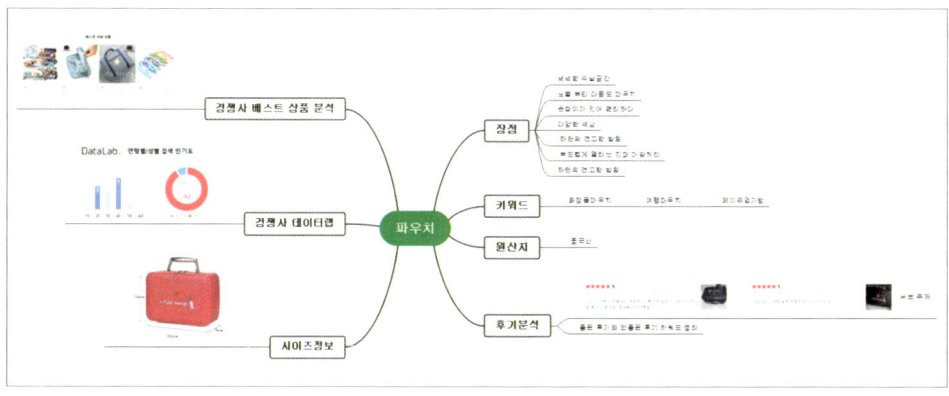

▲ 정리할 수 있는 모든 내용을 마인드 맵에 정리

정리된 내용을 기준으로 아래 상세페이지 기획서를 작성해 본다. 상세페이지 기획서를 작성한 후에 디자인해야 여러 번 수정하지 않고 원하는 결과를 얻어낼 수 있다.

상품명	2단 화장품파우치 거울 메이크업박스
가격	9,900원
카테고리	패션잡화>여상가방>파우치
카피라이팅	파우치/생활용품 감성쇼핑몰, 깔끔하고 편리하게 한번에 수납하세요! 메쉬소재 수납함 + 브러쉬수납 + 시크릿수납까지
키워드	#파우치 #메쉬소재 #수납함# #브러쉬수납 #시크릿수납 #감성쇼핑몰
혜택, 이벤트문구	스토어찜 5%할인, 1+1할인 이벤트
구성요소 순서	인트로 / 혜택 / 구성요소 / 사용법 / 디테일 컷 / 크기 / 고객센터 안내
사진촬영컨셉	상품 중심 연출컷, 수납 공간을 강조한 디테일 컷, 누끼컷 촬영
영상 및 움짤	유튜브 링크 영상 1개, 움짤 3개
제작예정일	2022. 01. 17

▲ 상세페이지 기획서

04
상세페이지 제작 시 필수 요소

꼭 필요한 요소는 상품별로 다를 수 있다. 기본적으로 갖춰야 할 요소들을 나열해 보면 아래와 같다. 위치는 위아래 유동적으로 상황에 맞춰서 순서를 변경해서 사용해도 좋다.

인트로(상품의 컨셉, 브랜드 이미지)
혜택, 쿠폰, 이벤트
움짤, 영상
구매 만족 후기
공감유도
해결책제시
상품특징
디테일컷
사용방법
상품정보
배송/고객센터 공지

·· **인트로 이미지** : 주로 회사 또는 브랜드가 추구하는 이미지, 상품의 컨셉을 상단에 배치해준다.

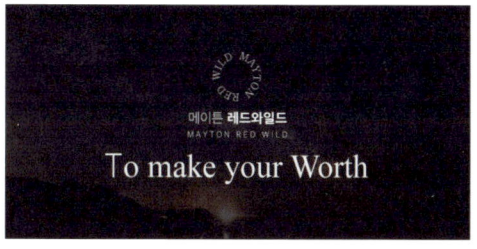 

▲ 출처 : 메이튼 레드와일드

·· **혜택, 쿠폰, 이벤트** : 스마트스토어에서는 스토어찜, 소식 알림 쿠폰을 많이 이용한다. 리뷰 이벤트도 설정할 수 있다.

 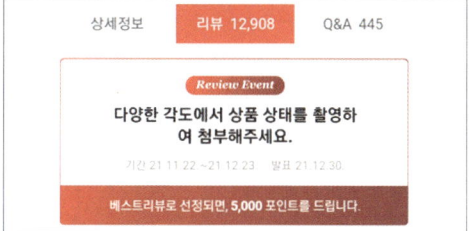

·· **움짤, 영상** : 상세페이지 요소 중 시선을 끄는 요소로 제일 좋은 방법이라고 본다. 움짤이미지의 경우는 플레이 하지 않아도 계속 이미지가 움직이고 있어서 고객의 시선이 머무르게 하기 좋다. 영상은 너무 길지 않게 1분 이내 영상으로 하는 것이 좋다고 본다.

·· **구매 만족 후기** : 상품을 구매한 소비자의 만족도를 보여주고 구매해도 괜찮다는 안심 요소를 만들어 준다.

▶ 출처 : 깔끔대장

·· **공감 유도** : 고객의 불편함과 욕구를 명확히 표현하고 공감을 유도한다.

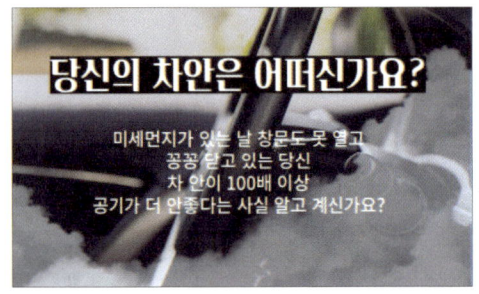

·· **해결책 제시** : 고객이 원하는 부분을 우리의 상품으로 해결할 수 있음을 제시한다.

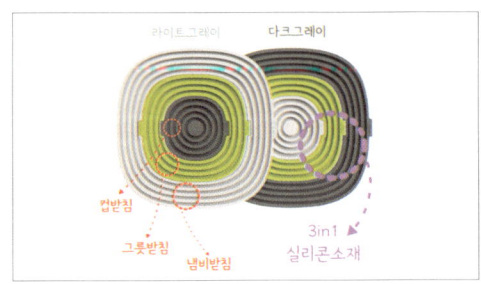

·· **상품특징** : 낱낱이 상품의 특징을 나열해 보자 마케팅 토대를 이루는 중요한 자료이다.

·· **디테일 컷** : 전체 이미지에서 자세히 보이지 못했던 상품의 소재나 재질이 잘 나타낼 수 있게 만든다.

·· **사용 방법** : 상품을 사용법이나 활용법 등을 사용자 중심의 설명으로 만든다. 영상이나 움짤로 만들어도 좋다.

·· **상품정보** : 색상, 치수, 재질, 무게, 사이즈등 스펙을 상세히 적어준다.

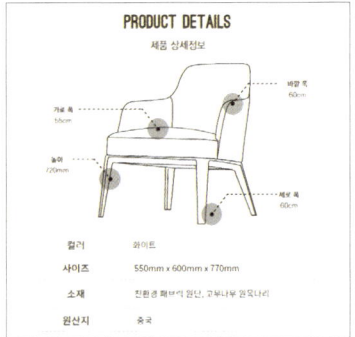

·· **배송/고객센터 공지** : 교환 및 반품 안내와 고객센터 상담 시간, 전화번호 등 안내한다.

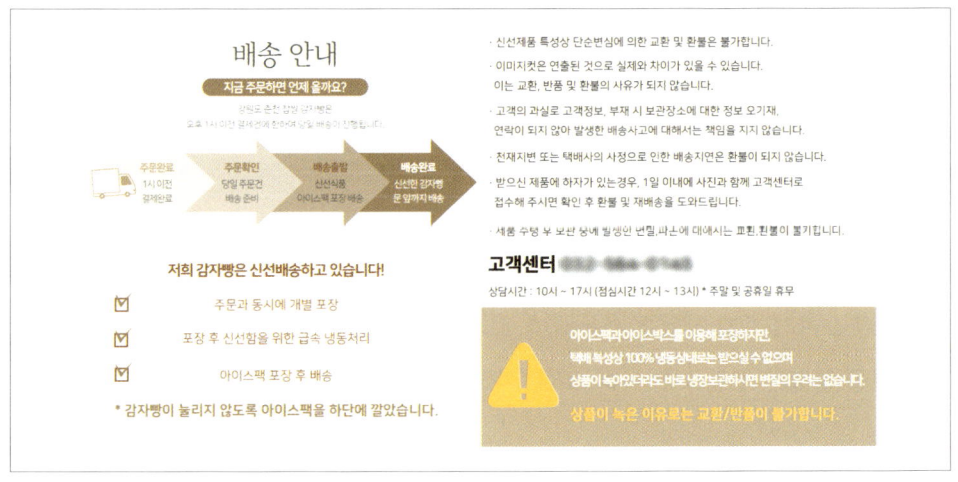

05
유용한 상세페이지 제작 사이트

포토샵을 활용하여 제작하면 좋지만 디자인 그래픽 프로그램이 익숙하지 않은 사람들을 위해 템플릿으로 제작할 수 있는 사이트를 소개하겠다. 디자인을 못하더라도 쉽게 제작이 가능하다.

▲ 망고보드 www.mangoboard.net   ▲ 미리캔버스 https://www.miricanvas.com

템플릿별로 여러 가지 작업이 가능하다. 로고, 썸네일, 상세페이지, 이벤트페이지 제작 등 쇼핑몰 운영자가 필요한 여러 요소가 많이 등록되어 있다.

미리캔버스 내의 제작 페이지로 들어가면 여러 가지 템플릿이 있는데, 그 중 상세페이지를 선택한다. 종류별로 상세페이지 템플릿들이 있으며 템플릿의 내용을 본인의 상품에 맞게 수정하여 사용할 수 있다.

자신만의 독특한 상세페이지를 만들고 싶다면 사이즈 설정을 통해 백지상태에서 각종 텍스트와 사진, 요소들을 통해 제작도 가능하다.

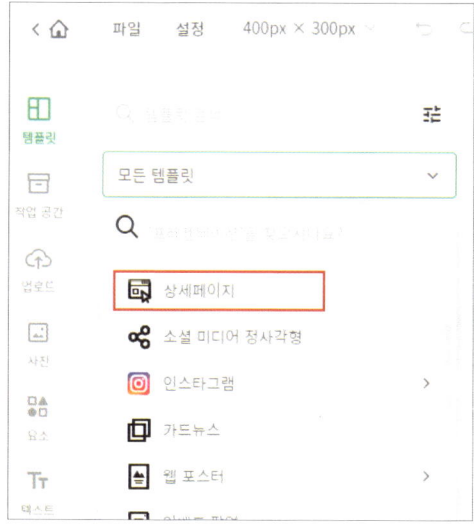

매출 향상시키는 상세페이지 노하우 **183**

템플릿 구조로 되어 있는 미리캔버스나 망고보드를 사용하다 보면 불편함을 느끼게 되는 부분이 있다. 이미지의 특정 부분을 추출하여 합성해야 하는 경우, 창의적인 디자인을 해야 하는 경우가 그럴 것이다. 그 경우는 온라인 포토샵에 해당하는 픽슬러에디터나 포토샵을 활용해야 한다. 인터넷 주소에 https://pixlr.com/kr/e/ 주소를 입력하면 바로 포토샵 기능을 탑재한 픽슬러 에디터를 사용할 수 있다.

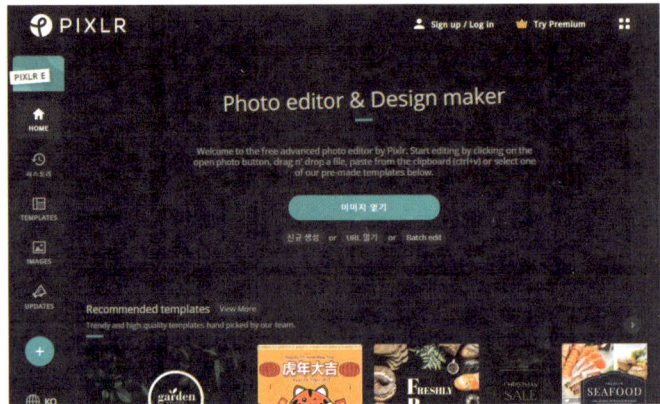

▲ 픽슬러 에디터

▲ 픽슬러 에디터 실행화면

06
이미지 및 폰트 자료

이미지나 폰트를 사용하여 상세페이지를 제작한다면 저작권에 대해 알고 있어야 한다. 네이버, 구글에서 검색한 사진으로 제작하였는데 추후 해당 이미지의 저작권자로부터 저작권 침해 고소를 당할 수도 있다. 한 장의 이미지를 쓰더라도 신중하게 선택해야 한다. 유료로 구매하던지 저작권 없는 무료 사이트를 이용해 보자.

▲ 무료이미지 픽사베이 https://pixabay.com

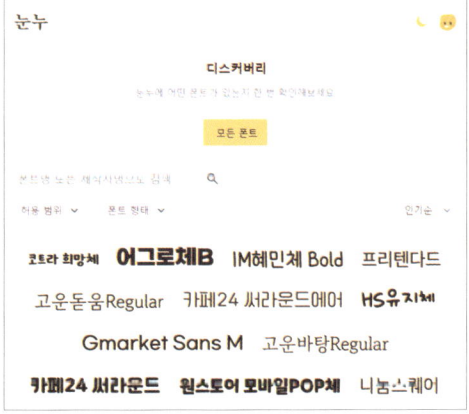
▲ 무료폰트 눈누 https://noonnu.cc

눈누에서 폰트를 다운로드 받아보자. 우선 눈누에 접속하여 원하는 폰트를 클릭한나. 중간에 광고가 나올 때가 있는데 그냥 닫으면 된다.

폰트를 선택하면 미리보기를 통해 폰트를 미리 사용해 볼 수 있다.
또한 하단의 라이선스 안내를 통해 사용범위가 안내되어 있으니 사용 전 꼭 체크해봐야 한다.

다운로드를 누르면 폰트를 제공해주는 업체 홈페이지로 연결이 되며 연결되는 홈페이지 내에서 다운로드를 진행하면 된다.

07
움직이는 이미지를 만드는 방법

자막이나 효과를 넣으려면 포토샵의 애니메이션 기능을 사용하는 것이 좋다. 하지만 포토샵이 어렵다면 스마트폰이나 카메라도 영상을 촬영한 후에 움직이는 이미지로 변환하면 쉽게 만들 수 있다. EZGIF.com사이트에서는 영상을 손쉽게 움직이는 이미지로 변환이 가능하다.

움짤을 만드는 방법은 여러 가지가 있는데 그 중 가장 쉽게 제작할 수 있는 예시로 미리캔버스로 만들어 보겠다. 우선 사이트에 접속하여 회원가입한 후 로그인을 하고 바로 시작하기를 선택한다.

먼저 상단에서 사이즈를 정한다. 사이즈는 원하는 대로 조절이 가능하며 스크롤을 내리면 여러 가지 플랫폼의 사이즈가 자동으로 적용된다.

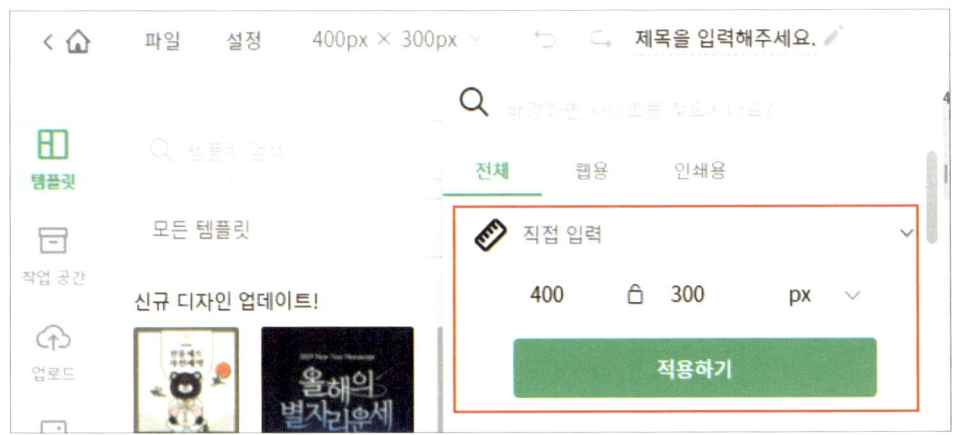

예시를 위해 400px × 300px로 설정했다. 동영상을 불러오는 법은 좌측의 메뉴를 이용하면 된다. 좌측의 [업로드]를 선택 후 [내 파일 업로드]를 통해 동영상을 불러온다. 만약 준비된 동영상이 없다면 좌측의 메뉴 중 [동영상]을 선택하여 템플릿 안에서 제공되는 영상을 고를 수 있다.

 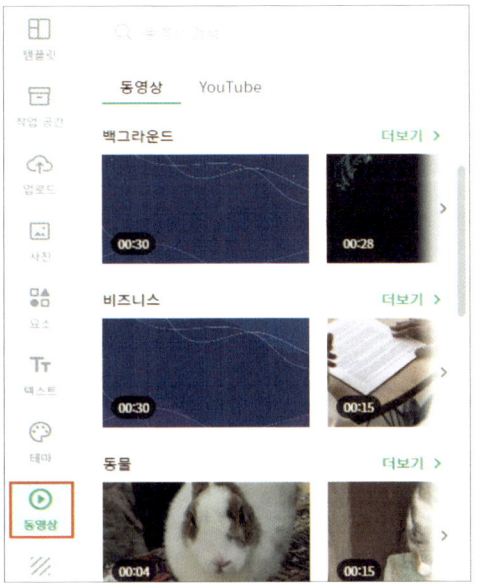

크기를 조정하거나 좌측 메뉴를 통해 텍스트, 요소 등을 넣어 움짤을 꾸밀 수 있다.

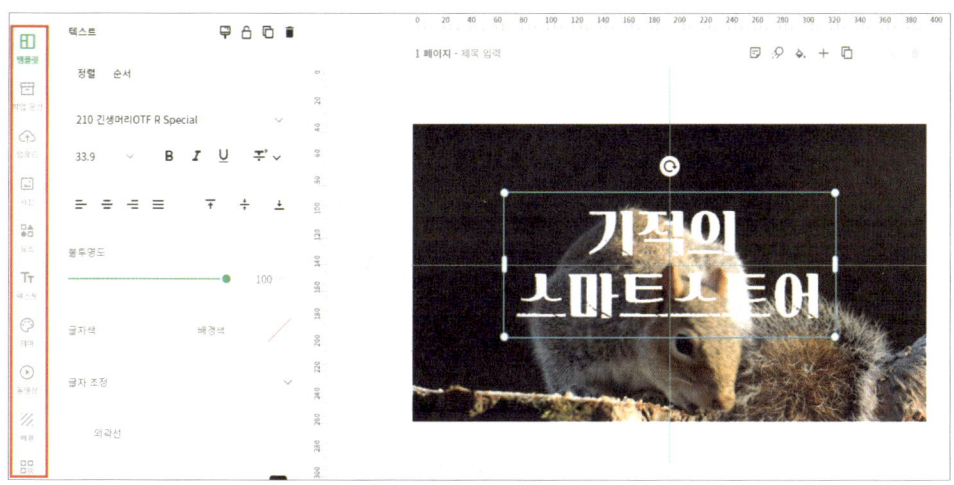

동영상의 길이나 간단한 색상 등도 편집이 가능하다.

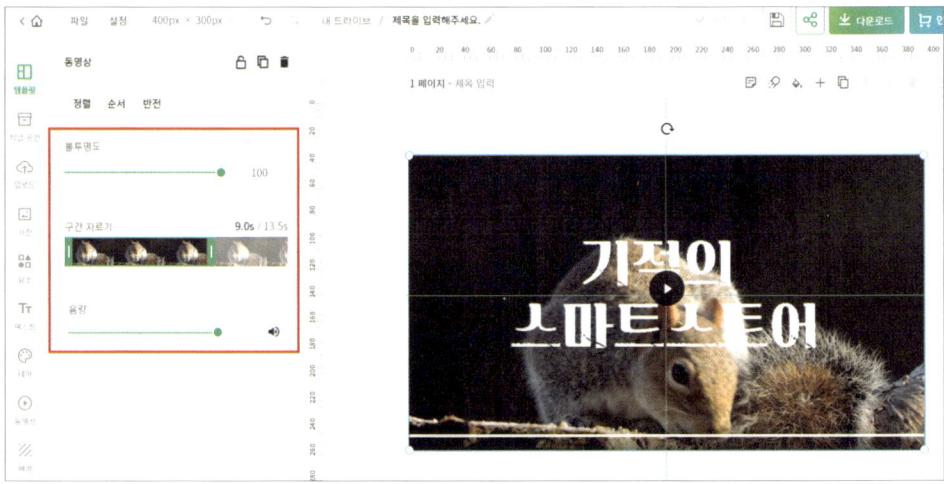

저장은 우측 상단의 다운로드를 누르면 되는데, 이 때 파일 형식을 지정할 수 있다. 여기서 주의할 점은, GIF로 저장하게 되면 동영상 시간이 10초 미만이여야 한다는 점이다. 10초가 넘어가는 경우에는 MP4형식으로 다운로드 해야 한다.

다운로드를 누르면 완성되며 다운로드를 하기 위해서는 로그인이 필수이니 참고하자.

Part 8

스마트스토어
상위노출 노하우

01 최적화 SEO 네이버 쇼핑 알고리즘
02 검색이 잘 되는 상품명 만들기
03 유입을 늘리게 할려면 어떻게 해야 할까?
04 구매전환율을 높이자
05 기획전으로 노출 하자
06 최저가 가격비교 및 브랜드 카탈로그
07 네이버 브랜드 등록하는 방법

01
최적화 SEO 네이버 쇼핑 알고리즘

네이버를 이해하자

네이버 쇼핑에서 상품의 노출되는 순위는 매출과 직결된다. 거의 소비자들은 첫 번째 페이지 내에서 구매할 확률이 높기 때문이다. 순위가 아래로 내려가면서 판매율이 낮아지는 것은 어쩔 수 없는 사실이다. 하지만 어떤 상품은 올리자마자 10페이지에 있는데 어떤 상품은 1페이지에 상위권에 노출되는 것은 어떤 이유일까? 그 순위에 대한 결정은 네이버가 무작위로 하는 것이 아니고 알고리즘 즉 일정한 규칙을 만들어서 결정되는 것이다. 본인의 매출과 직결되는 부분이니 셀러라면 반드시 숙지하고 있어야 한다. 차근차근 공부해 보자.

네이버에 쇼핑 SEO 가이드를 제공하고 있지만 아주 상세히 알고리즘에 대해서 모두 다 정확히 공개하고 있지는 않다. 아마 악용하는 사례가 생길 수 있기 때문이 아닐까? 일부러 클릭수를 조작하거나 리뷰를 의도적으로 조작하는 사례도 실제 일어나고 있다. 그러한 행위를 어뷰징(abusing)이라고 한다.

얼마 전에는 네이버에서 스마트스토어 유령 계정을 대거 단속한다고 하기도 했다. 유령계정은 스마트스토어를 운영하는 사업자가 제품을 통상 가격에 비해 비싸게 올리는 가짜 계정을 말한다. 또한 라이브쇼핑에도 가짜 시청자 수에 대한 어뷰징에 대한 단속을 강화 한다고 했다. 여러 어뷰징 사례가 많아짐에 따라 네이버는 계속 알고리즘을 바꾸고 강화할 수 밖에 없다. 네이버의 공식적인 내용은 해당사이트에서 확인이 가능하며 네이버 알고리즘이 다시 업데이트될 수 있으니 사이트를 미리 알아 두면 좋겠다.

▲ 네이버 쇼핑 입점 및 광고 - FAQ/문의/약관 https://join.shopping.naver.com/

> **note**
>
> ### SEO(Search-Engine Optimination) 란?
>
> 검색엔진 최적화(SEO)는 'Search Engine Optimization' 또는 'Search Engine Optimizer'의 약자로, 검색엔진에서 검색이 잘 되게 하는 방법을 말한다. 흔히 어떤 사이트가 검색 결과에 빨리 나타날수록, 즉 순위가 더 높을수록 사용자들이 그 사이트를 클릭할 가능성이 커진다.
>
>
>
> ▲ 출처 : 픽사베이
>
> 기본적으로 사람들이 자료나 상품을 검색할 때 가장 먼저 하는 행동은 포털 사이트에서 검색하는 일이다. 많은 사람들에게 보이려면 검색이 잘 되도록 만드는 것이 중요하다. 비즈니스를 진행할 때 많은 이득을 가져다주기 때문이다.

네이버 알고리즘

쇼핑 노출 순서를 결정하는 것은 네이버 쇼핑 알고리즘에 의해서 결정되며 쇼핑 검색 랭킹 순은 아래와 같이 적합도, 인기도, 신뢰도 3가지로 구성되어 있다.

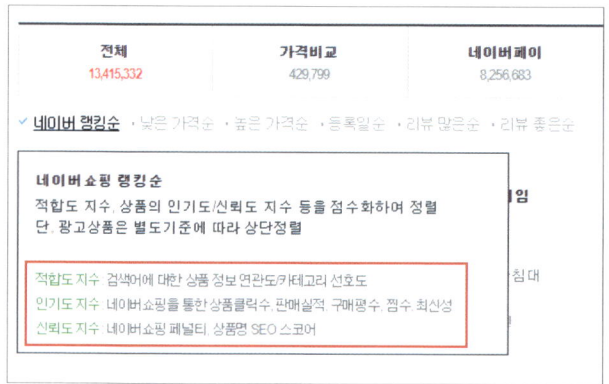

각각 세부적인 구성요소가 총 10개 항목이 있다. 최대한 10개의 항목에 점수를 잘 받아 노출이 잘 될 수 있게 상품을 등록해 보자.

적합도

적합도는 4가지의 항목인 상품명, 카테고리, 제조사/브랜드, 속성/태그로 구성되어 있다. 상품 정보의 어떤 필드와 연관도가 높은지, 검색어와 관련하여 어떤 카테고리의 선호도가 높은지 산출하여 적합도로 반영되는 로직이다.

상품명

상품 등록 시 많은 셀러 분들이 중요하게 생각하는 부분 중 하나가 상품명일 것이다. 네이버에 검색 시 상품명에 있는 키워드에 따라서 노출이 달라지기 때문이다. 우선 네이버에서 권고하는 사항들을 먼저 살펴보고 상품명 만드는 방법을 알아보겠다.

상품명은 판매하고자 하는 아이템이 명확하게 나타날 수 있게 정보를 제공해야 하며 이벤트, 구매조건, 혜택은 넣지 말아야 한다. 상품명에 많은 키워드가 있다고 검색이 잘되는 것은 아니다. 오히려 중복단어, 관련 없는 키워드, 조사, 수식어, 판매조건등을 기입하면 어뷰징으로 인식될 수 있다. 최대 100자까지 허용되지만 네이버에서는 50자 이내의 텍스트 사용을 권고하고 있으니 주의하자.

> **note**
>
> · 아래와 같은 내용이 있다면 상품명 작성 시 순서 참고
>
> | 브랜드 제조사 | 시리즈 | 모델명 | 상품 유형 | 색상 | 소재 | 패키지 내용물 수량 | 사이즈 | 성별 나이 표현 | 속성 (용량, 무게등) |
> |---|---|---|---|---|---|---|---|---|---|
>
> ·) - · [ ] / & + , ~ . 외의 특수문자 및 기호는 사용하지 않음
> · 셀러, 쇼핑몰 명, 상호 명을 상품명에 포함하지 않음
> · 중복 단어 사용하지 말 것
> · 50자 이내 사용 권고

카테고리

네이버 쇼핑 내 상품 카테고리는 디지털/가전이나 패션의류 같은 큰 분류부터, 디지털/가전 > 계절가전 > 선풍기 > 서큘레이터 같은 세부적인 카테고리까지, 총 7천여 개에 이른다.

상위에 노출이 되려면 네이버 쇼핑에 카테고리를 제대로 매칭해야만 가능하다. 카테고리에 매칭되어 있는 상품은 해당 카테고리와 관련된 키워드를 가지게 된다. 그리하여 상품에 맞는 정확한 카테고리를 매칭하는 것이 중요하다. 키워드는 하위 카테고리로 갈수록 상세한 키워드를 가지기 때문에 가능한 상세 카테고리를 매칭하는 것이 검색이 잘 될 수 있다.

예를 들면 '창문 뽁뽁이' 검색어의 경우 여러 카테고리 상품이 검색되지만, 생활/건강>생활용품>생활잡화>단열시트 카테고리의 선호도가 높다는 것을 볼 수 있다. 검색 알고리즘은 카테고리 선호도가 높은 상품을 먼저 보여 줄 수 있게 추가 점수를 준다.

상품 등록 시 카테고리가 제대로 확인이 어렵다면 랭킹 순(인기도순) 상위 노출되어 있는 상품을 보면 카테고리를 볼 수 있다.

▲ 네이버 쇼핑 '창문 뽁뽁이' 검색 결과 화면

필드/속성/태그

검색어가 '아디다스'인 경우 '아디다스'는 브랜드 유형으로 인식되며, 상품명에 '아디다스'가 기입되어 있는 것보다 브랜드에 '아디다스'로 매칭되어 있는 것이 우선적으로 노출된다. 상품 정보에 입력하는 브랜드, 카테고리, 태그, 속성/혜택을 정확하게 빠짐없이 바르게 입력하는 것이 검색도 잘되고 추가 노출 점수도 얻는다는 것을 기억하자.

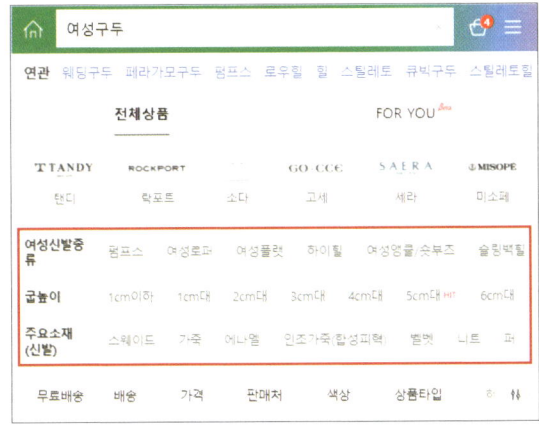

◀ 네이버 쇼핑 '여성구두' 검색 결과 화면

네이버에서는 검색 가능한 다양한 정보를 제공하길 권고하고 있다. 상관없는 속성을 입력하거나 과도하게 많은 속성을 입력한다면 정상적으로 노출이 안 될 수도 있다. 중요한 속성 위주로 정확하게 입력해야 한다. 같은 조건이라면 속성이 많은 것이 노출에 유리한 것은 당연하다.

상품 등록 시 태그를 10개까지 입력할 수 있다. 태그는 상품정보와 중복되는 태그는 입력하지 말고 각각 속성 필드에 입력하는 것이 검색에 더 좋다. 이슈 키워드는 어뷰징으로 인식되며 상품과 관련 없는 태그를 입력하면 타사 지적 재산권 침해로 금지하고 있다. 또한 카테고리, 브랜드, 판매처명은 태그로 입력이 불가하다.

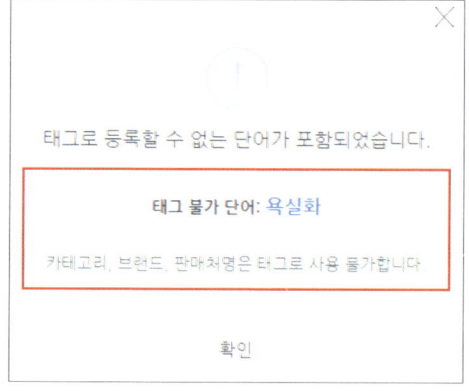

태그를 직접 입력하고 검색에 적용되는 태그인지 [검색에 적용되는 태그 확인]을 통해 결과값을 볼 수 있다.

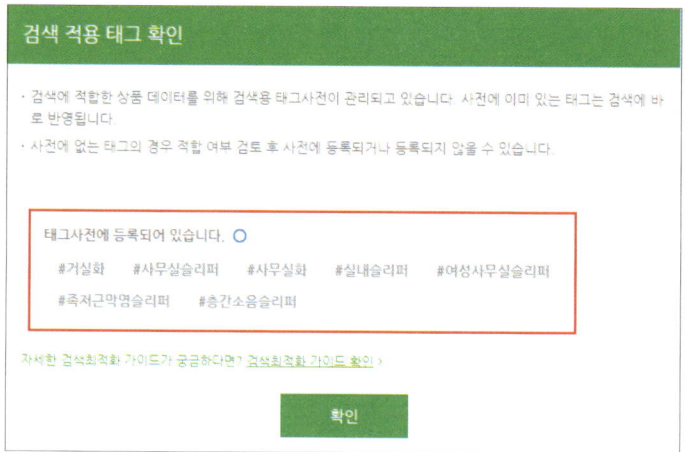

∙∙ 인기도

해당 상품이 가지는 클릭수, 판매 실적, 구매 평수, 찜수, 최신성 등의 고유한 요소를 카테고리 특성을 고려하여 인기도로 반영되고 카테고리별로 다르게 구성되어 사용된다.

클릭수

최근 7일 동안 쇼핑 검색에서 발생된 상품 클릭수를 지수화하여 제공하고 있다. 해당 상품페이지로 바로 링크를 통해 클릭되는 것보다 네이버에 검색을 통한 유입이 순위에 영향을 미친다.

> **note**
>
> **URL 단축 링크 줄이기**
>
> 비틀리 활용하기 (bitly.com)
> 주소를 단축하여 쇼핑몰 주소나 블로그 주소를 홍보할 때 유용하게 쓰이며 http://bit.ly/~ 형식의 주소가 만들어진다. 단순 링크 줄이기 뿐만 아니라 접속 통계까지 가능하다. 너무 긴 주소가 있다면 활용해 보자.
>
>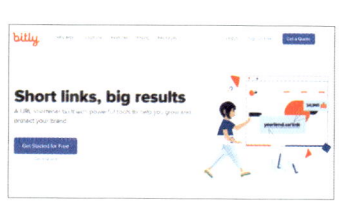

찜수

개별 상품의 찜수를 카테고리별 상대적으로 환산하여 지수화하여 사용하고 있다. 상품 상세페이지 내 구매하기 하단과 네이버 쇼핑 검색 결과에 찜하기가 있다. 찜하기가 인기도 점수에 반영이 되니 찜을 많이 받도록 유도해 보자.

▲ 네이버 쇼핑 가습기 검색 화면

판매실적

최근 2일/7일/30일 동안 쇼핑 검색에서 발생한 판매수량/판매금액을 지수화하여 사용하고 있다. 상품명, 상품 이미지처럼 서비스에 노출되지는 않지만 검색 랭킹에 매우 중요한 역할을 하는 것이 판매지수이다. 판매지수는 쇼핑 검색 결과, 베스트100 등 다양한 영역에서 상품의 랭킹을 만드는 기본적이고 비중이 높은 랭킹 요소이다. 스마트스토어 판매실적은 네이버 쇼핑에서 검색결과에 보인다.

> **note**
>
> **네이버 쇼핑 검색 결과 화면에 상품 구매건수를 보이지 않게 하고 싶다면?**
>
> 네이버 쇼핑 파트너 센터 > 정보관리 > 관리정보 > 상품 구매건수 노출여부N

구매평수

개별 상품의 리뷰 수를 카테고리별 상대적으로 환산하여 지수화하고 있다. 소비자가 후기를 꼭 남길 수 있도록 여러 이벤트를 진행하여야 한다. 상품 검색결과에서는 '상품평 많은 순'과 같은 정렬 옵션까지 제공하고 있으며, 사용 빈도는 매우 높은 편이다.

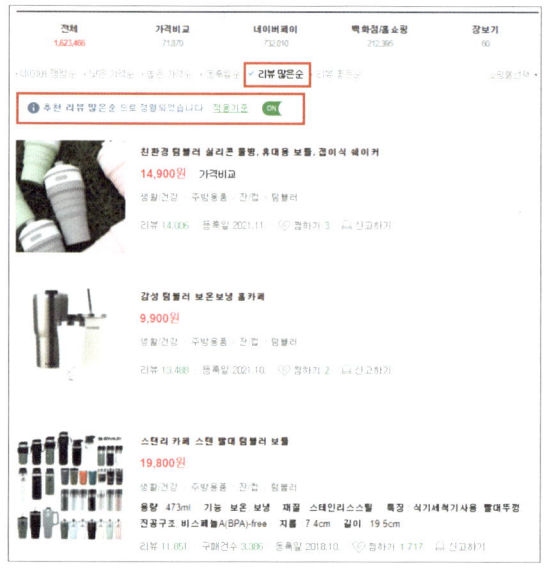

▲ 네이버 쇼핑 '텀블러' 검색 결과 화면

최신성

상품의 쇼핑 DB에 등록하는 순간 등록일이 부여되고, 이를 기준으로 상대적 지수화하여 상품별로 부여한다. 신상품 일시적 랭킹 유도하는 효과가 있다.

최신성을 받기 위해 다른 랭킹 점수를 버리고 상품을 재등록하는 것은 무의미하며, 해당 어뷰징 행위에 대해서는 모니터링을 통해 발견 시 몰 단위의 제재가 가해질 수 있다. 예를 들면 상품 등록 한지 한 달 밖에 안됐는데 터무니없는 많은 리뷰 수나 구매건수가 있다면 어뷰징으로 인식될 수 있다.

신뢰도

네이버 쇼핑 페널티, 상품명 SEO 등의 요소를 통해 해당 상품이 이용자에게 신뢰를 줄 수 있는지 산출하여 신뢰도로 반영한다.

네이버쇼핑페널티

구매평/판매 실적 어뷰징, 상품정보 어뷰징 등에 대한 상품/몰 단위 페널티 부여한다.

혜택

쿠폰, 추가 할인, 카드 할인, 무료배송, 카드 무이자, 포인트 적립 등 혜택 정보가 있을 경우 부가적인 점수를 받는다.

상품명SEO

위에서 말했듯이 단어 중복, 혜택/수식 문구, 특수문자, 지나치게 긴 상품명 사용을 조심해 야 한다. 상품명 가이드라인을 벗어난 상품에 대한 페널티 부여하며 상품명, 카테고리, 브랜드/제조사, 속성 등에서 해당 상품과 관련 없는 정보를 포함할 경우 처리 규칙에 따라 랭킹에 불이익이 주어진다.

이미지SEO

이미지 가이드라인에서 벗어난 상품에 대한 페널티를 부여한다. 해당 상품을 정확하게 표현할 수 있는 선명하고 고해상도의 상품 이미지를 사용하시는 것을 권장한다. 대표 이미지와 상세 이미지는 네이버에서 권고하는 조건과 사이즈로 만들어야 한다.

02
검색이 잘 되는 상품명 만들기

위의 사항대로 상품명에 대한 주의사항은 알아보았다. 그럼 실제적으로 상품명을 만들려면 어떻게 하는 것이 좋을까?

검색이 잘 되게 하려면 소비자가 검색하고자 하는 키워드가 상품명에 들어가야 하는데 예를 들어 [폼롤러] 상품을 등록한다고 가정하고 만들어 보겠다.

우선 네이버 키워드 광고에 접속한 후 [도구->키워드 도구]에서 키워드 입력창에 '폼롤러'를 검색하여 본다.

검색해 보면 여러 연관 키워드를 볼 수 있다. 보통 월간 검색수를 기준으로 참고하는데 폼롤러라는 연관 키워드를 분석해 보면 어떤 키워드를 많이 검색하는지 실제적인 데이터를 볼 수 있다. 현재 기준으로 폼롤러는 PC와 모바일 합치면 검색수가 대략 109,000건 라는 것을 볼 수 있다. 이에 따라 많은 사람들이 검색한다는 것을 알 수 있다.

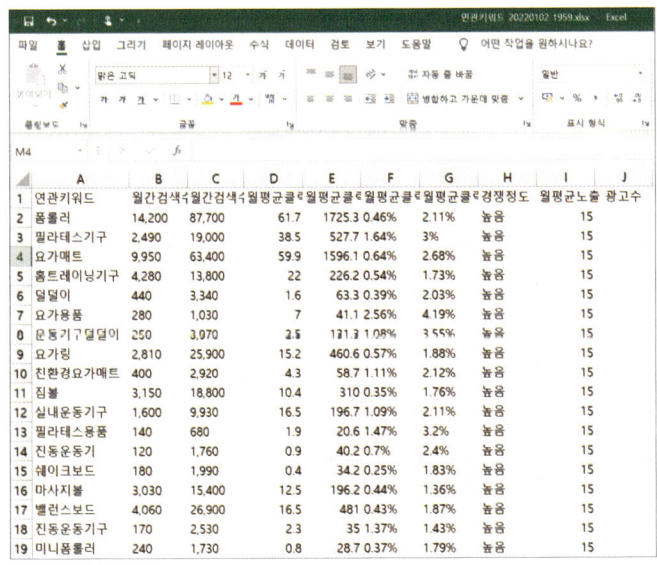

연관검색어 결과는 엑셀 파일로 다운로드가 가능하다.

연관 키워드 검색량을 살펴봤고 이번에는 네이버 쇼핑에 얼마나 상품이 등록해져 있는지 확인을 해보겠다. 아래 이미지를 보면 전체 상품 수가 350,000건 이상 여러 셀러들이 폼롤러를 판매하고 있다는 것을 볼 수 있다.

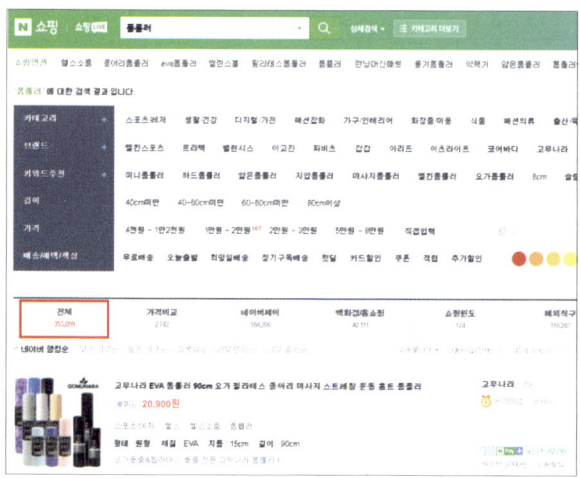

100,000건 정도 되는 검색 수보다 300,000건 넘게 상품 수가 훨씬 많이 등록되어 있다는 것을 알 수 있다. 이와 같이 상품 수와 검색 수로 비율을 산정하면 해당 키워드의 경쟁률을 파악할 수 있다. 직접 계산해도 되지만 요즘에는 쇼핑 키워드 분석해 주는 사이트가 많아 키워드 검색량과 상품 수를 따로 찾아보지 않고도 바로 조회도 가능하다.

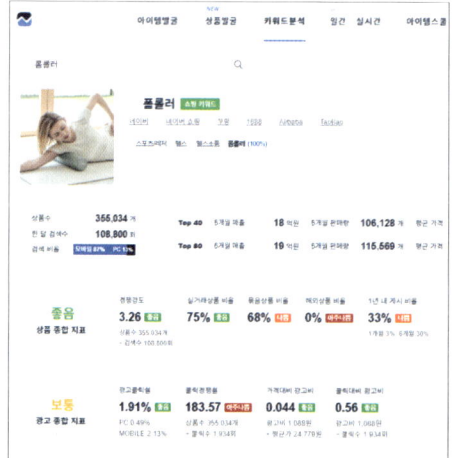

▲ 키워드 분석 예시 (출처 : 아이템 스카우트 홈페이지)

상품수 / 월간 총검색수 (PC+모바일)

경쟁 강도를 봤을 때 경쟁이 심한 키워드는 신규 셀러가 진입하기에는 상위 노출이 어려울 수 있다. 그래서 필자가 생각하는 상품명 전략으로 소비자가 많이 찾는 키워드도 넣지만 대형 키워드, 중소형 키워드, 세부 키워드를 복합적으로 사용해서 만드는 것을 추천한다.

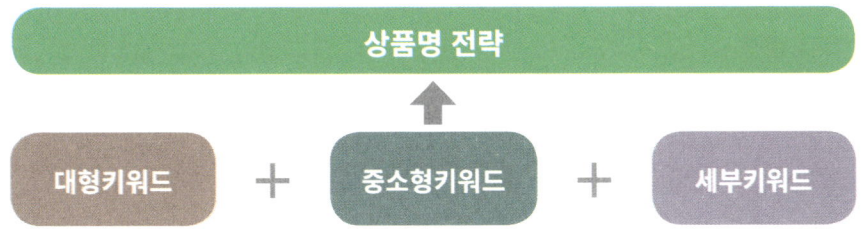

네이버 쇼핑에서 키워드를 검색 결과 화면에서 쇼핑 연관 키워드, 자동완성 키워드, 키워드추천을 참고하여 엑셀로 키워드를 정리해본다.

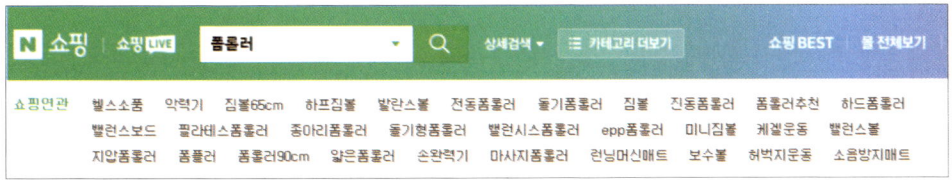

▲ 쇼핑연관검색어 예시 (출처 : 네이버 쇼핑)

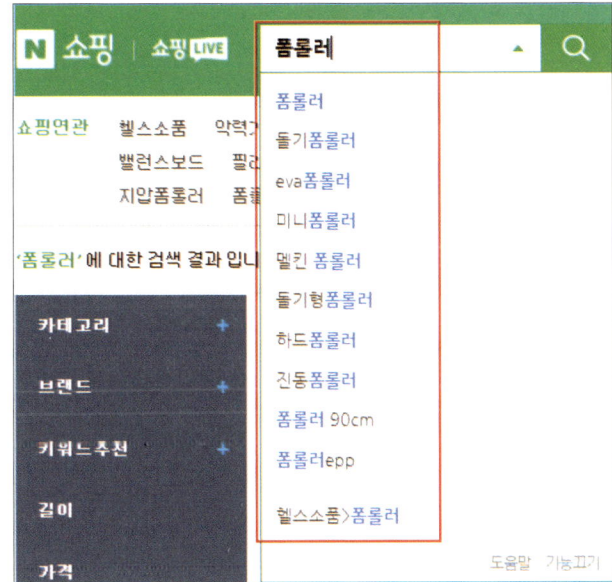

▲ 자동완성검색어 예시 (출처 : 네이버 쇼핑)

▲ 키워드추천 예시 (출처 : 네이버 쇼핑)

위의 내용을 토대로 대형 키워드, 중소형 키워드, 세부 키워드를 정리한다. 아이템에 따라 다르기는 하지만 일반적으로 대형 키워드는 검색량 5,000건 이상으로 보고 1,000~5,000건 사이의 키워드는 중소형 키워드로 정리해 본다. 그리고 아이템에 따라 매출을 많이 늘리는 방법이 세부키워드를 공략하는 방법이 있다.

세부키워드는 상품 속성, 계절, 연령, 성별, 용도등을 참고하여 타깃을 명확하게 할 때 만들어 진다.

상품종류	대형키워드	중소형키워드	세부키워드
맨투맨	맨투맨티셔츠	옆트임 맨투맨	무지 남성 맨투맨
폼롤러	폼롤러	필라테스 폼롤러	90cm 하드 폼롤러
에코백	에코백	크로스에코백	미니 에코백 10종

▲ 키워드 예시

아이템별 키워드 유형을 세부 키워드, 대표 키워드, 정보 키워드, 지역 키워드, 상품 속성 키워드, 성별 키워드 등 확장성 있는 키워드 조합으로 만들어 간다. 예를 들면 아래와 같은 유형이 나온다.

1 세부 키워드 + 대표 키워드 + 정보 키워드
2 지역 키워드 + 세부 키워드 + 수식어
3 브랜드 키워드 + 세부 키워드 + 대표 키워드
4 세부 키워드 + 상품 속성 키워드 + 수식어

5 대표 키워드 + 이슈 키워드 + 배송 정보 키워드
6 계정 키워드 + 세부 키워드 + 연령 키워드
7 성별 키워드 + 대표 키워드 + 세부 키워드 + 상품 속성 키워드

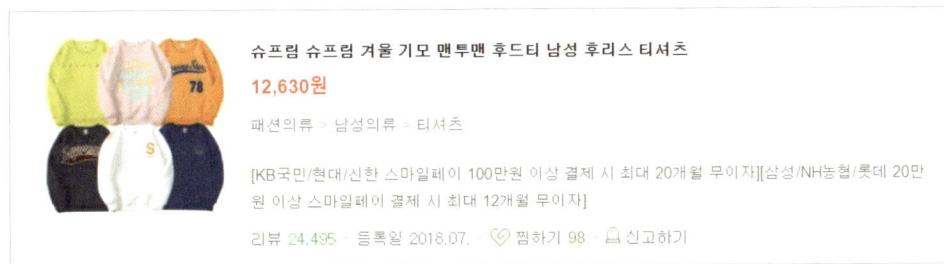

▲ 대표 키워드 + 계절 키워드 + 성별 키워드

▲ 브랜드 키워드 + 성별 키워드 + 상품 키워드

또한, 상품명에는 반드시 해당 카테고리에 속하는 키워드로 구성되어 있어야 한다. 카테고리 매칭이 잘 이루어지지 않으면 상위 노출이 어렵기 때문이다. 예를 들어 '에코백'을 네이버 쇼핑에서 검색하면 카테고리 항목에 나오는 세부 카테고리명을 참고하여 상품명을 만들어 볼 수 있다.

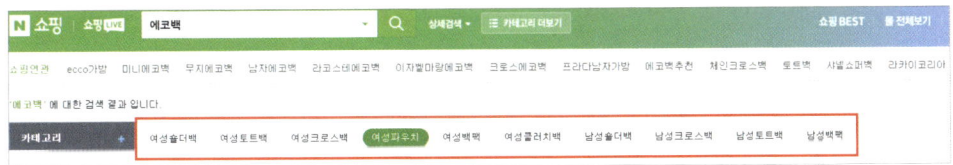

무엇보다 키워드를 만드는 습관을 평소에 반복적으로 해나가다 보면 세부적으로 보는 안목이 생기게 된다. 그렇게 하다 보면 아이템을 소싱하는 과정부터 판매에 이르기까지 잘 되는 키워드가 무엇인지를 알게 된다.

이 과정을 습관적으로 반복하는 것이 중요하다. 점차 내 것으로 만들다 보면 여러분은 트렌드를 감각적으로 터득하는 셀러가 될 것이다.

03
유입을 늘리게 할려면 어떻게 해야 할까?

의외로 스마트스토어를 개설하고 상품을 등록하면 바로 잘 팔릴 줄 알았다는 분들의 이야기를 종종 듣게 된다. 아이템과 상품 등록하는 것도 중요하지만 정말 집중해야 하는 부분은 어떻게 사람들을 방문하게 할 것인가 이다. 정작 이 부분이 제일 중요한 부분인데 놓치고 있어서 참 아쉽다고 생각을 많이 하게 됐다. 과연 어떻게 팔아야 하는 것일까?

평소에 잘 팔리지 않던 상품이 빠르게 팔려 품절됐던 적이 있었다. 애널리틱스를 확인해 보면 갑자기 평소와 다르게 접속량이 급증 날이 있었고 이유를 살펴보니 유튜버가 필자의 제품을 거론한 것이다. 이 사례는 우연이었지만 이처럼 다양한 채널에 나의 제품을 노출할 방법을 연구해야 한다.

노출하는 방법에는 유료로 하는 방법과 무료로 할 수 있는 방법으로 나누어 생각해 볼 수 있다.

무료

·· 지인소개

처음에는 방문자가 없어 주변에 지인들에게 상품을 소개하여 구매를 유도한다. 다이렉트 링크를 여러 곳에 뿌렸는데 구매가 일어나지 않는다면 스토어에 더 안 좋은 영향을 끼칠 수 있다. 그래도 홍보하고자 한다면 네이버 쇼핑에서 방문자가 키워드를 검색하여 스토어에 유입하게 유도하는 것을 추천한다. 또한, 같은 장소에서 지인이 구매하면 어뷰징, 가구매로 인식되니 초보 분들이 의욕만 앞서 이런 실수를 범하지 않았으면 한다.

·· 품앗이

스마트스토어에 스토어찜과 상품찜 기능이 있는데 처음 개설하면 찜수가 저조해 품앗이로 서로 찜을 해주어 수를 늘려가는 방법을 많이 이용한다. 오픈채팅방이나 카페에서 다른 셀러들과 교환하며 수를 늘리곤 한다. 쇼핑몰 운영자라면 커뮤니티에서 정보를 얻고 셀러들과의 교류를 하고 최신 정보를 얻는 것은 바람직하나 우리가 다시 생각해 봐야 하는 것은 찜수는 많은데 구매실적이 낮거나 같은 트래픽이 계속 발생한다면 네이버 로직에서 어떻게 받아들일지에 대해서 생각해 봐야 한다.

··블로그

블로그는 무료로 사용할 수 있는 최고의 마케팅 도구라고 생각한다. 블로그의 장점은 한번 상위 노출이 되면 어느 정도 기간이 유지되며 세부적인 타겟팅이 가능하다는 것이다. 하지만 블로그에서도 상위 노출이 돼야 방문자수가 일어나므로 본인 블로그가 아직 노출이 잘 되고 있지 않다면 해당 카테고리에 잘 노출이 일어나는 타 블로그들에게 광고를 진행하는 방법을 사용하는 것이 좋겠다.

유료

··체험단

리뷰가 하나도 없다는 것은 소비자로 하여금 신뢰도에 마이너스다. 예전에 블로그 체험단을 진행했는데 그 리뷰로 인해 스마트스토어에 지속적인 방문 수와 판매 실적을 가져다주었다. 요즘은 인스타그램 체험단도 많이 진행하고 있다. 내가 팔고자 하는 주요 키워드를 검색하여 상위에 노출되는 인플루언서를 직접 컨택하여 체험단을 진행하는 방법과 체험단을 전문으로 하는 마케팅 회사에 의뢰하는 방법이 있다. 주의할 사항은 내가 판매하고자 하는 아이템과 해당 체험단 채널의 특성과 연관되어 있는지를 봐야 한다. 업체로 신청할 경우 내가 판매하고자 하는 아이템은 화장품인데 도서 전문 블로거라면 노출이 되기 어렵기 때문이다. 실제 소비자 중심의 체험 리뷰를 잘 남겨줄 수 있는지 확인을 해봐야 한다.

··sns홍보

유튜브, 인스타그램, 페이스북의 채널을 개설하여 팔로워 수를 늘리고 주기적으로 콘텐츠를 업로드하고 관리를 해 나가며 운영자 채널에서 직접 홍보할 수 있다면 제일 좋은 방법이다. 블로그나 SNS 채널을 최적화로 끌어올리기는 시간 소요가 많고 직접 홍보에는 한계가 있기 때문에 많은 곳에 노출되어 유입을 늘리고자 한다면 이 분야에 대하여 공부를 해야 한다. 다른 파트에서 자세히 다뤄보겠다. 먹고 싶고 입고 싶고 가지고 싶었던 모든 것들은 사진 한 장과 영상으로 욕구를 만들어 내기에 충분하니 성별,

연령별, 지역별, 관심사로 타겟팅 하여 광고를 진행해 보자.

·· 네이버광고

네이버 광고에는 사이트 검색광고, 쇼핑 검색광고, 파워 콘텐츠 유형, 브랜드 광고등 다양한 광고 방식이 있다. 정보를 찾으려는 사람들이 네이버 검색 사이트를 많이 활용하다 보니 광고 정보를 노출하여 많은 방문자를 유입시킬 수 있다는 장점이 있다. 그리고 광고 결과에 대한 로그 분석을 통해 상세한 지표분석이 가능하다. 네이버 광고를 실제로 세팅하고 활용하는 방법은 광고파트에서 자세히 다룰 예정이다.

04
구매전환을 높이자

스마트스토어에 100명이 클릭해서 유입이 되었다고 보자. 많은 사람들이 클릭해서 들어왔지만 실제적으로 구매까지 이어지지 않는다면? 이것은 밑 빠진 독에 물 붓기가 따로 없다. 클릭이 많이 이루어지더라도 구매 전환이 미비하다면 통계를 확인해서 어떤 이유인지 살펴봐야 한다. 소비자가 상품을 클릭하게 하기 위해서는 상품명, 썸네일, 가격이 소비자로 하여금 충족이 되어야 하고 구매 전환이 이루어지게 할려면 어떻게 해야 할지 살펴보겠다.

우선 이와 같은 데이터를 클릭 전환과 구매 전환으로 나누어 볼 수 있는데 클릭 전환을 CTR(Click Through Rate) 이라고 하고 구매전환율은 CVR(Conversion Rate) 이라고 한다.

구매전환율이란 클릭 대비 구매로 이루어지는 실 구매 수치라고 보면 된다.

구매전환율 CVR(Conversion Rate) = 전환수(구매자수) / 클릭수(방문자수) * 100

우리 쇼핑몰에 100명이 방문했는데 1명이 구매를 했다면 1%의 구매전환율이 나온다. 100명이 클릭해서 유입이 됐는데 1%의 구매전환율이 나왔다면 나머지 99명은 왜 이탈을 했을까에 주목해 봐야 한다. 카테고리별로도 다른 양상을 보이지만 대부분 단계별 요소에서 이탈이 많이 이루어진다.

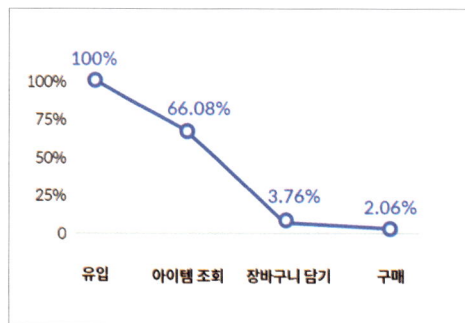 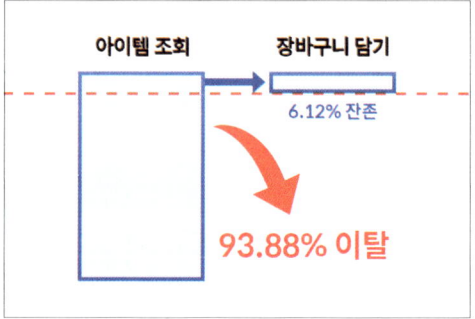

▲ 출처:빅인사이트 https://biginsight.io/trend-report-2021-conversion

그렇다면 우리가 어떻게 이탈률을 줄이고 구매전환율을 높일 수 있을까?

필자가 생각하는 구매 전환을 높이기 위한 핵심 요소로는 후기와 상세페이지를 꼽을 수 있다.

온라인의 후기는 구전광고와 같은 효과가 있다. 다른 사람의 후기를 읽고 구매하고 싶은 마음에 확신을 더하는 과정이라고 생각한다. 특히 건강 관련 제품이나 식품에 관한 제품은 후기가 쌓이면 쌓일수록 가속도가 붙는다. 예를 들어 고구마를 검색한 후에 리뷰 많은 순으로 살펴보면 278,147건의 리뷰가 있는 것을 볼 수 있다. 소비자가 리뷰를 읽으며 같은 형태로 소비한 리뷰를 보게 되면 구매 결정이 더 빨라지게 된다.

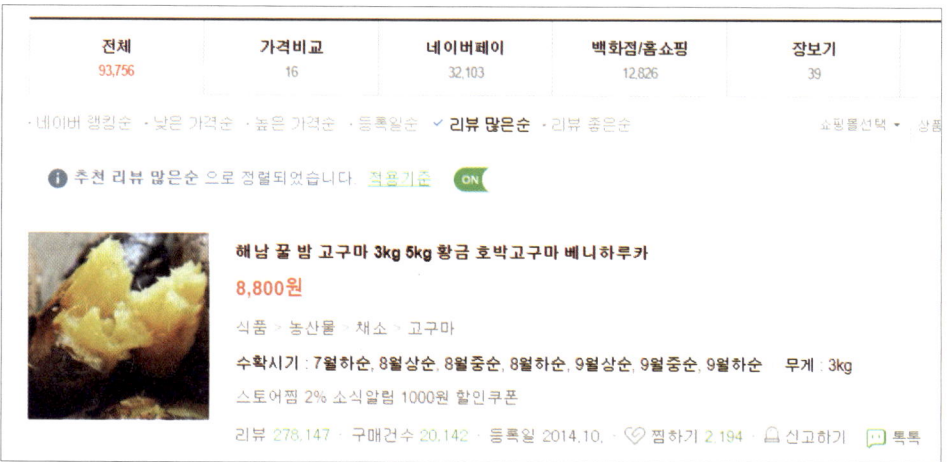

▲ 네이버 쇼핑 고구마 검색 결과 화면

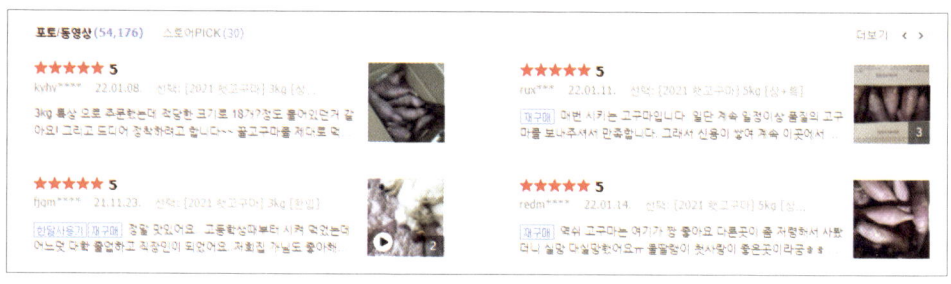

만약 아래와 같이 후기가 적은 상품을 만났을 때는 더 꼼꼼하게 다른 요소를 보려고 할 수도 있다. 상세 설명을 보거나, 가격을 비교하거나 혜택 조건이 좋다면 구매 결정을 하지만 같은 조건에서는 다른 고객의 구매 경험을 통해 구매를 한다.

아래 구매 전환 그래프를 보면 전환이 적은 가구는 구매에 신중함이 가장 심하기 때문에 후기와 상세설명에 더욱 신경 써야 한다는 것을 알 수 있다. 전환율을 높이기 위한 방법 또한 카테고리에 따라 다를 수 있다.

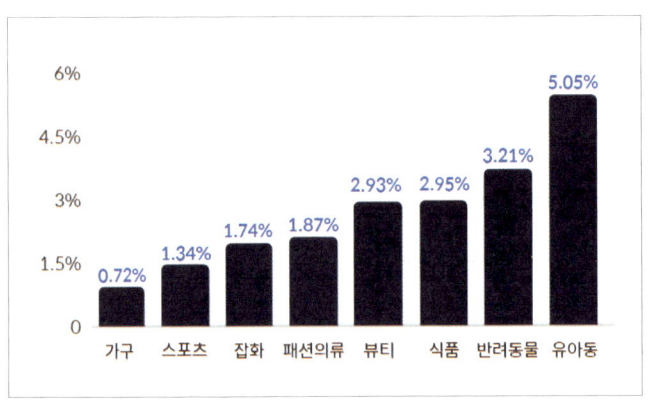

▲ 출처 : 빅인사이트

또한, 구매 전환이 높은 시간과 요일이 있다. 아래 내용에서 보듯이 전환이 높은 시간 때에 타임세일 등의 이벤트로 더 많은 소비자에게 노출하는 것도 좋은 방법이다.

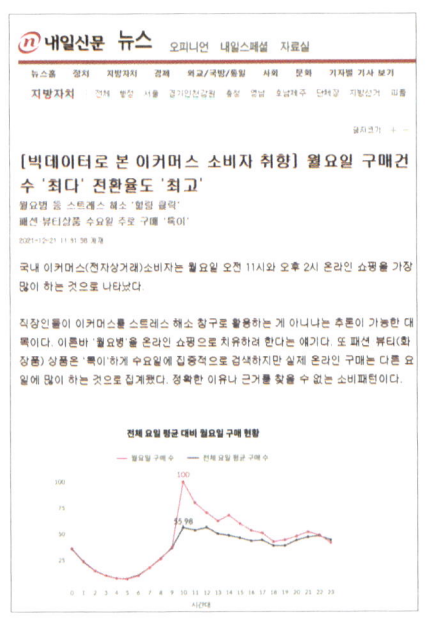

▲ 출처: 내일신문

위에서 본 시간대별 이벤트도 있지만, 1년을 기준으로 이슈를 미리 체크하여 기획하는 것도 좋은 방법으로 추천한다. 온라인에서 이슈캘린더를 검색하면 많은 캘린더가 나오는 것을 볼 수 있다. 이슈캘린더를 통해 어떤 프로모션을 진행하면 좋을지 시즌에 맞게 설정하자. 기본적으로 스토찜, 쿠폰등의 이름을 판매하는 제품, 타깃에 맞게 이름을 정하여 제공하고, 제품 구매 리뷰에 대한 프로모션도 다양하게 만들어 본다. 그리고 패키지 상품 및 기획전은 많은 효과가 있다.

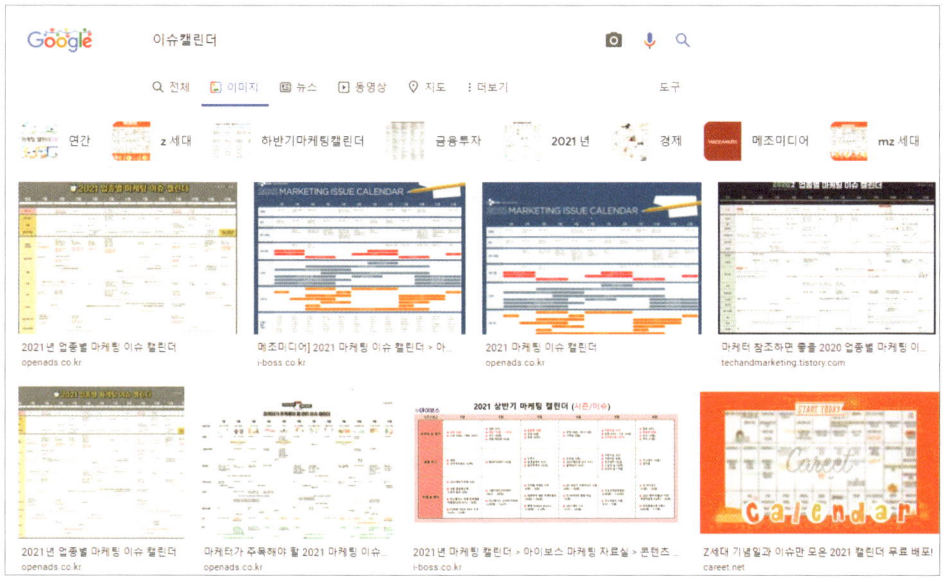

▲ 구글 이슈캘린더 검색 결과 (출처 : 구글)

네이버 스마트 스토어 통계 메뉴의 상품별 쇼핑 행동 보고서를 확인해 보고 판매 중인 상품의 구매 전환율 통계를 살펴보고 문제점을 정확히 파악하여 다양한 마케팅 전략을 만들어야 한다.

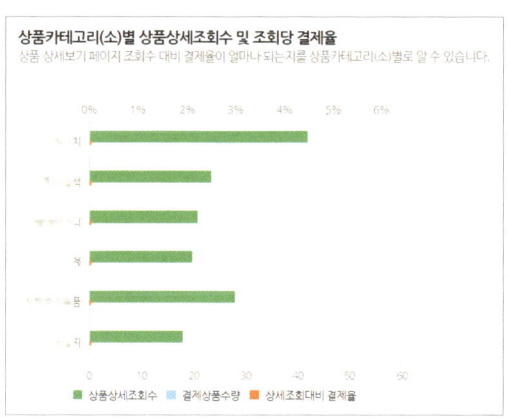
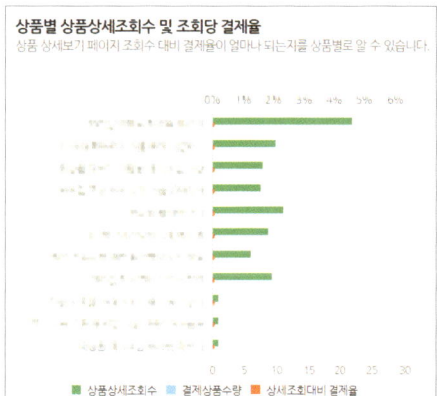

스마트스토어 상위노출 노하우 **217**

> **note**
>
> 네이버 로직에 의해 가격대별 인기 상품과 구매 리뷰 좋은 상품 등 소비자의 니즈에 따라 편리하게 선택할 수 있다. 기술은 소비자가 빠른 선택을 할 수 있도록 발전하고 있기 때문에 판매자는 좋은 상품을 연구하여 보여주면 된다.
>
>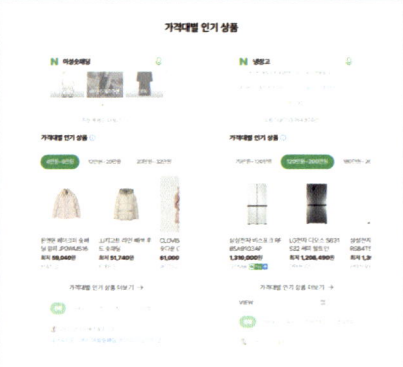
>
> ▲ 가격대별 인기상품　　　　　　▲ 구매 리뷰 좋은 상품

54
기획전으로 노출 하자

스마트스토어 기획전이란 스토어에 판매하고 있는 상품을 네이버 쇼핑 기획전에 노출하는 네이버 쇼핑 프로모션 서비스다. 기획전 노출 수수료는 별도로 없다. 단 고객에게 할인, 쿠폰, 포인트 등 혜택을 제공해야 진행할 수 있다.

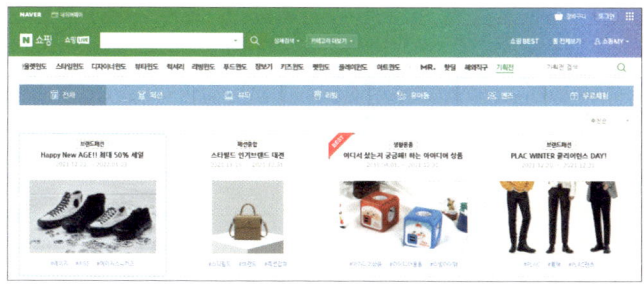

▲ 기획전 노출 화면

기획전을 진행하기 위한 공통조건으로는 명확한 기획전 주제가 있어야 한다. 가품 및 배송, 재고에 대한 이슈가 없어야 하고, 기획전 내 등록 상품 수는 최소 50개 이상~500개 미만으로 해야 한다. 상품 상세 내 모바일 미리 보기가 가능해야 하고 모바일/PC 할인 및 할인 혜택이 동일해야 한다. 기획전은 기간 내 1개의 기획전만 운영이 가능하며, 복수로 진행은 불가하다.

- **즉시 할인** : 기획전을 위한 할인 혜택이 적용 되어야 한다.
- **스토어찜/ 소식 알림 쿠폰** : 해당 고객 대상으로 추가 할인쿠폰 제공이 가능해야 한다. 쿠폰 할인 금액은 5% 이상부터 진행 가능하다. 쿠폰기획전 타입 진행시 전상품 대상 상품할인쿠폰으로 발급해야 가능하다.
- **포인트 적립** : 네이버페이 포인트가 적용된 상품만 진행이 가능하다. 판매 상품 가격의 최소 3% ~ 최대 20%까지 적용이 가능하다.

기획전 등록을 하기 위해서는 스마트스토어 관리자 페이지에서 [노출관리]-[기획전 관리] 메뉴를 클릭한 후에 [신규 기획전 등록]을 누르면 된다.

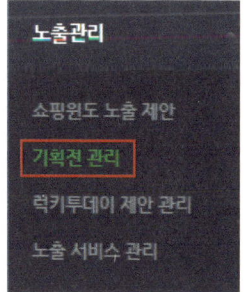

등록이 완료된 후에는 기획전 노출 심사 요청 버튼을 클릭해야 한다. 심사 완료 상태가 되어야 기획전 및 네이버 쇼핑 소재로 노출이 가능하다.

심사 상태	설명	수정/중단	노출		
			스마트스토어	기획전	네이버쇼핑소재
기획전 노출 심사 요청 버튼	저장이 완료된 상태로 기획전 노출 심사요청 버튼을 클릭하면 관리자가 심사를 진행한다.	기 등록한 내용에 대해서 수정이 가능하다.	O 판매자 본인의 스마트스토어에 노출이 된다.	X	X
심사요청	판매자가 심사요청을 한 상태로 현재 삼사가 진행중인 상태다.	심사진행중이므로 수정은 불가하나 심사 중단은 할 수 있다.	O 판매자 본인의 스마트스토어에 노출이 된다. 판매자가 노출 여부 선택 가능하다.	X	X
심사완료	내용과 혜택 설정에 문제가 없을 경우, 심사 완료 처리되며, 진행 기간에 기획전페이지에 노출이 된다.	심사완료된 기획전에 대해서는 수정 및 중단처리를 할 수 있다.	O 판매자 본인의 스마트스토어에 노출이 된다. 판매자가 노출 여부 선택 가능하다.	O 네이버쇼핑 기획전 페이지에 노출이 된다.	O 네이버쇼핑 소재로 이용 될 수 있으며, 선정시 개별 연락이 간다.
승인거부	내부 기분에 맞지 않을 경우, 승인거부 처리되며, 사유는 승인거부 사유의 관리자 코멘트를 참고하면 된다.	수정/중단 처리가 가능하며, 수정후, 재심사 요청을 누르면 심사요청 상태로 돌아간다.	O 판매자 본인의 스마트스토어에 노출이 된다. 판매자가 노출 여부 선택 가능하다.	X	X

06
최저가 가격비교 및 브랜드 카탈로그

설명하기에 앞서, 가격비교는 특정 상품을 브랜드 또는 최저가 별로 모아둔 것을 말한다. 로직에 의해 자동 매칭되기도 하며 내부에서 수동으로 매칭할 수 있다. 자동 매칭은 네이버 로직에 의해 매칭되며 상품을 등록할 때 작성하는 상품명, 브랜드, 제조사, 모델명 등 다양한 요소가 반영이 된다.

상품을 등록할 때, 모델명을 입력하면 브랜드와 제조사, 상품정보는 자동으로 입력되니 참고하자.

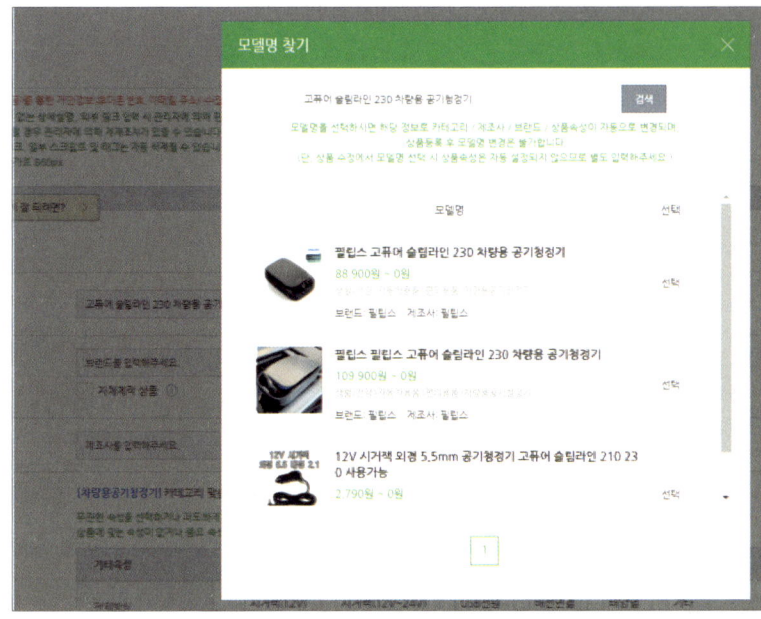

▲ 상품을 등록할 때 작성하는 상품 주요정보

가격 비교로 상품을 묶는 방법은 '브랜드 카탈로그'와 '쇼핑몰별 최저가'가 있다.

'브랜드 카탈로그'는 말 그대로 특정 브랜드의 상품을 카탈로그 형식으로 묶어 놓은 것이다. 보통 특정 브랜드의 특정 모델명으로 묶이게 된다. 예시로 블루투스 이어폰을 검색해 보자.

삼성전자의 갤럭시 버즈 프로라는 브랜드-모델명으로 묶여, '브랜드 카탈로그'로 표시되어 있다. 또한 애플의 에어팟-MWP22KH/A의 모든 상품도 '브랜드 카탈로그'로 묶여 표시되어 있다.

▲ 네이버 쇼핑 '블루투스 이어폰' 검색 결과 화면

안으로 들어가 보면 해당 브랜드 상품을 판매 중인 쇼핑몰들이 모두 묶여 있는 것을 볼 수 있다. 최저가 순으로 정렬될 뿐만 아니라 배송비까지 표시되어 있기 때문에 쇼핑몰에 직접 들어가지 않고도 한눈에 비교해 볼 수 있다.

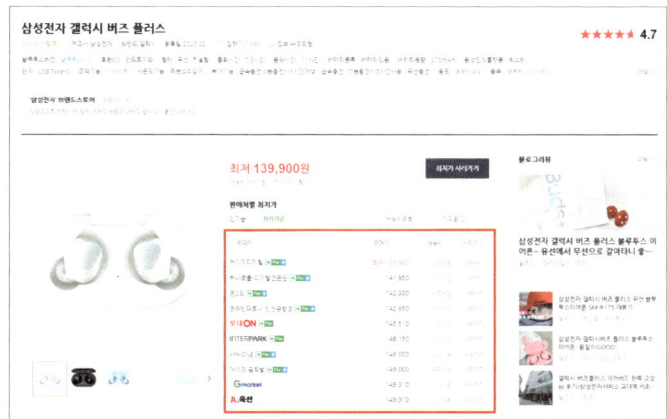

그렇다면 '브랜드 카탈로그'는 어떻게 설정하는 것일까?

'브랜드 카탈로그'는 상표권이 있는 브랜드, 제조사만 사용이 가능하다. 그 제조사의 상품을 판매할 수 있는 브랜드 본사 또는 공식 판매처인 브랜드 대행사를 뜻하는데 상표권 등록증과 상표권 계약서가 필요하다.

신청은 쇼핑파트너센터 안의 브랜드 패키지에서 설정이 가능하며 주소는 https://center.shopping.naver.com/brand-info 이다.

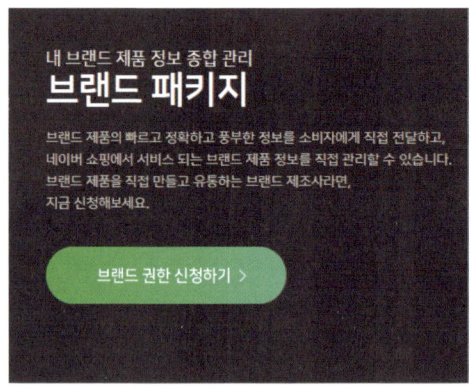

브랜드 관리에서는 가격비교 카탈로그 설정 하는 것과 공식 판매처로 노출을 설정하는 것도 가능하다.

또한 본인이 가지고 있는 브랜드가 있다면 그 브랜드를 등록하는 것도 가능하다.

브랜드 권한의 신청 절차 및 필요 서류는 아래와 같다.

브랜드 패키지에 가입한 후 상품의 카달로그를 브랜드 카탈로그로 변경 요청을 하면 네이버 쇼핑 담당자가 검수 후 브랜드 카탈로그로 전환해 준다.

다음은 '쇼핑몰별 최저가'를 알아보자.

'쇼핑몰별 최저가'란, 쇼핑몰별로 가장 저렴한 상품을 보여주며 한눈에 비교할 수 있다. '브랜드 카탈로그'는 해당 상품의 브랜드, 제조사에 초점을 맞춘 반면, 쇼핑몰별 최저가는 가격에 초점을 맞춰 정리해 준다.

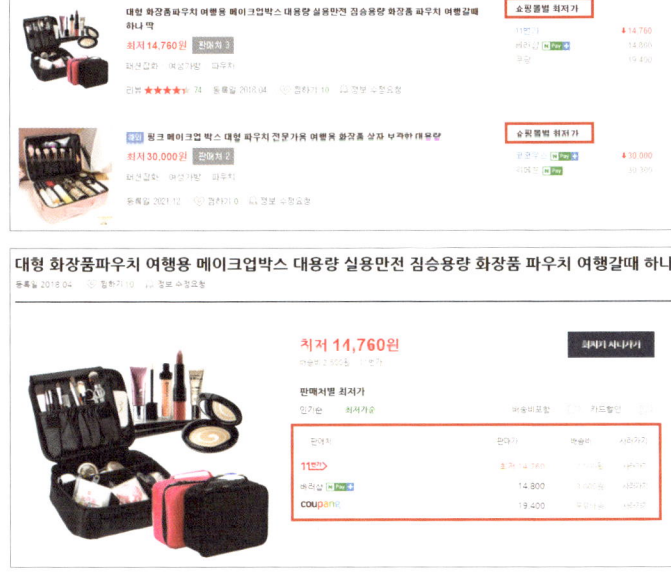

설정하는 법은 간단하다. 먼저 [상품관리]-[카탈로그 가격관리]에 들어간다. 상품을 등록하고 바로 조회되는 것은 아니다. 몇 가지의 조건을 충족 시켜야 조회가 가능하며 조건은 아래와 같다.

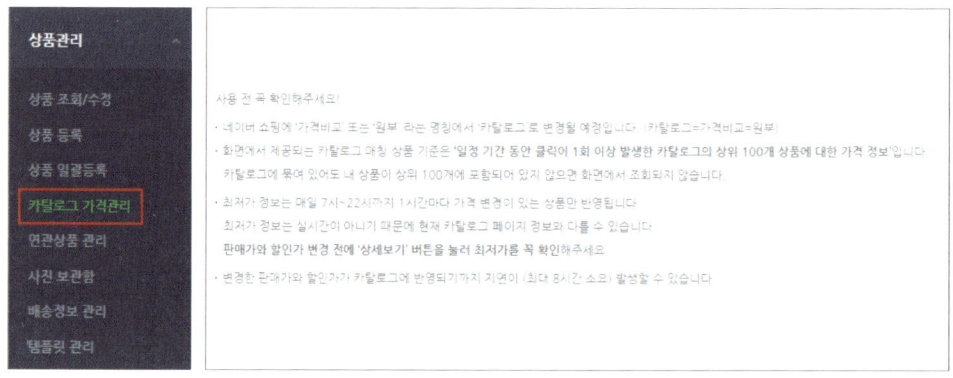

위의 조건이 충족되면 보통 자동으로 매칭이 된다.

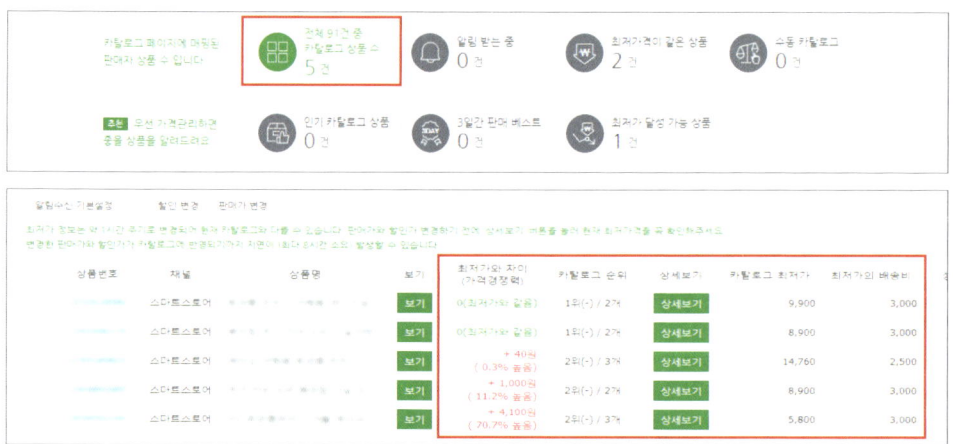

하지만 정보 부족으로 자동 매칭이 안됐다거나 직접 해야 하는 경우도 있다.

그럴 경우에는 쇼핑 파트너 센터로 접속한다.

https://center.shopping.naver.com/main 또는 스마트스토어센터의 상단 두 번째 메뉴를 클릭한다.

쇼핑파트너센터에 들어가면 상단에 하위 메뉴가 있다. 그 중 [상품관리]-[상품현황 및 관리]-[서비스 상품]에 접속한다.

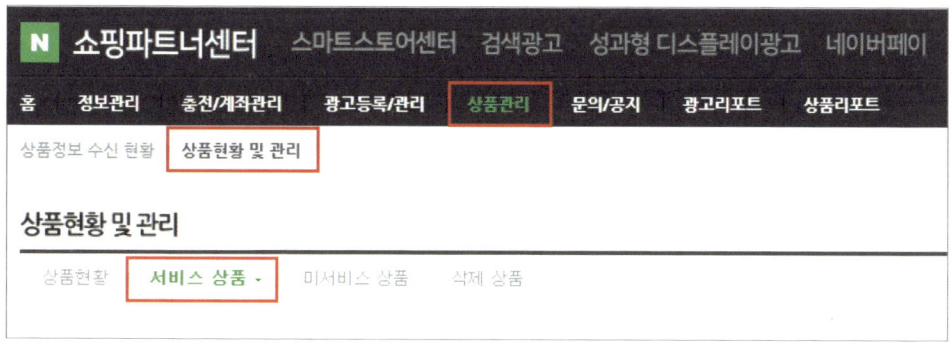

[서비스 상품]으로 들어가면 현재 판매 중인 상품과 카테고리 매칭이 완료된 상품들이 보이는데, 여기서 카테고리 매칭이란 가격비교가 아닌 상품의 카테고리를 제대로 등록했는가에 대한 매칭을 뜻한다.

[카테고리 매칭 완료]로 들어가면 현재 판매 중인 상품들이 보인다.
원하는 상품을 체크한 후 오른쪽 상단의 '가격비교 매칭요청' 을 클릭한다.

아래와 같은 화면이 나오는데 자세히 보면 '추천 결과가 없습니다.' 라는 문구가 보인다. 이는 가격비교를 위한 같은 상품명이 없다는 뜻으로 수동으로 매칭해주어야 한다. [추천 변경]의 [변경]을 클릭한다.

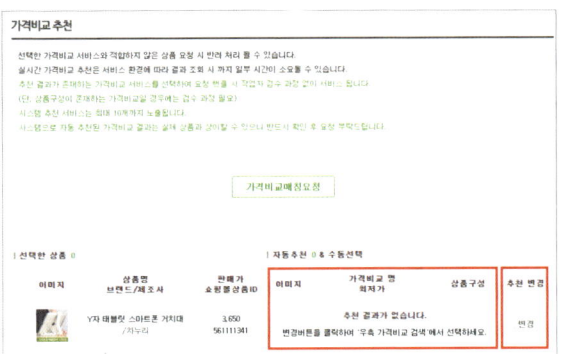

우측에 뜨는 [가격비교 검색] 화면에서 카테고리가 맞는지 확인하고 조회하기를 클릭한다. 그럼 내 상품과 같은 카테고리의 상품들이 나온다. 이 중에 내 상품과 같은 상품을 찾아서 [<변경]을 클릭한다.

[<변경>]을 누르면 다시 좌측 화면에 내가 선택한 상품이 선택된 것을 볼 수 있다. 매칭할 상품을 선택 후, [가격비교매칭요청]을 클릭한다.

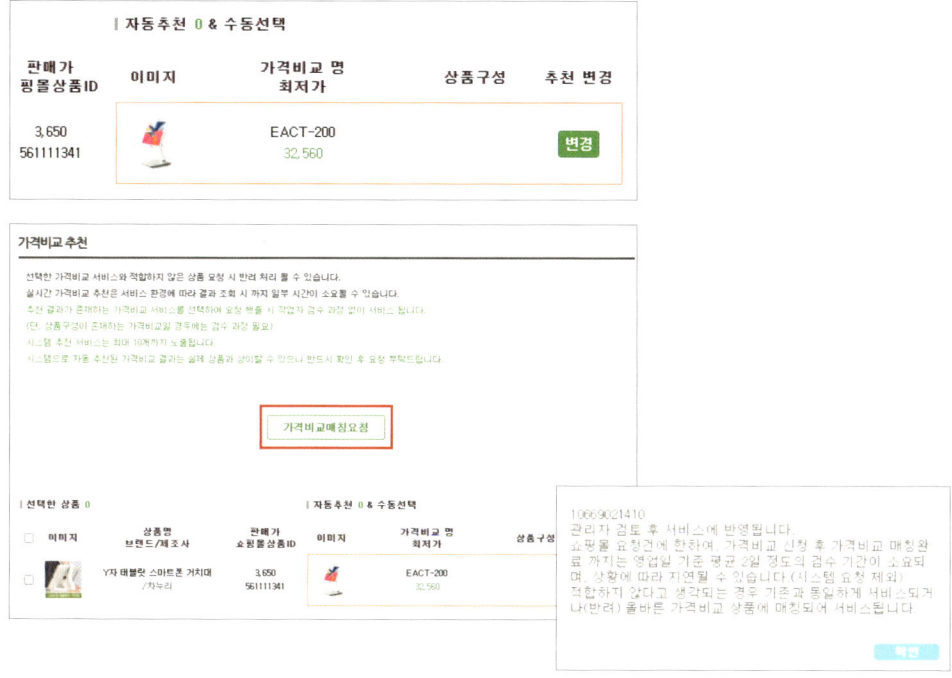

안내 창이 뜨면 수동 매칭 신청이 완료된 것을 확인할 수 있다. 바로 반영이 되는 것은 아니며 영업일 기준 2일정도의 시간이 소요된다.

매칭을 신청한 상품은 [가격비교 추천 중]에서 상태를 확인할 수 있다.

여기까지 '브랜드 카탈로그'와 '쇼핑몰별 최저가'에 대해 알아보았다. 그렇다면 매칭이 되어 있는 상품을 해제할 수 있는 방법은 없을까? 당연히 있다.

가격비교를 해제하는 경우는 보통 '쇼핑몰별 최저가'일 경우이며 내 상품에 다른 판매자의 상품이 매칭 되었다거나, 그 판매자의 상품이 훨씬 저렴해서 내 순위를 뺏기는 경우에 해당된다.

또한 AI 자동 매칭으로 인해 상대 판매자도 모르게 매칭이 되는 경우가 있다.

이럴 경우 내 상품의 썸네일을 변경해 보는 것도 좋다. 하지만 다른 상품이여도 썸네일이 비슷한 경우에도 AI가 자동으로 매칭시키는 경우가 있기 때문에 썸네일이 다르다면 다음 방법을 시도해 보자. 옵션을 추가하거나 상품군을 추가해서 상세페이지를 구성하는 것도 방법이다. 하지만 단일 상품일 경우 이 방법은 효과가 없다.

마지막 방법은 가격 매칭 오류로 신고하는 것이다.

'쇼핑몰별 최저가' 상품에 들어간 후, 판매처 리스트에서 신고하기를 누른다.

신고 대상과 신고 사유가 나오는데 신고 사유에서 '가격비교 대상이 아닌 상품이 포함되어 있음'을 선택하고 신고내용을 작성 후 신고하기를 누른다.

신고 후 처리까지는 영업일 기준 약 3일이 소요되며 반영까지 약간의 기다림이 필요하다.

07
네이버 브랜드 등록하는 방법

네이버 브랜드 등록을 하기 위해서는 상표등록증과 사업자등록증이 있어야 한다. 결론적으로 보면 상표등록한 제품이어야 브랜드 등록이 가능하다는 뜻이다. 상표등록증과 사업자등록증이 준비되었다면 네이버 고객센터 1:1 문의하기 메뉴를 통해 진행할 수 있다.

스마트스토어 관리자 페이지 하단에 있는 [고객센터]메뉴를 클릭한다.

고객센터 페이지에서 1:1 문의하기를 클릭한 후에 문의유형을 브랜드/제조사 등록하기를 선택한다.

문의 내용에는 브랜드명, 브랜드 정보를 확인할 수 있는 URL 주소, 상표권 권리 증빙 서류, 제조사명, 제조사 정보를 확인할 수 있는 URL 주소, 사업자등록증 서류를 첨부하여 제출하면 된다.

Part 9

스마트스토어 데이터 분석 및 애널리틱스 연동

01 판매분석하여 매출 올리기
02 마케팅 분석하는 방법
03 네이버 애널리틱스로 방문자 분석하기

01
판매분석하여 매출 올리기

판매 분석은 일자별, 상품별, 고객별, 유입 경로별로 판매 성과를 분석하여 자료를 제공하는 화면이다. 판매 성과 화면에서는 요일별 결제 금액을 보고 가장 많이 구매가 일어난 요일을 기준으로 더 많은 매출이 날 수 있도록 요일별 이벤트를 진행하는 것을 추천한다.

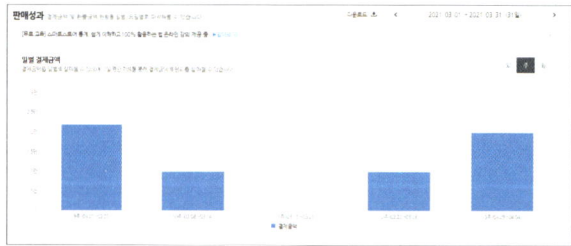 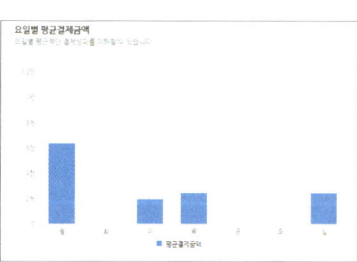

상품성과 탭에서는 결제금액 및 환불금액 현황을 상품 카테고리 및 상품별로 파악해 볼 수 있는 메뉴다. 상품 카테고리별 결제 금액에서는 많이 팔리는 상품 카테고리를 알 수 있고 상품별 결제 금액에서는 많이 팔리는 상품을 알 수 있다. 잘 판매되는 카테고리와 제품을 전략적으로 더 많이 판매할 수 있도록 마케팅 계획을 수립하고 잘 판매되는 제품을 더 많이 판매할 수 있도록 해당 제품에 광고를 세팅하는 것을 추천한다.

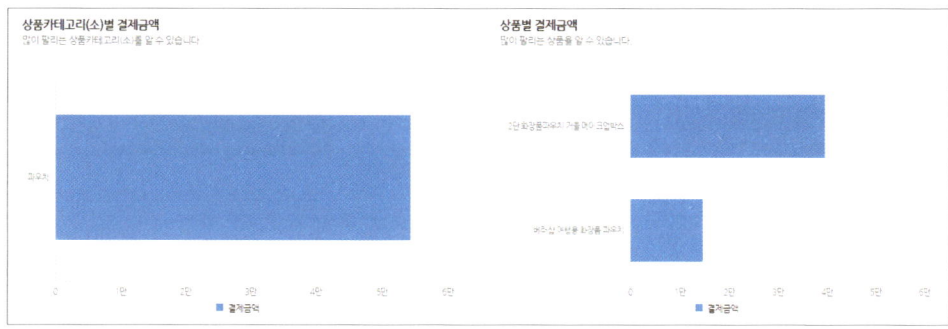

상품/마케팅채널에서는 상품 판매에 기여한 마케팅채널들을 상품 카테고리, 상품별로 볼 수 있다. 유튜브, 네이버 쇼핑, 네이버 페이, 네이버 검색, 쇼핑, 모바일 메인, 블로그 등 제품별 마케팅 채널의 기여도를 확인할 수 있어서, 채널별 광고 비율을 어떻게 설정할 것인지에 대한 마케팅 설계를 할 수 있다. 전체를 100%로 본다면 채널별로 비율 조절을 하며 스토어에 맞는 마케팅 채널을 찾아가는 것이 좋다. 주의할 점은 채널의 효율이 떨어진다고 해서 마케팅을 전혀 안 하면 안 되고, 비율을 조절하며 전체 채널을 운영하는 것을 추천한다.

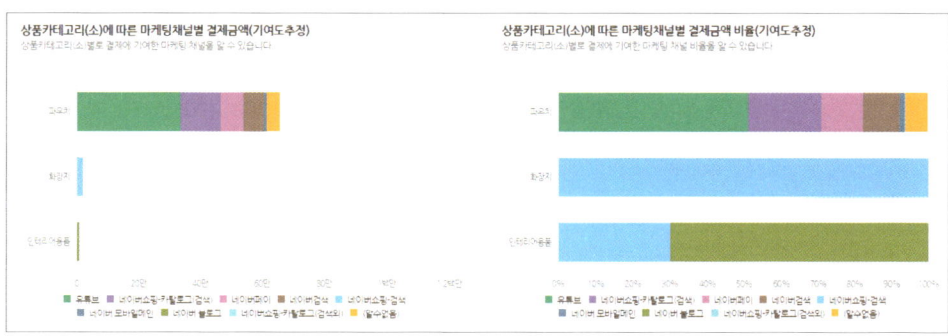

상품/검색채널에서는 상품 판매에 어떤 키워드가 얼마나 기여하고 있는지를 알 수 있다. 특히 중요한 부분은 결제금액 Top 10상품의 키워드별 결제 금액에서는 내가 운영하고 있는 스토어의 핵심 키워드를 만들 수 있다. 핵심 키워드를 전략적으로 배치하고 샵을 키워나갈 수 있는 전략을 만들 수 있는 곳이다. 만약 생각했던 키워드가 기여도가 적다면 해당 키워드를 다시 새로운 키워드로 세팅해야 한다.

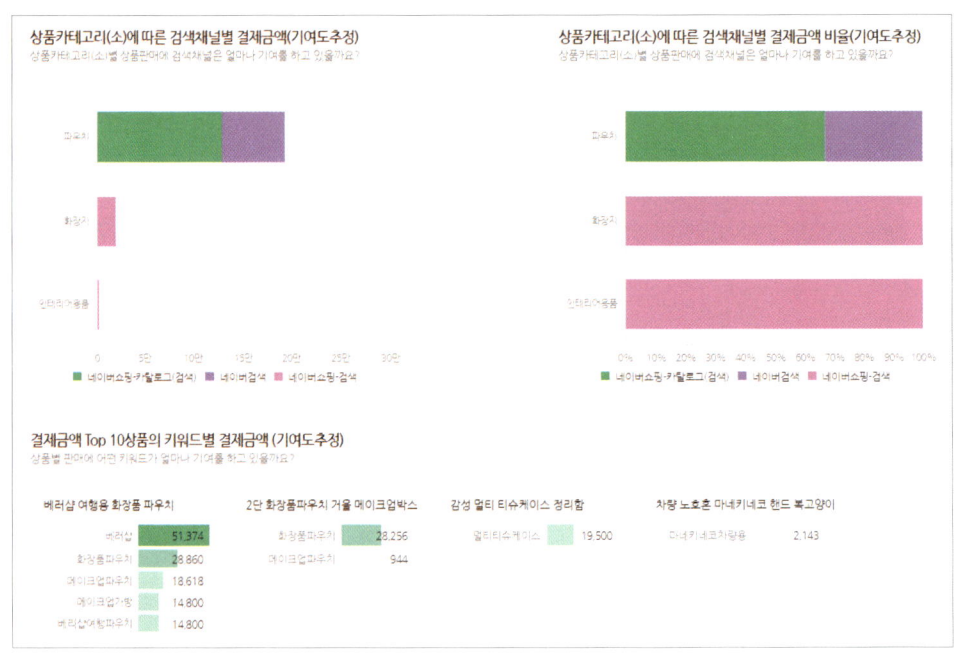

상품/인구통계에서는 상품 카테고리 및 상품의 결제금액을 성별/나이별로 확인할 수 있다. 판매하고 있는 상품의 연령대와 성별을 확인하여 해당 연령과 성별에 맞게 마케팅 설계를 다시 할 수 있다.

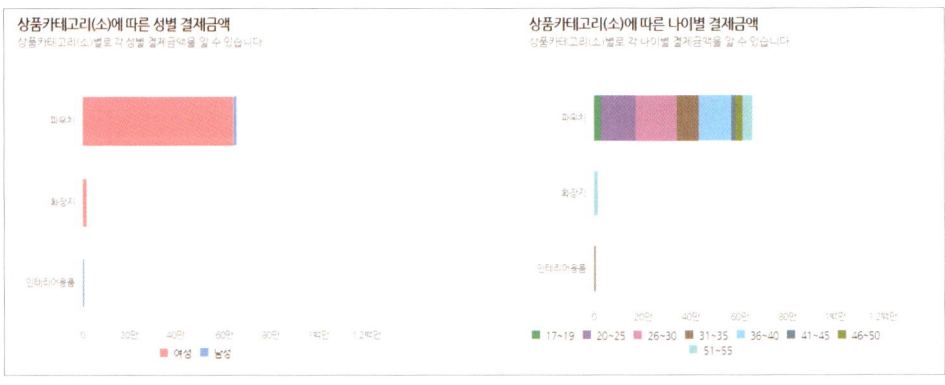

상품/고객 프로파일에서는 상품 카테고리 및 상품의 결제금액을 고객 프로파일로 구분하여 확인할 수 있다. 상품 카테고리별로 고객 결혼 여부별, 가구 인원 수별, 직업별, 자

녀 여부, 자녀 나이에 따라 결제금액을 알 수 있다. 구매 고객 유형을 세밀히 분석할 수 있는 중요한 데이터이다.

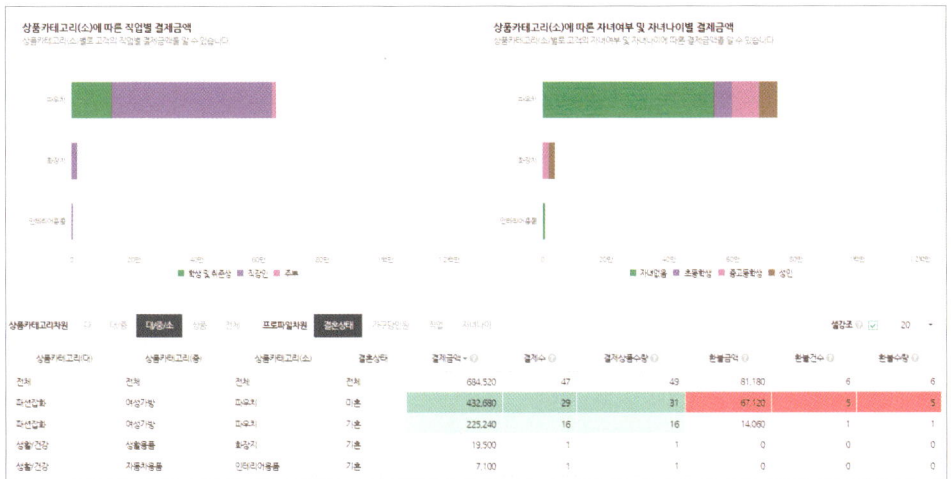

상품/지역 탭에서는 상품 카테고리 및 상품의 결제금액을 결제 지역별로 확인할 수 있다. 결제 지역과 실제 거주지 및 배송지는 다를 수 있다. 해당 지역에 맞는 지역 맞춤 마케팅을 진행할 수 있다.

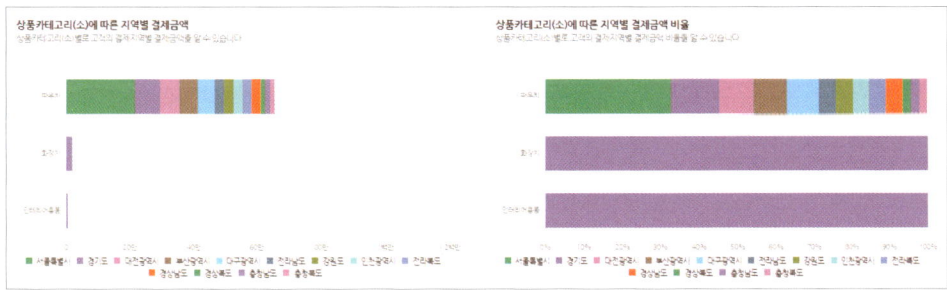

02
마케팅 분석하는 방법

마케팅 분석에서는 스마트스토어에 언제 누가 어디로 유입되어 매출에 얼마나 기여하는지 추적이 가능하다.

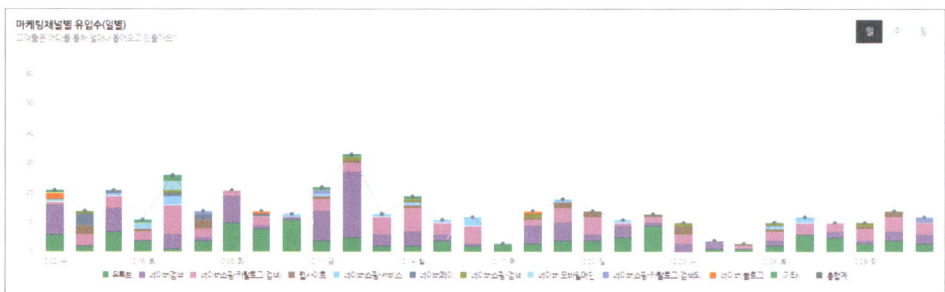

마케팅 채널별 유입수 및 유입당 결제율을 마케팅채널별로 분석하여 마케팅별 광고 전략을 세울 수 있다.

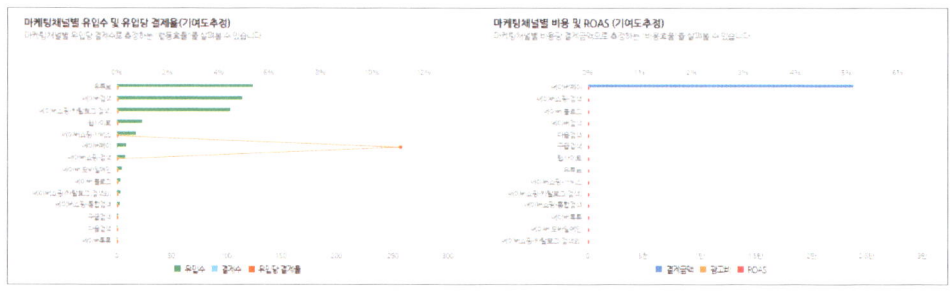

검색 채널에서는 마케팅채널 중 검색 채널별 성과를 키워드별로 보여준다. 유입된 키워드가 결제에 얼마나 기여한지를 알 수 있다. 결제에 기여한 키워드를 기준으로 전략을 세운다.

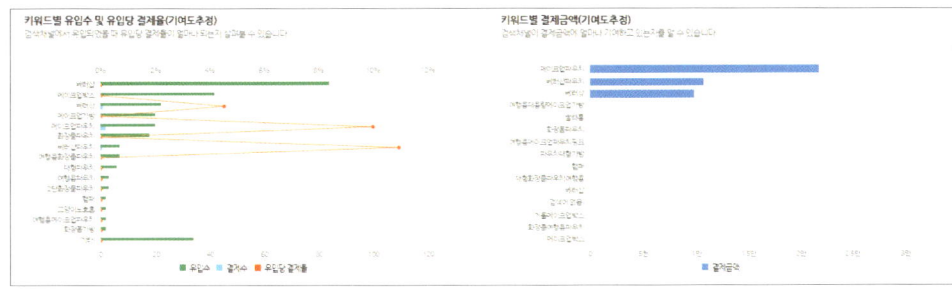

웹사이트 채널 유입수에서는 일반 웹사이트로부터 유입되는 유입수를 볼 수 있다.

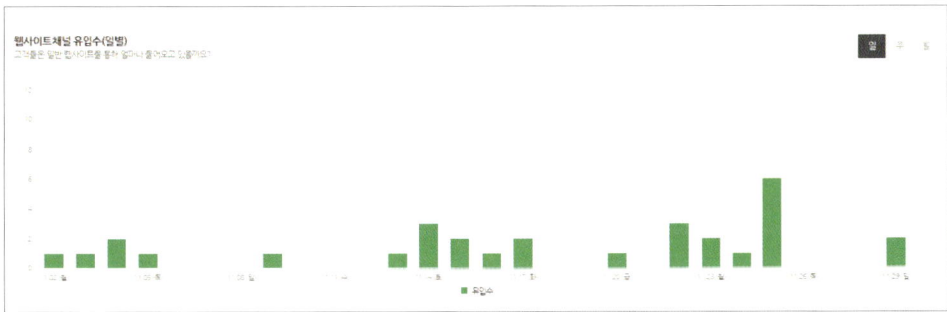

인구통계에서는 성별/나이별 유입수와 유입당 결제율을 볼 수 있다.

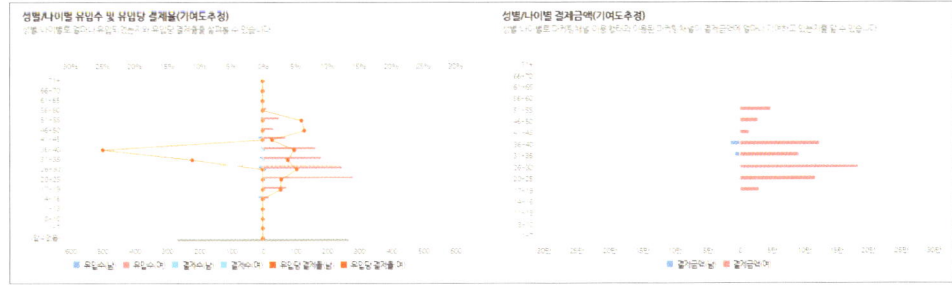

시간대별 메뉴에서는 시간대/요일 별로 얼마나 유입되었는지와 유입당 결제율을 볼 수 있다. 유입이 많은 시간대에 맞게 타임세일 등을 진행하여 매출을 극대화할 수 있다.

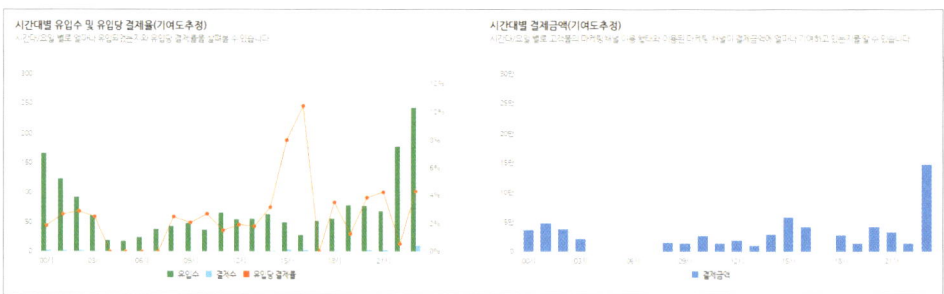

상품 노출성과에서는 네이버 쇼핑 검색과 카탈로그에서 상품별 노출순위와 유입수를 볼 수 있다.

마케팅 분석을 통해 앞에서 우리가 설정한 타킷에 맞게 운영이 잘 되고 있는지, 마케팅 채널별로 목표는 달성되고 있는지, 메인 키워드로 생각하고 있는 키워드로 유입은 잘 되고 있는지, 주력으로 생각하는 제품이 잘 판매되고 있는지를 종합적으로 분석하여 다양한 기획전 및 이벤트, 타임세일 등으로 더 많은 구매 전환을 만들 수 있다.

03
네이버 애널리틱스로 방문자 분석하기

네이버 애널리틱스는 방문자의 행동 분석을 하는 최적화된 도구이다. 홈페이지와 쇼핑몰로 방문하는 방문자가 어떤 경로를 통해서 왔는지, 인구 통계 분석 및 페이지 분석 등을 할 수 있다.

네이버 애널리틱스란?

방문자가 어디서 오는지, 어떤 행동을 하는지 이해함으로써 마케팅 효과를 높이고, 온라인 비즈니스를 효율적으로 관리할 수 있다.

실시간 분석

지금 내 사이트에 방문한 이용자 수, 유입 검색어, 네이버 검색광고 전환 등 사이트 이용 현황을 한눈에 파악할 수 있다. 이를 이용하여 마케팅 활동의 시작 여부와 효과를 실시간으로 측정하고 개선할 수 있다.

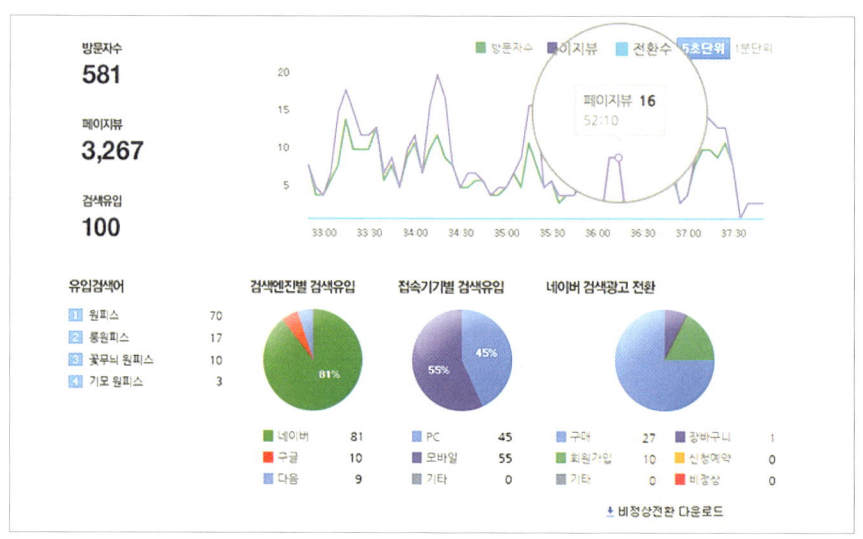

유입분석

방문자들이 어떤 검색어를 통해 내 사이트에 방문하는지, 주로 사용하는 검색엔진은 무엇인지 알 수 있다. 유입 정보를 알면 많이 유입되는 검색어, 서비스에 집중하여 더욱 효과적으로 사이트 방문을 유도할 수 있다.

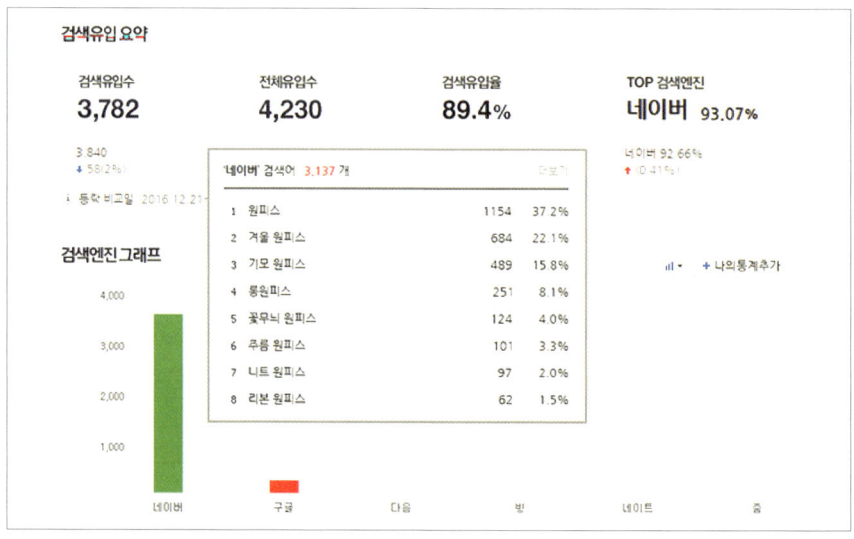

페이지 분석

내 사이트에서 가장 인기 있는 페이지는 어디인지, 각 페이지에 방문자가 머무르는 시간은 얼마나 되는지 등을 알 수 있다. 페이지 분석 정보를 통해 인기가 많은 콘텐츠는 강화하고, 그렇지 않은 콘텐츠는 보완하여 전체적인 사이트 품질을 높일 수 있다.

방문 분석

방문현황(UV), 신규/재방문자 수, 시간대별 방문분포, 방문지역 등 방문자의 방문 특성을 이해하기 위한 종합적인 정보를 제공한다. 중요한 고객 유형(신규/재방문)이 잘 되는지, 방문이 집중되는 시간대는 언제인지 등을 참고하여 사이트 운영방식을 개선할 수 있다.

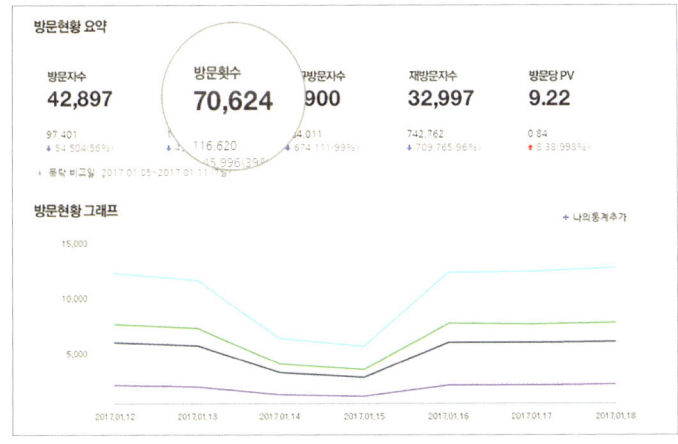

·· 인구 통계 분석

사이트 방문자의 나이, 성별 등 인구통계학적 정보를 제공한다. 이를 통해 사이트 방문자와 비즈니스를 더욱 잘 이해할 수 있고, 비즈니스에 중요한 이용자가 잘 유입되도록 마케팅 활동을 개선할 수 있다.

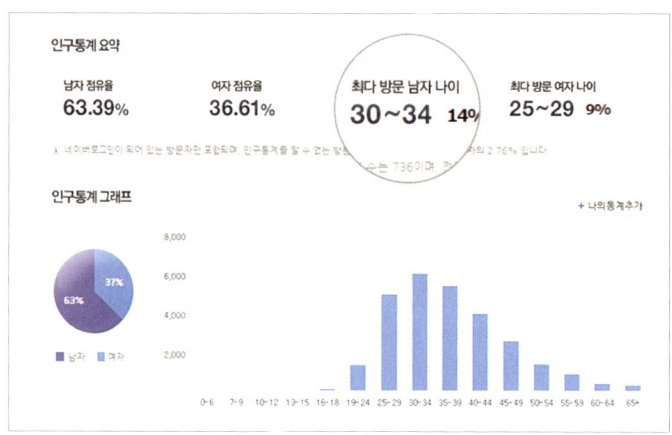

·· 권한 부여

네이버 애널리틱스 보고서를 다른 사람과 공유할 수 있도록 권한 부여 기능을 제공한다. 사이트 현황을 함께 분석하고, 개선점을 찾을 수 있다.

애널리틱스 연동방법

스마트스토어에 애널리틱스를 연동하기 위해 스마트스토어 관리자 페이지에서 [노출관리]-[노출서비스관리] 메뉴를 클릭한 후에 애널리틱스 항목에서 설정함을 클릭하면 아래와 같이 팝업창이 나온다. 발급 ID 항목에 네이버 애널리틱스 연동 코드를 입력하면 애널리틱스 연결이 된다.

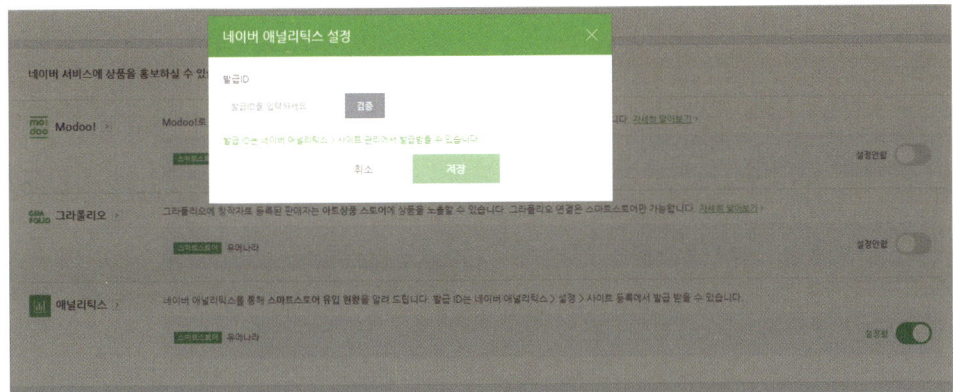

애널리틱스 ID발급을 받기 위해서는 네이버 애널리틱스 홈페이지 https://analytics.naver.com에 접속하여 [바로시작하기] 메뉴를 클릭한다.

사이트 등록 화면에서 사이트명과 사이트 URL을 입력하고 [등록]버튼을 누른다.

사이트 정보 화면에서 발급 ID를 복사한 후에 사이트 목록을 클릭한다.

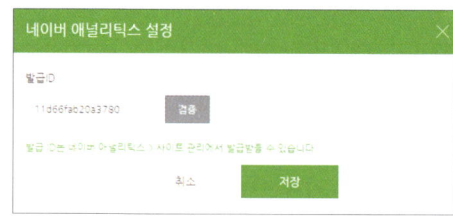

발급ID를 스마트스토어에 입력한 후에 검증과 저장 버튼을 누르면 연동이 완료된다.

Part 10

온라인 마케팅
하는 방법

01 마케팅 채널중 어떤 것부터 진행하면 좋을까?
02 페이스북, 인스타그램 광고
03 네이버 검색 광고
04 스마트스토어 상품 쇼핑 광고
05 럭키투데이로 유입 늘리자
06 카카오 광고와 채널 개설 방법
07 네이버 QR코드 활용
08 별도의 주문서 및 설문 조사서 활용
09 오프라인 매장 홍보전략

01
마케팅 채널중 어떤 것부터 진행하면 좋을까?

필자의 경우는 강의 분야와 사업 분야로 분리하여 브랜딩을 하고 있다. 강의 분야의 경우는 '쇼핑몰 강사'를 입력하면 네이버에서 상위에 노출이 된다. 노출된 내용을 클릭하면 필자의 블로그로 접속하게 된다. 나의 브랜드를 만들고 브랜드에 접속하기 위한 핵심 키워드를 설정한 후에 그 키워드를 통해 사람들이 접속할 수 있게 하는 것이 브랜딩의 시작이라고 생각한다.

▲ 쇼핑몰 강사 검색 결과

기업 제품을 홍보 할 때는 인스타그램과 페이스북을 연동하여 인스타그램에 올린 글이 페이스북으로 자동 등록 되게 한다. 또한 페이스북은 커뮤니티 형태로 등록한 글에 댓글이 있으면 답변을 달며 이웃과 소통을 한다. 인스타그램은 주로 이동 경로에서 만나게 되는 즐거운 이야기, 비주얼 적으로 뛰어난 느낌의 이미지 등을 담으려고 하고, 유튜브의 경우는 고객 응대를 목적으로 Q&A 형태의 자료를 만들어서 업로드 하는 방식으로 설계하고 있다. 이렇게 업로드한 내용을 기반으로 블로그에 포스팅하고 있으며 블로그의 대부분의 자료는 1주일 동안 인스타그램, 페이스북, 유튜브에 등록한 기반으로 작성을 하고 있다. 여러분에게 맞는 중심 채널을 기반으로 콘텐츠를 생성하고, 그 콘텐츠를 기반으로 다른 채널에도 채워나가는 방식이면 바로 시작할 수 있다. 우선 내가 고객에게 이야기하고 싶은 내용을 하나하나 등록하여 기본 데이터를 마련하는 것이 첫 번째로 해야 될 내용이다.

그럼 조금 더 구체적으로 들어가 본다. 아래의 마인드 맵을 보며 자사 제품에 맞는 홍보 채널을 선정해본다. 우선 고객을 세분화하기 위해 인스타그램, 블로그, 카페, 유튜브, 페이스북, 밴드, 카카오 뷰등 SNS의 다양한 채널에 접속해 본다. 그 속에서 잠재고객, 가망고객, 신규 고객을 발굴하기 위한 아이디어를 얻고 대표 채널을 하나 선정하여 꾸준히 모니터링 한다. 그 다음 고객을 이해하기 위한 질문을 나에게 한다. 내가 등록한 제품의 가격은 마음에 들어 할까? 등록한 제품을 보며 구매 결정을 빨리할까? 구매 연령은 어떻게 될까? 나의 제품을 사용하고 어떤 변화가 있을까? 나의 제품을 고객의 입장에서 보며 셀링포인트가 있는지 확인한다. 이 과정에서 구매 매력도가 떨어진다면 상세페이지 개선, 후기 분석, 이벤트 기획 등을 하며 셀링 포인트를 만들어 간다.

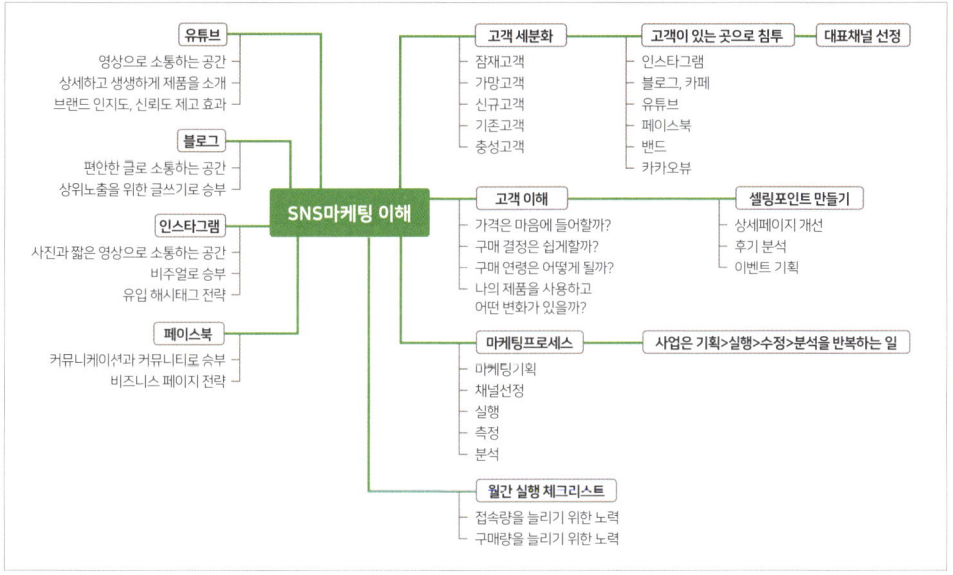

▲ SNS 마케팅 이해 마인드 맵

그리고 sns 마케팅 채널 세팅에 들어간다. 같은 내용을 채널 별로 올리는 것이 아니라 채널의 특징에 맞게 재가공해야 한다. 유튜브의 경우는 영상으로 소통하는 공간으로 상세하고 생생하게 제품을 소개하며 브랜드 인지도 및 신뢰도 제고 효과가 있다. 블로그는 편안하게 글로 소통하는 공간이다. 상위 노출을 위한 글쓰기가 핵심 이기 때문에 키워드 추출부터 상위 노출을 위한 네이버 로직의 이해가 필요하다. 인스타그램은 사진과 짧은 영상으로 소통하는 공간으로 비주얼로 승부하고 유입 해시태그 전략이 필요하다. 마지막으로 페이스북은 커뮤니케이션 능력이 필요한 공간으로 대화를 하며 친구를 늘려간다. 비즈니스 페이지를 활성화하는 것이 핵심이다. 월간 운영 계획을 갖고 체크리스트에 체크하며 나의 제품을 홍보하기 위한 채널 운영 패턴을 만들어 간다.

실행일 채널	1일	2일	3일	4일	5일	6일	7일	8일	9일	10일	11일	12일	13일	14일	15일	16일	17일	18일	19일	20일	21일	22일	23일	24일	25일	26일	27일	28일	29일	30일	31일
블로그																															
인스타그램																															
페이스북																															
카카오뷰																															
밴드																															
유튜브																															
카페																															
지식인																															
유료광고																															
지인찬스																															
기타																															

▲ 월간 채널 운영 체크리스트

02
페이스북, 인스타그램 광고

페이스북과 인스타그램에서 광고를 진행하려면 우선 페이스북에 페이지가 개설되어 있어야 한다. 페이스북 페이지를 인스타그램과 연동하면 기본 준비는 완료된다. 페이스북 페이지를 개설하기 위해 페이스북에 접속하고 만들기 메뉴에서 [페이지] 메뉴를 클릭한 후에 페이지를 생성한다.

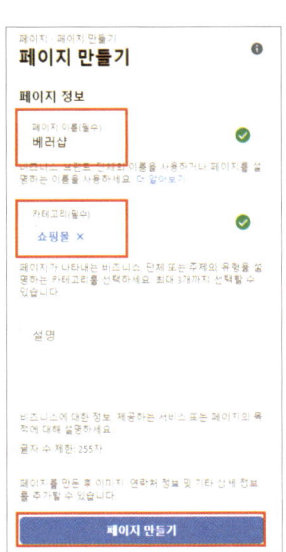

페이지 만들기 버튼을 누르면 페이지가 생성되는 것을 볼 수 있다. 페이지 프로필과 커버 디자인을 등록하면 완료된다. 다음은 페이스북 샵을 설정하는 법을 알아보자. 페이스북 페이지에서 [더 보기]를 누른 후 [탭 수정]을 선택한다.

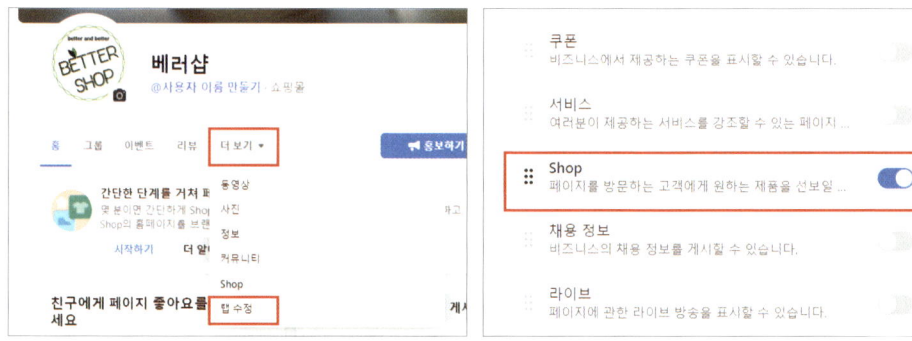

여러 가지 탭들이 나오는데 그 중 하단의 [shop]을 활성화 시킨다.

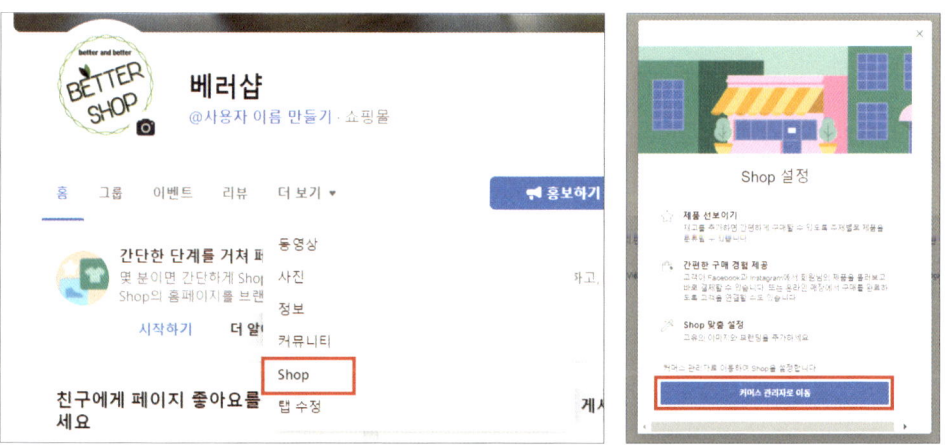

shop을 누르면 샵을 설정할 수 있는데, 샵을 처음 설정하는 것이라면 우선 [커머스 관리자로 이동]한다.

페이스북 샵을 설정하는 화면이다. 페이스북 샵은 인스타그램과 연동하여 인스타그램의 샵 기능도 사용 할 수 있다.

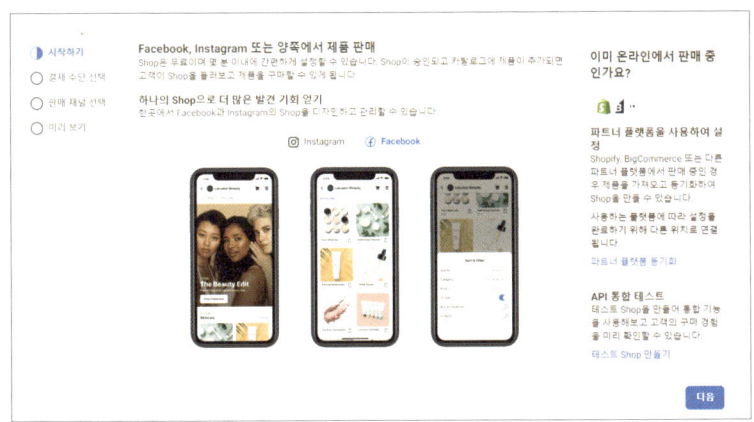

다음은 결제 수단 선택이다. [다른 웹사이트에서 결제]는 설정해 놓은 쇼핑몰로 이동하여 결제 하는 것을 말한다. 페이스북 또는 인스타그램으로 결제는 페이스북과 인스타그램 자체 샵에서 결제가 되는 것을 말한다. 메시지를 통해 개인적으로 결제하는 방법도 있지만 이는 추천하지 않는다. 보통은 다른 웹사이트에서 결제를 많이 사용하지만 본인이 생각했을 때 가장 편한 방법으로 설정하면 된다.

온라인 마케팅하는 방법 **253**

다음은 판매채널을 설정한다. 페이지가 만들어져 있다면 현재 페이지를 선택 후 [다음]으로 넘어간다. 만약 위에서 페이지를 만들지 않았다면 새 페이지 만들기를 선택해 페이지를 개설한다.

다음으로는 비즈니스 계정 연결이다. 비즈니스 계정이란, 샵을 관리하고 인사이트를 확인 할 수 있는 계정이며 본인의 쇼핑몰을 관리할 수 있는 메일주소를 입력하는 것이 좋다. 개인 이메일을 적어도 되지만 쇼핑몰을 관리할 쇼핑몰 전용 이메일을 만들어 두는 것이 앞으로 운영에 있어서 도움이 된다.

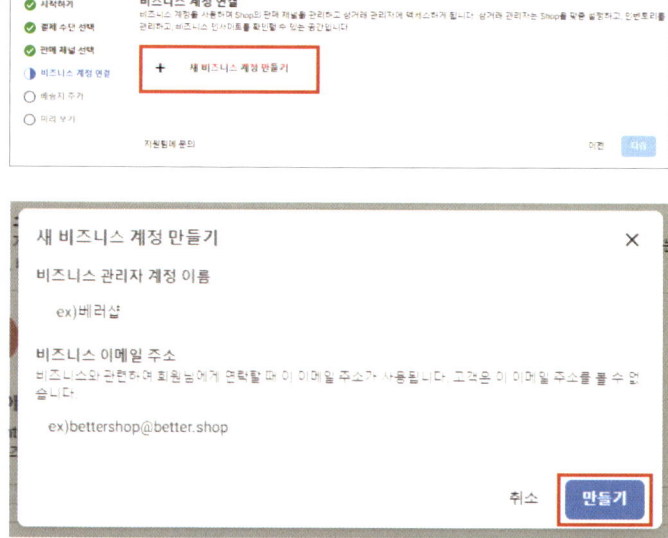

배송지 선택은 사용자가 어느 지역으로 배송할지를 선택한다. 해외로 배송할 예정이 아니라면 [대한민국]을 선택하면 된다.

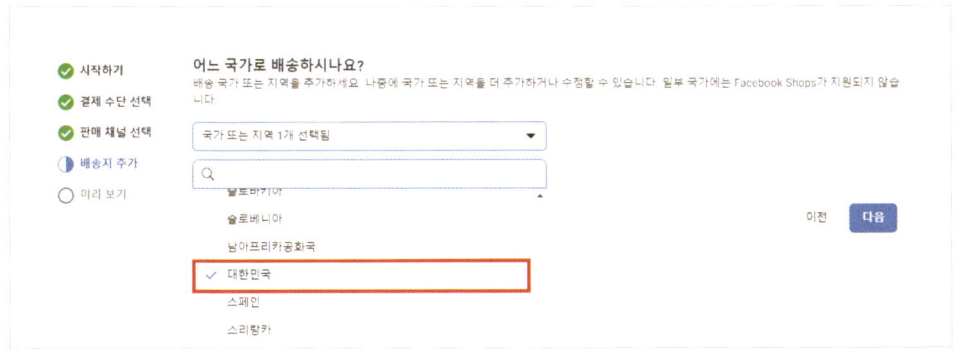

마지막으로 위에서 입력한 정보를 확인 하고 그 내용에 동의한 후 [설정완료]한다. 완료 후 바로 샵이 열리는 것은 아니다. 페이스북의 심사를 거쳐야만 타인에게 샵이 보인다.

완료된 페이지에 인스타그램을 연동하기 위해 인스타그램으로 접속하여 관리 메뉴로 이동한다. 인스타그램과 페이스북의 연동은 인스타그램 내에서 이루어진다. 인스타그램의 프로필로 들어가서 프로필 편집을 누른다. 프로필 편집 화면에서 페이지를 눌러 연결히면 된다. 기존에 페이지를 만들어 뒀다면 기존 페이시 연결을 하고, 새로 생성해야 한다면 [페이지 만들기]를 선택하면 된다.

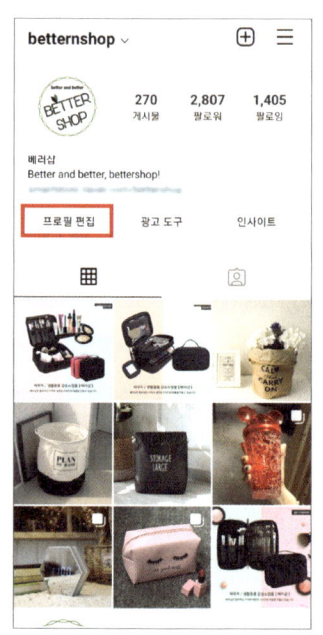 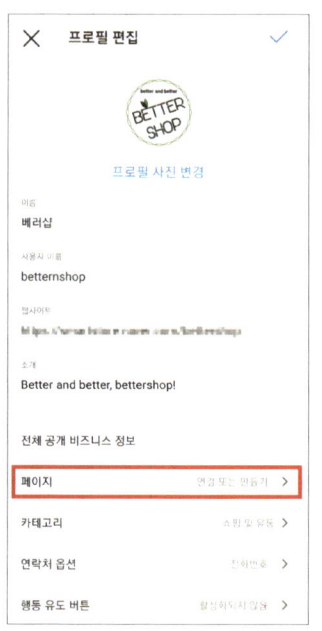 

카테고리 선택하는 화면에서 쇼핑몰 및 유통을 선택한 후에 [비즈니스]를 선택하고 [Facebook에 로그인]하기를 누른다.

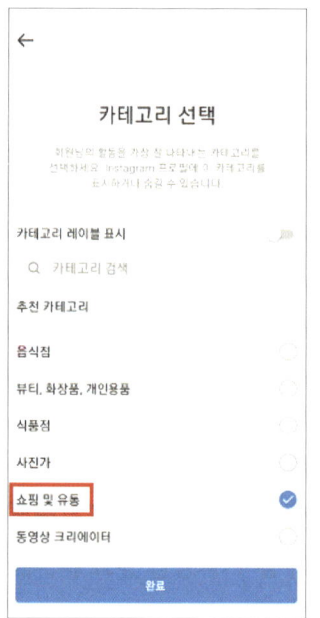  

인스타그램에서 게시물을 홍보하는 방법은 두 가지가 있다. 첫 번째는 피드 내의 게시물 홍보하기를 이용하는 방법이다. 홍보하고 싶은 피드 이미지 밑의 게시물 홍보하기를 누른다. 만약 처음 홍보하기를 진행한다면 페이스북과 연동이 필요하다.

페이스북 계정에 결제수단과 정보가 저장되어 있다면 인스타그램에서 따로 결제수단을 설정하지 않아도 자동으로 페이스북과 연동 되어 있는 결제수단으로 결제가 진행된다. 홍보하기를 누르고 목표를 선택한다. 목표에는 세 가지 방법이 있다.

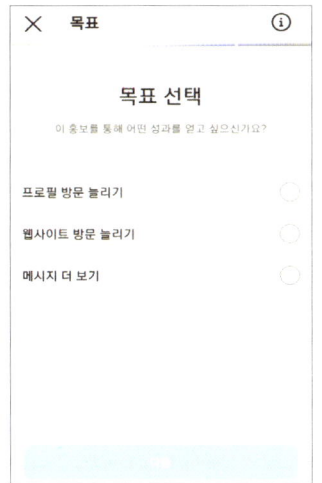

첫 번째로 프로필 방문 늘리기가 있다. 프로필 방문은 말 그대로 본인의 인스타그램 계정으로 유입을 시키고 싶을 때 사용한다. 두 번째는 웹사이트 방문 늘리기로 쇼핑몰을 운영하는 사람이라면 가장 많이 사용하게 될 목표이다. 웹사이트 방문 늘리기를 선택하면 URL을 적을 수 있는 화면이 나오는데, 이 때 URL은 쇼핑몰 주소나 쇼핑몰에 올려둔 상품의 URL주소로 설정하면 된다. 행동 유도 버튼은 고객이 어떤 형식으로 쇼핑몰에 접근할 것인지를 선택하게 된다. 더 알아보기를 통해 쇼핑몰로 유입시킬 수 있고 지금 구매하기를 통해 쇼핑몰의 상품페이지로 바로 유입시킬 수도 있다.

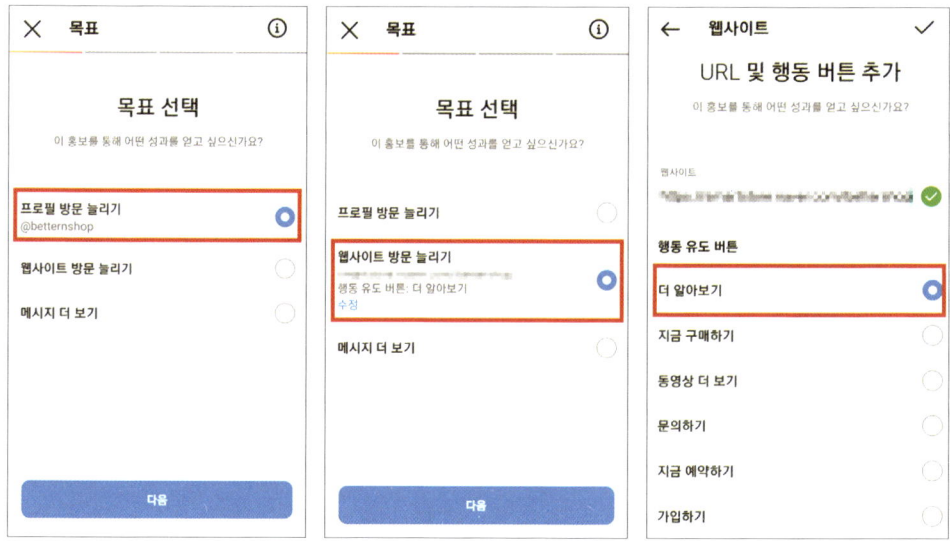

마지막으로 메시지 더 보기는 인스타그램의 DM을 활용하는 목표로서 고객과 바로 소통할 수 있는 형식이다.

다음은 타겟 설정이다. 자동으로 설정하면 인스타그램 시스템이 자동으로 타겟팅을 설정해준다. 직접 만들기는 본인이 직접 타겟팅을 설정 할 수 있다. 타겟 이름은 설정 이름으로 생각하면 된다. 자신의 쇼핑몰과 관련된 타게팅을 생성해 두면 다음부터는 따로 설정하지 않아도 저장된 타겟팅을 계속 사용할 수 있다. 타겟팅 설정은 위치부터 관심사, 연령과 성별까지 선택할 수 있다. 예를 들어 20~30대 여성의류 스마트스토어를 운영 중이라면 관심사는 쇼핑, 연령은 20~30, 성별은 여성으로 설정하면 되겠다.

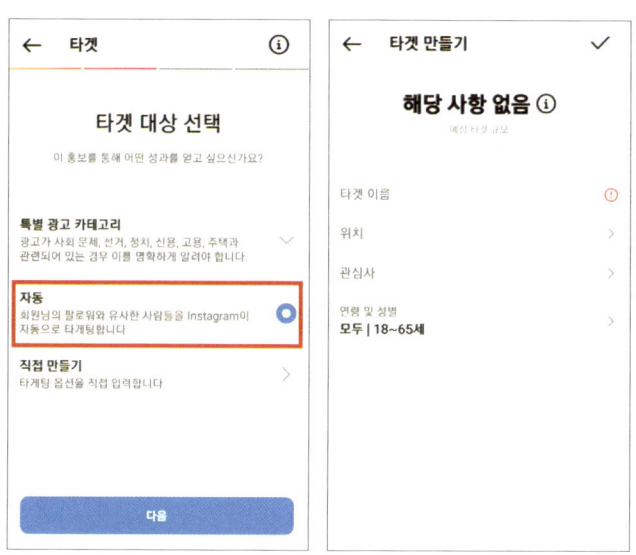

예산 및 기간에서는 하루에 얼마의 광고비를 사용할 것인지와 광고를 며칠간 노출할 것인지를 선택한다. 예산을 5,000원으로 설정하고 기간을 6일로 설정하면 6일간 5,000원을 사용하는 것이 아닌 하루에 5,000원씩 6일, 총 30,000원을 사용하게 되는 것이니 설정에 착오가 없도록 하자. 마지막으로 광고 진행사항을 검토하고 홍보를 누르면 광고에 사용하면 안 되는 사항을 안내해 준다. 관련사항이 없다면 동의를 누르면 완료된다.

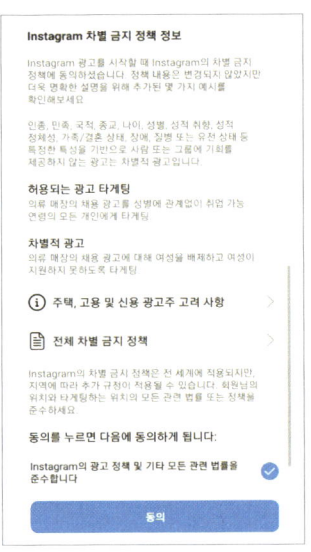

홍보를 검토한다는 화면이 뜨면 성공이다. 홍보 검토는 보통 한두 시간 내에 이뤄지지만 홍보 설정과 피드, 때에 따라 하루 이상 소요될 수도 있다.

또 다른 방법으로는 인스타그램 프로필에 나와 있는 광고 도구를 통해 홍보하는 방법이다. 광고 도구에서는 인기 게시물을 자동으로 보여줄 뿐만 아니라 현재 진행 중인 홍보물도 확인할 수 있다.

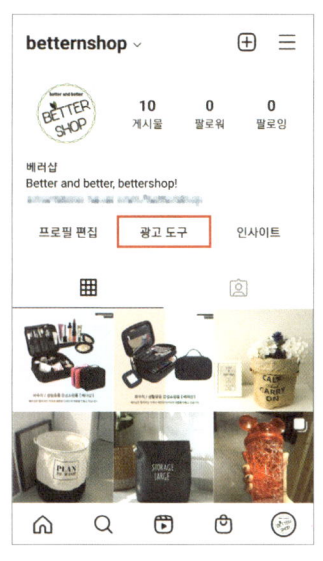  

홍보를 시작한 피드를 보면 현재 진행 사항이 간략히 표시된다. 굳이 프로필을 통해 광고 도구로 들어가지 않아도 피드 내에서 인사이트 보기를 누르면 광고 진행 현황 확인이 가능하다.

인사이트에서는 홍보에 대한 반응과 몇 명에게 도달했는지, 홍보한 시간은 얼마가 지났는지, 지출은 얼마를 사용했는지에 대한 내용까지 확인이 가능하다.

진행 중인 홍보도 수정할 수 있는데 인사이트의 하단에서 홍보 수정하기를 누르면 된다. 홍보 수정은 홍보 일시 중단을 누른 후 진행할 수 있으며 홍보 삭제 또한 일시중지를 한 후에 가능하다.

03
네이버 검색 광고

사이트 검색광고는 일반적으로 알고 있는 파워링크, 쇼핑광고 영역에 해당한다. 파워링크는 네이버에서 검색했을 때 통합검색 탭 가장 상단에 뜨는 영역으로 10개까지 노출이 된다. 네이버쇼핑은 8개의 상품이 메인 화면에 노출 된다.

▲ 파워링크 영역

▲ 네이버 쇼핑 영역

컨텐츠 검색광고

컨텐츠 검색광고는 블로그, 포스트, 카페 등에 광고를 집행하는 상품을 말한다. 파워 컨텐츠 광고가 노출되기 위해서는 썸네일 이미지, 컨텐츠 설명, 컨텐츠가 등록된 랜딩 페이지가 준비되어 있어야 한다. 네이버에서 여행을 검색했을 때 파워링크 아래쪽에 파워컨텐츠 영역이 노출되는 것을 볼 수 있다.

브랜드 검색

브랜드검색은 사용자가 브랜드를 검색하거나 브랜드와 관련성이 높은 키워드로 검색 할 경우, 해당 브랜드를 노출해주는 광고다. 이미지, 텍스트, 동영상 등과 함께 최신 브랜드 콘텐츠를 한곳에 모아 노출함으로써 잠재고객을 대상으로 진행하면 효과적인 광고다.

▲ 이미지형 브랜드 검색 광고

▲ 동영상형 브랜드 검색 광고

·· 플레이스 유형광고

네이버 스마트플레이스에 등록한 업체 정보를 바탕으로 광고를 생성한다. 네이버 콘텐츠 서비스를 이용하는 내 지역 사용자에게 노출하는 배너 광고로, 오프라인 가게를 운영하는 지역 소상공인이 쉽게 집행할 수 있는 광고 상품이다.

▲ 네이버 스마트플레이스

·· 광고 시스템에 가입하기

광고를 등록하기 위해서는 검색광고 가입 페이지에서 약관 동의 및 간단한 가입절차를 진행해야 한다. 광고주 가입을 완료한 후에 광고시스템에서 바로 광고를 등록할 수 있으며 등록 후에 비즈머니를 충전해야 실제 광고를 실행할 수 있다. 광고 등록을 완료하면 네이버 광고 검색 기준에 따른 광고 검토가 진행이 되고 검토 완료 후 광고 노출이 시작된다.

1 네이버 검색광고를 진행하기 위해 인터넷 주소에 https://searchad.naver.com를 입력하고 접속하면 네이버 검색광고 페이지가 나온다. 광고주로 가입이 되어 있어야 사용을 할 수 있으므로 우선 가입을 해야 한다. 가입을 하기 위해 페이지에서 [신규가입] 버튼을 클릭한다.

2 네이버 검색광고 회원가입 페이지에서 검색광고 신규 회원가입 버튼을 클릭하거나, 네이버 아이디로 신규 회원 가입을 클릭하여 진행할 수 있다. 검색광고 신규 회원가입은 사업자 등록증이 있어야 가능하며, 네이버 아이디로 신규 회원 가입은 네이버 아이디가 있으면 누구나 가입할 수 있다. [네이버 아이디로 신규 회원 가입]버튼을 클릭한다.

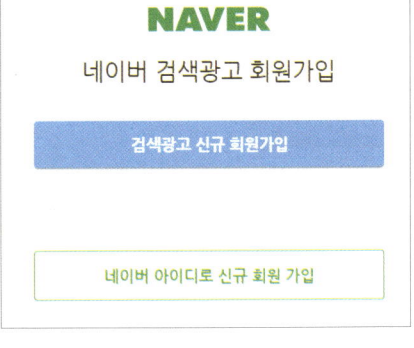

3 네이버 아이디로 신규 회원 가입 시 주의사항 안내 페이지의 내용을 읽어본 후에 [확인]버튼을 클릭하여 가입을 진행한다.

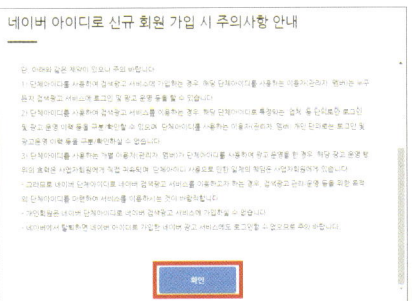

4 네이버 아이디와 비밀번호를 입력한 후에 [로그인]버튼을 클릭하면 네이버 광고 시스템에 가입이 완료된다.

5 광고 시스템에 가입이 완료된 것을 볼 수 있다.

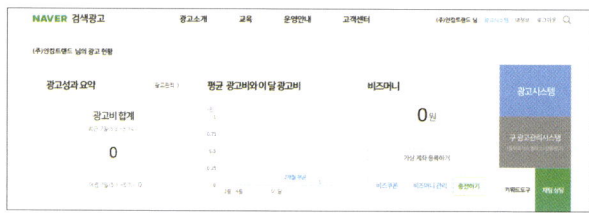

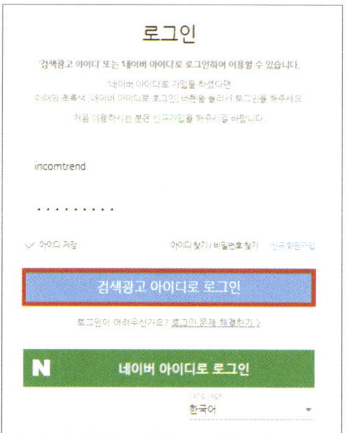

6 파워링크 광고 만들기

광고를 만들기 위해서는 광고 시스템에 접속한 후에 광고 만들기 메뉴를 클릭한다. 캠페인을 만든 후에 광고 그룹을 만들고, 최종 키워드와 소재를 만들면 광고 만들기는 완료된다.

캠페인 유형을 선택하는 단계이다. 캠페인에는 파워링크 유형, 쇼핑검색 유형, 파워컨텐츠 유형, 브랜드 검색 유형, 플레이스 유형으로 총 5가지로 구분되어 있다. 이 중에서 [파워링크 유형]을 선택한다.

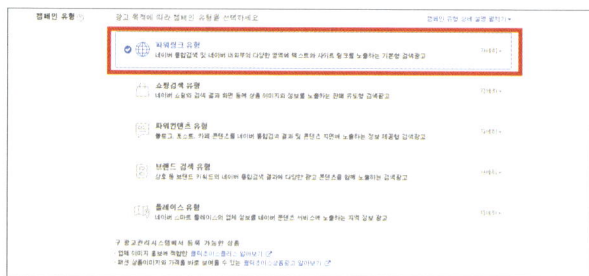

캠페인 이름을 입력한다. 캠페인 이름은 광고에 노출되지 않고 광고를 관리하는 목적으로 사용된다. 하루 예산은 하루 동안 광고가 진행될 때 지불할 수 있는 금액을 입력하거나 제한 없음을 선택할 수 있다. 제한 없음을 선택한 경우 비즈머니가 충전되어 있는 한도 내에서 모두 사용된다.

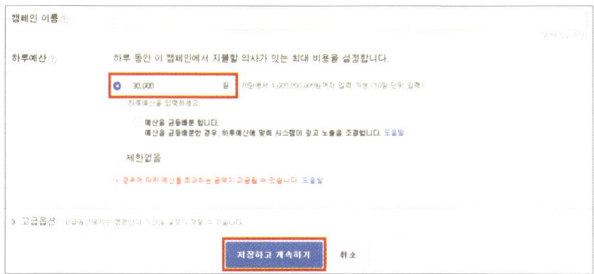

광고 만들기 2단계로 넘어온 것을 볼 수 있다. 광고를 진행할 URL을 입력할 단계로, 진행하고자 하는 주소를 입력하고 [URL사용]버튼을 클릭한다. 기본 입찰가는 최소 70원부터 최대 100,000원까지 입력이 가능하다.

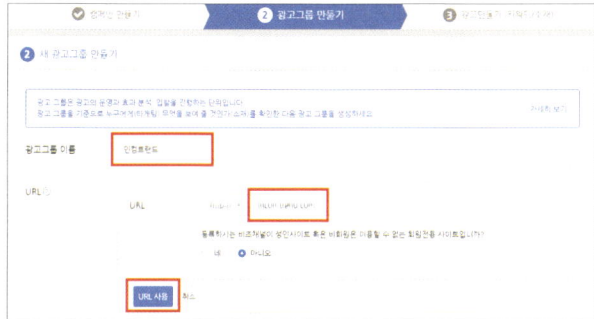

> **note**
>
> 해당 광고 그룹에 속한 키워드의 입찰가를 모두 동일하게 설정한다. 예를 들어 기본 입찰가를 100원으로 설정했다면, 동일한 광고 그룹에 속한 키워드의 입찰가는 모두 100원으로 정해진다.

지금 만들고 있는 광고그룹의 하루 예산을 책정하는 내용이다. 하루 예산을 설정하여 운영하기를 원할 경우는 원하는 예산을 입력하고, 제한 없음을 선택하면 비즈머니가 있는 한도 내에서 광고가 집행된다. 저장하고 계속하기 버튼을 클릭한다.

광고 만들기의 마지막 단계인 키워드를 추가하는 화면이다. 키워드는 대표키워드와 세부키워드로 구분된다. 검색량이 많은 것이 대표키워드가 되지만 경쟁이 치열하여 구매전환을 만들기는 쉽지 않기 때문에 세부 키워드를 개발하여 운영하기를 권장한다.

소재 만들기 화면에서 제목과 설명을 입력하면 광고 만들기 기본 단계가 완료된다. 오른쪽에 미리보기 화면을 보며 사이트 제목, 설명을 입력해 보자.

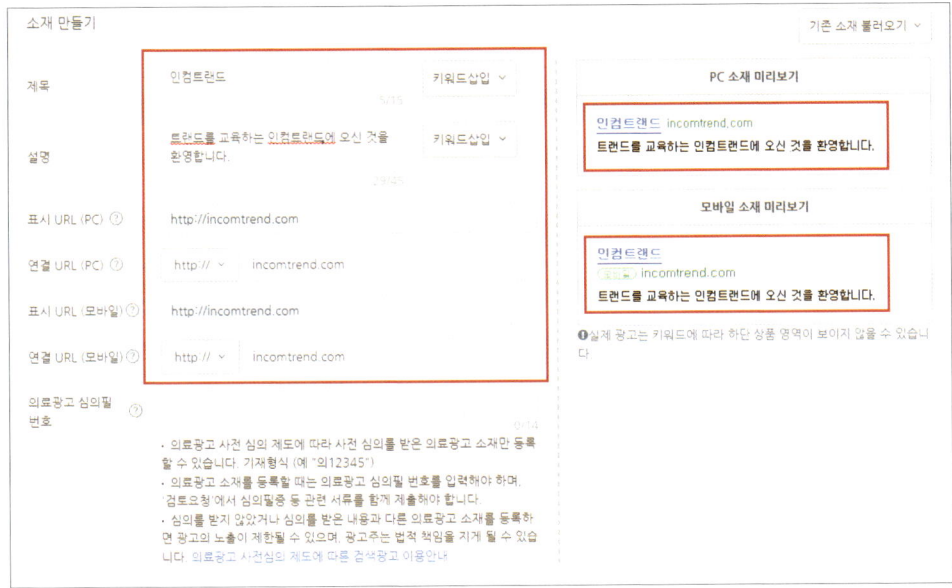

검토 요청 서류가 있는 경우는 네를 선택한 후에 서류를 등록하고, 없는 경우는 아니오를 선택하여 [광고 만들기]를 클릭한다.

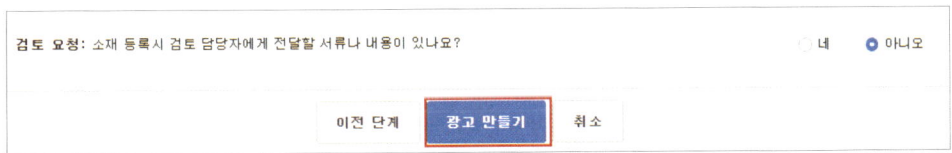

광고 캠페인이 완성된 것을 볼 수 있다. 키워드가 등록된 화면의 상단에 있는 [확장소재]메뉴를 통해 추가제목, 홍보문구, 서브링크, 가격링크, 파워링크 이미지 등을 노출할 수 있는 다양한 기능이 있다.

▲ 확장소재를 활용하여 광고한 모습

04
스마트스토어 상품 쇼핑 광고

네이버 광고 중 스마트스토어 상품 광고에 가장 효율적인 광고 중 쇼핑광고를 뽑을 수 있다. 스마트스토어 관리자 상단을 보면 여러 가지 메뉴들이 있는데 그 중 [검색광고]에 접속한다. 또는 네이버 검색창에 네이버 검색광고라고 검색해도 주소가 나온다. 회원가입을 진행한 후 검색광고로 접속한다.

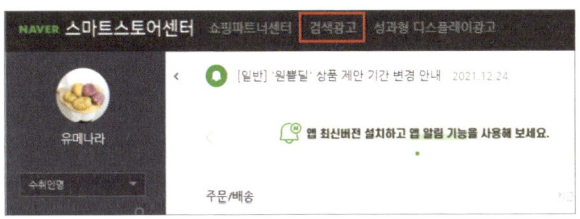

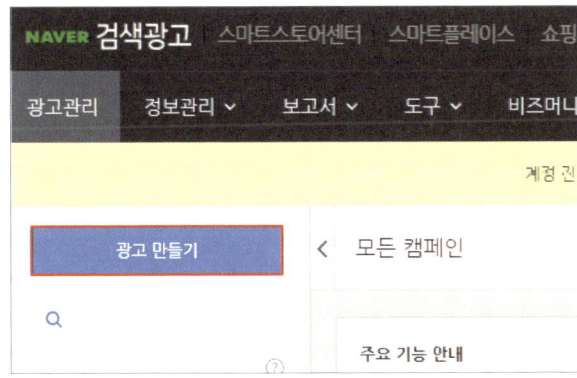

캠페인 유형은 [쇼핑검색 유형]이다. 네이버에서 상품을 검색했을 때 쇼핑화면 등에 상품이 노출되는 것을 말한다. 캠페인 이름은 나중에 변경이 가능하며 검색광고 화면 내에서 관리하는 이름으로써 타인에게 노출되지 않는다. 하루예산은 하루 동안 얼마의 광고비를 지출할 것인지를 결정한다. 제한 없음으로 선택 할 경우 충전되어 있는 비즈머니 내에서 제한 없이 광고비가 사용된다.

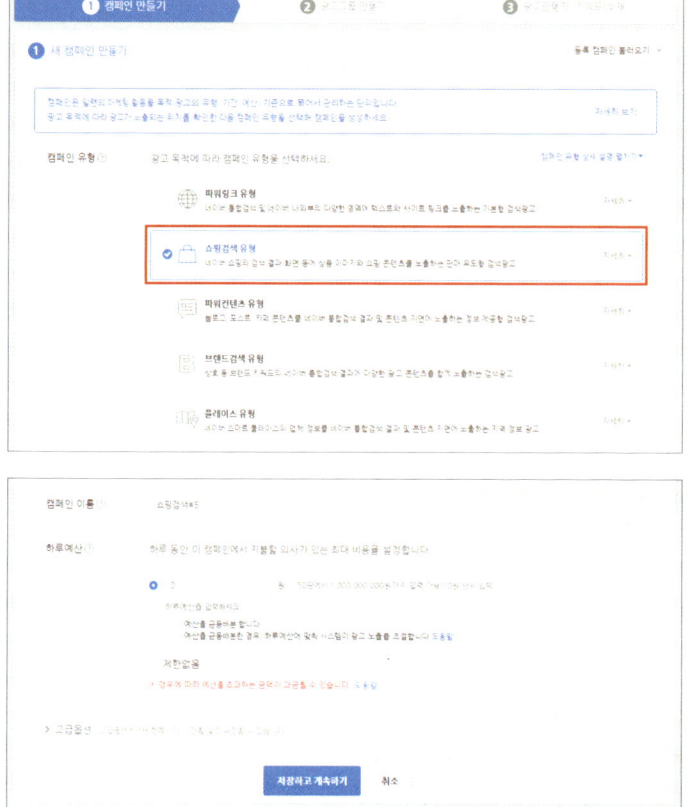

예산 설정 밑에 있는 고급옵션을 누르면 기간을 설정할 수 있다. 시작 일을 지정할 수 있지만 광고가 승인되기까지 영업일 1~2일 정도가 소요되며 광고를 등록한다고 해서 바로 노출이 되는 것은 아니다. 이 또한 나중에 수정이 가능하다.

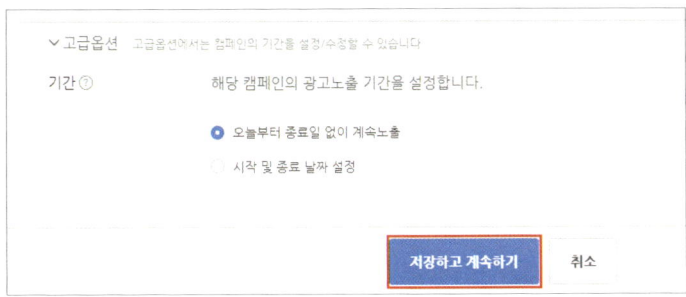

다음은 그룹 유형을 선택해야한다.

그룹 유형은 [쇼핑몰 상품형], [제품 카달로그형], [쇼핑 브랜드형]으로 총 3개로 이루어져있다.

[쇼핑몰 상품형]은 가장 기본적인 쇼핑광고이며 다음과 같은 광고로 노출이 된다.

◀ 네이버 '빨래바구니'
  검색 결과 화면

[제품 카탈로그형]은 제조사 또는 브랜드 별로 상품이 보인다.

▲ 네이버 '빨래바구니' 검색 결과 화면

[쇼핑 브랜드형] 광고는 브랜드명과 제품 라인업이 같이 보인다.

[제품 카탈로그형]과 [쇼핑 브랜드형]은 브랜드가 꼭 필요하지만 첫 번째의 [쇼핑몰 상품형]은 굳이 브랜드 제품이 아니어도 등록이 가능하며 가장 많이 사용하는 광고 유형이다. [쇼핑몰 상품형]을 선택하고 스마트스토어를 인증한다.

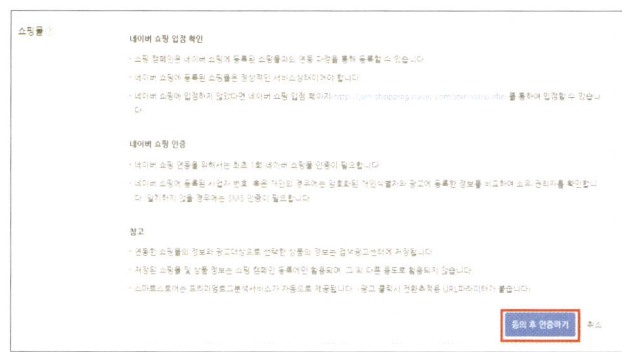

이때, 쇼핑 파트너존ID를 입력하라고 하는데 이 아이디는 네이버나 네이버 쇼핑아이디가 아닌 파트너존의 아이디이므로 주의해야 한다. 파트너 존의 아이디는 스마트스토어센터 화면의 상단 [쇼핑파트너센터] 홈에 있는 아이디로, 팝업창에 나와 있는 링크를 통해서도 접속할 수 있다.

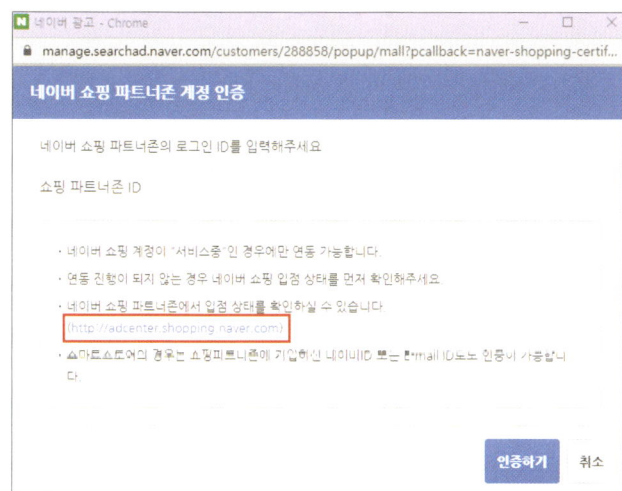

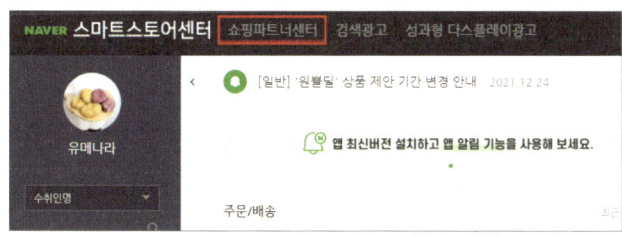

온라인 마케팅하는 방법 **275**

기본 입찰가와 하루 예산을 한번 더 설정해주고 노출할 매체, 요일과 시간, 연령대, 성별 등 세부 사항을 설정한다.

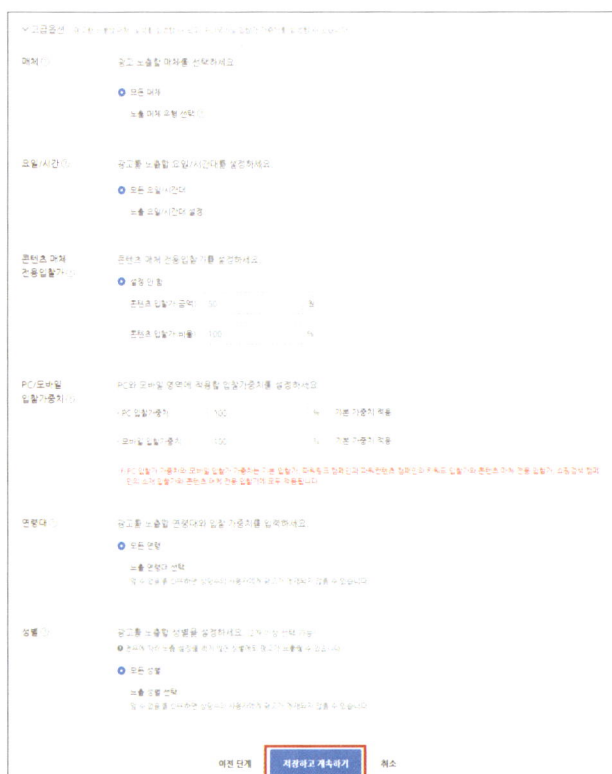

마지막으로 상품을 연결한다. 스마트스토어에 올라와 있는 상품명이나 상품 ID를 검색한다.

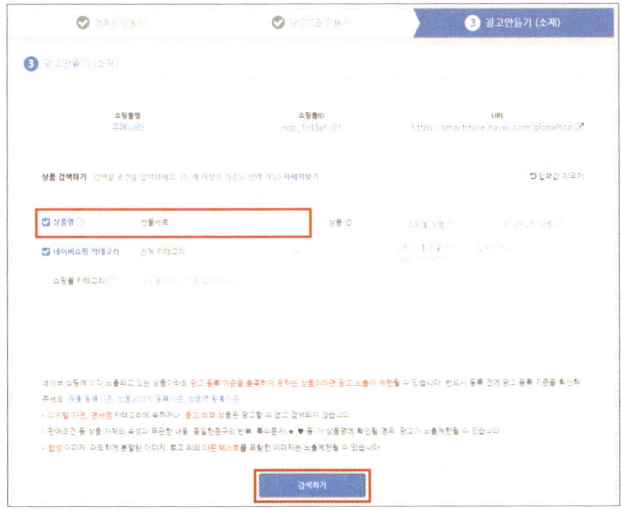

상품이 나오면 추가 버튼을 누른다. 참고로 방금 등록한 상품은 반영이 되기까지의 시간이 걸리기 때문에 약간의 시간차를 두고 검색해야 한다.

빠진 상품이 없는지 꼼꼼하게 확인 후 광고 만들기를 누르면 광고가 생성된다.

광고가 생성되면 왼쪽의 쇼핑검색란에 방금 만든 광고가 올라간다. 광고내로 들어가면 소재 검토 중 이라는 문구가 뜨며 검토는 영업일 기준 1일이 소요된다.

또한 확장소재를 통해 네이버 톡톡 노출과 추가홍보문구를 설정할 수 있다.

05
럭키투데이로 유입 늘리자

네이버 럭키투데이란, 핫딜을 말한다. 기존 할인가보다 더 할인 된 금액으로 판매하는 상품들이며 [네이버]-[네이버 쇼핑]-[핫딜]에 노출 된다.
럭키투데이는 스마트스토어의 유입을 늘리기 위한 마케팅 수단으로써 방문자수를 늘리기위해 꼭 해야 된다고 생각한다.

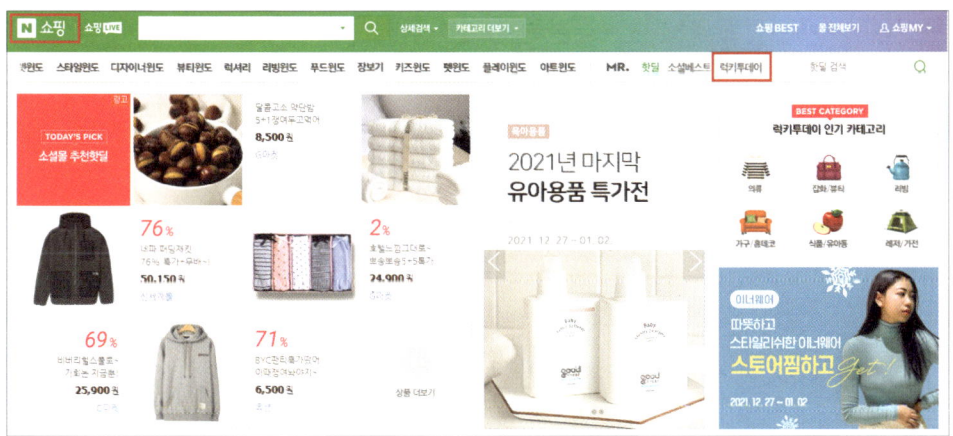

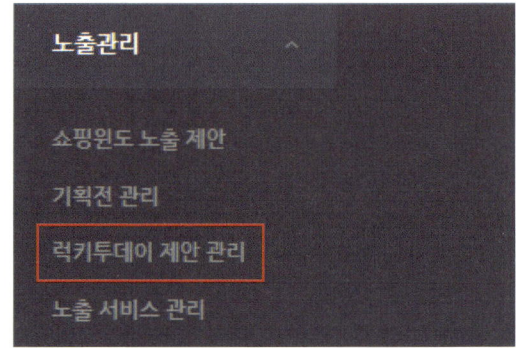

럭키투데이를 등록해보자. 스마트스토어센터의 왼쪽 메뉴 중 [노출관리]-[럭키투데이 제안 관리]로 들어간다.

럭키투데이는 같은 상품에 한해 월 1회 등록이 가능하며 월 반려 이력이 2회 누적되면 30일 동안 제안이 불가능하니 꼼꼼하게 살펴보고 등록해야 한다. 진행 안내문 뿐만 아니라 럭키투데이 가이드를 읽어보는 것도 중요하다.

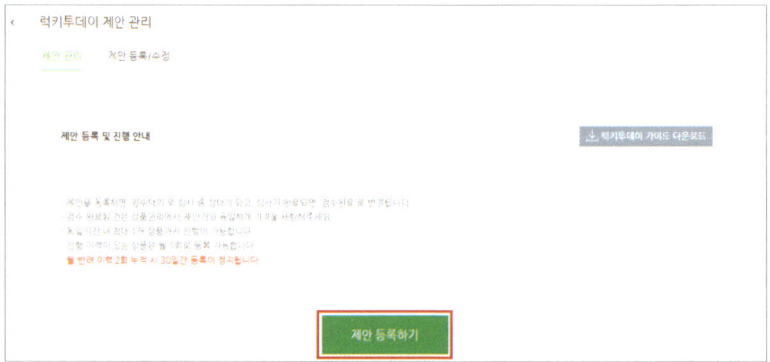

[럭키투데이 제안 관리]에서 [제안 등록하기]를 누르면 아래와 같은 화면이 나타난다. 이 중 스마트스토어 상품찾기를 통해 상품을 선택한다. 만약 쇼핑 윈도에 입점 되어 있는 상품이라면 윈도 상품찾기를 통해서도 상품 선택이 가능하다.

상품을 선택한 후 상품등록을 누르면 자동으로 상품명, 판매가가 표시 된다. 럭키투데이 제안의 상품등록은 하나만 선택이 가능하며 동일기간 내에는 1개 상품만 진행이 가능하다.

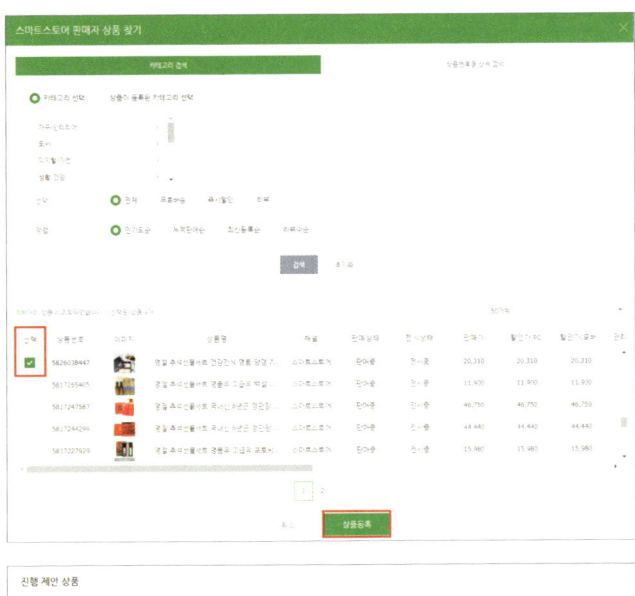

온라인 마케팅하는 방법 **281**

진행 제안 내용을 보면 노출영역, 제안가, 이미지, 상품명, 기간을 설정 할 수 있다. 제안가는 현재 상품가보다 무조건 낮게 설정해야 한다. 여기서 가장 중요한 부분은 이미지이다. 퀄리티가 너무 낮아도 안 되고 상품의 이미지가 잘려서도 안 되며 로고는 브랜드의 로고만 우측 상단에 노출이 가능하다. 생각보다 많은 제한이 있고 대부분의 반려사유가 이미지 조건 미충족이므로 등록 가이드를 다운로드 받아 꼼꼼하게 읽어봐야 한다.

이미지의 사이즈는 PC버전 244px×244px이며 용량은 100kb이하로 JPG와 PNG파일 형식만 가능하다. 모바일은 640px×350px이며 용량 130kb이하, 파일형식은 PC버전과 동일하다.

상품명은 현재 상품명과 다르게 지정할 수 있으나 20자 이하로만 등록이 가능하다. 진행기간은 최대 7일까지 설정이 가능하며 시작일시는 예상 검수기간 이후로의 날짜부터 지정할 수 있다.

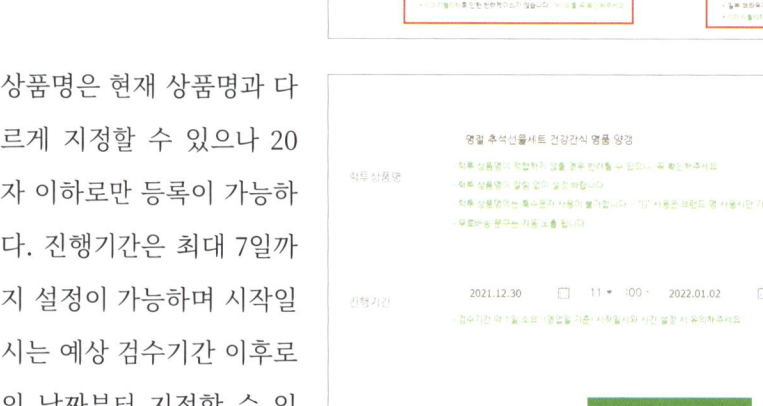

저장을 누르면 검수대기 상태로 변한다. 검수가 완료되면 검수완료로 변경되며 반려 시에는 반려 사유가 나온다. 이 때 중요한 점은 검수가 완료된 건은 꼭 상품가격을 변경해 주어야 한다는 점이다. 검수가 완료되면 [상품관리]에서 해당 상품의 금액을 럭키투데이에 설정한 할인가와 동일하게 세팅 해야 한다. 만약 시작일 전까지 가격이 세팅되지 않으면 럭키투데이 제안이 취소되니 꼭 상품금액을 수정하자. 럭키투데이가 시작되면 빨간색 글씨가 파란색으로 변하며 럭키투데이에 노출 된다.

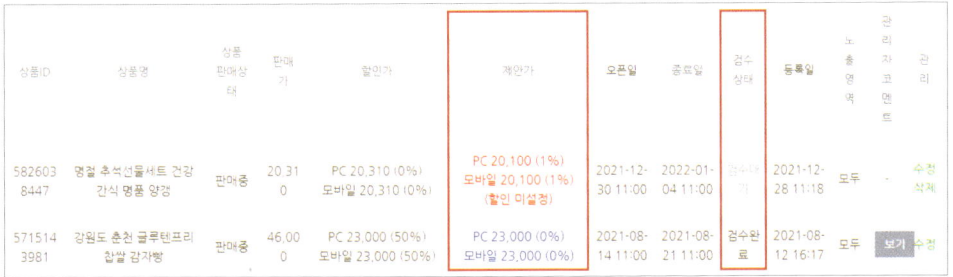

원쁠딜

원쁠딜은 말 그대로 1+1만 모아서 보여주는 딜로 모든 상품 구성이 1+1이여야만 판매가 가능하다. 같은 상품으로 1+1을 해야 하는 것은 아니며 상품+상품간의 조합도 가능하다. 또한 배송비는 무료로 설정해야 한다. 결론은 1+1에 무료배송상품만을 모아둔 딜이라는 뜻이다.

처음 원쁠딜을 접속하면 원쁠딜에 대한 소개화면이 뜬다. 소개화면 하단의 원쁠딜 시작하기를 통해 시작할 수 있으며 모든 안내사항은 꼼꼼히 읽어보는 것이 좋다.

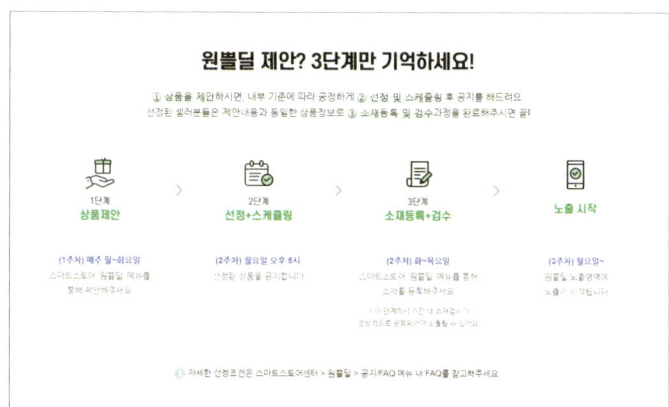

원쁠딜을 사용하기 위해서는 먼저 노출 서비스 관리에서 원쁠딜을 활성화 해줘야 한다.

연동을 하고 재접속을 하면 아래와 같이 제안 메뉴가 보인다. 제안이 선정되면 바로 노출이 되는 것은 아니며 2주 뒤에 노출이 된다. 또한 노출기간은 단 3일이다.

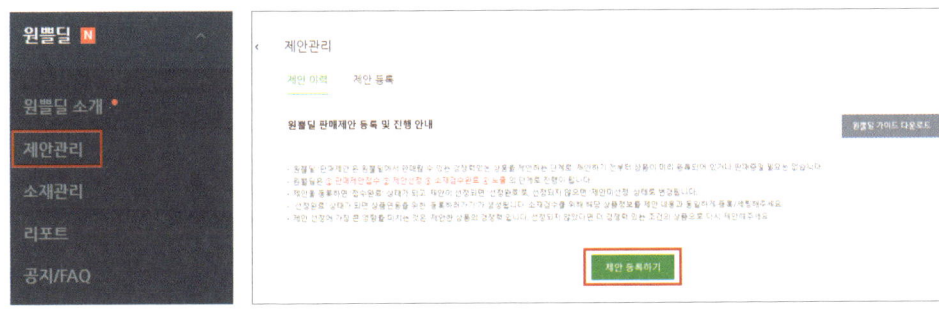

원쁠딜 제안서를 작성하게 되면 신규인지 앵콜인지부터 선택하게 된다. 처음 등록하는 상품구성이라면 신규등록을 선택하면 된다. 상품명을 설정하고 카테고리, 판매가, 할인가 등을 설정한다.

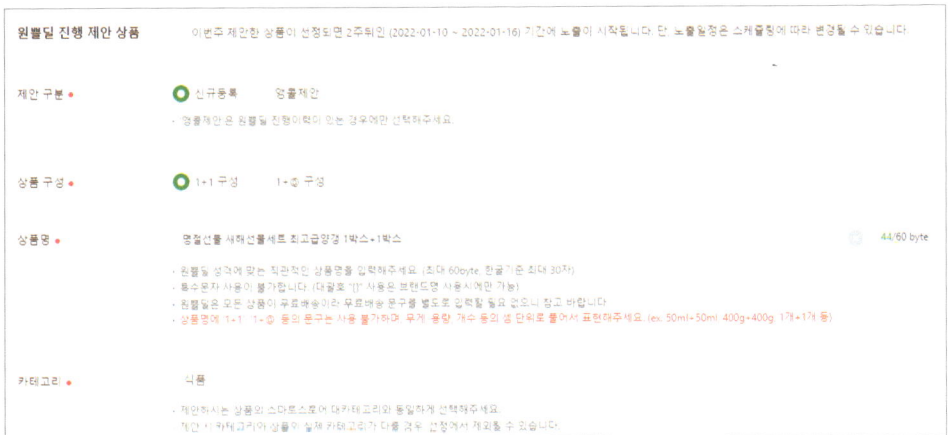

럭키투데이와 같이 가장 까다로운 부분은 이미지 등록이다. 등록가이드를 꼭 확인하여 선정에서 제외되지 않게 주의해야 한다. 만약 잘 모르겠다면 흰색 배경에 상품의 누끼만 올리는 것도 하나의 방법이 될 수 있다.

내용을 입력한 후 미리보기를 통해 내 딜이 진행될 때의 이미지를 볼 수 있다. 여기서 꼭 확인할 점은 이미지와 상품명, 원쁠딜가이다. 접수가 되고 나면 수정이 어려우니 꼭 확인하여 틀린 곳이 없도록 하자. 마지막으로 저장을 누르면 제안서 작성이 끝이 난다.

 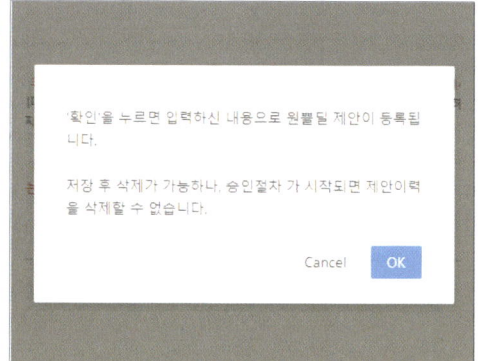

다시 제안 이력을 보면 방금 등록한 제안서가 등록되어 있는 것이 보인다. 제안은 접수-선정-검수-노출의 단계로 진행된다. 검토대기 상태에서는 제안 삭제가 가능하지만 접수가 완료되면 삭제를 할 수 없으니 주의하자. 선정이 완료되면 상품 연동을 위해 등록하러가기 버튼이 생성되며 해당 상품의 정보를 제안 내용과 동일하게 세팅하면 된다.

06
카카오 광고와 채널 개설 방법

카카오 비즈니스 페이지에 접속하면 광고주에 맞게 세팅해서 진행할 수 있는 광고 상품이 많이 있다. 요즘 많이 등장하고 있는 채팅탭 상단에 노출되는 카카오톡 비즈보드 광고, 카카오톡 채널에 마케팅 메시지를 전달하는 메시지형 광고, 키워드 광고, 쇼핑광고, 브랜드검색광고 등 인터넷 주소 https://business.kakao.com에 접속하여 광고 상품에 대한 내용을 자세히 볼 수 있다.

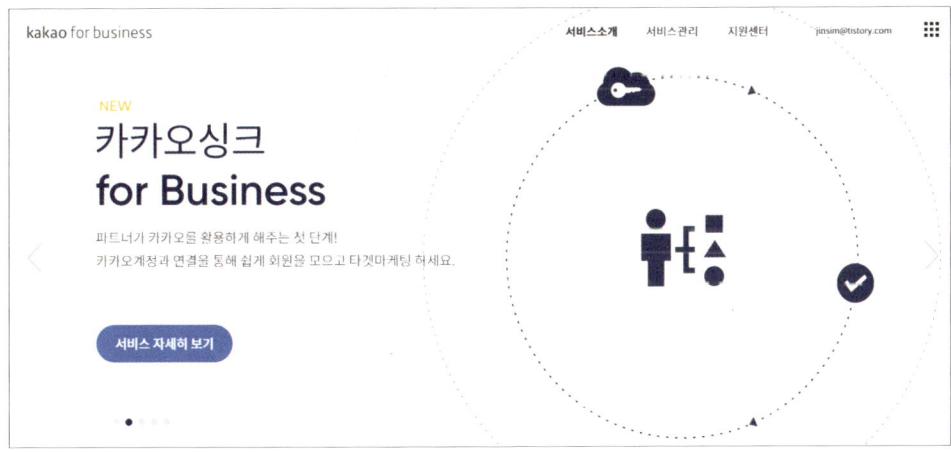

카카오톡 비즈보드 광고

카카오톡 비즈보드는 카카오톡 채팅리스트 상단에 노출되며 메가트래픽을 활용하여 최적의 광고 효율을 낼 수 있는 상품이다. 특히 다양한 랜딩 페이지를 선택할 수 있어서 효율을 극대화 할 수 있다.

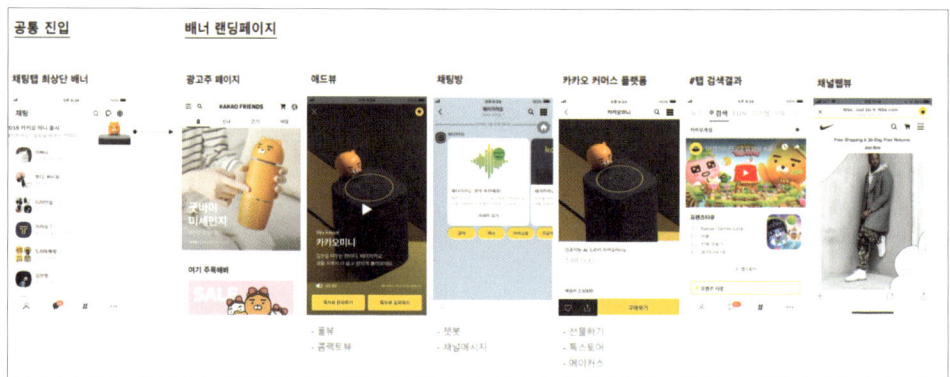

카카오톡 비즈보드 비딩형 광고는 모먼트를 통한 등록부터 맞춤 타겟팅, 보고서 확인까지 직접 운영할 수 있어 효율 관리에 용이하다. 픽셀&SDK 설치를 필수 대상으로 하고 있으며, 전환 최적화 기능을 지원한다.

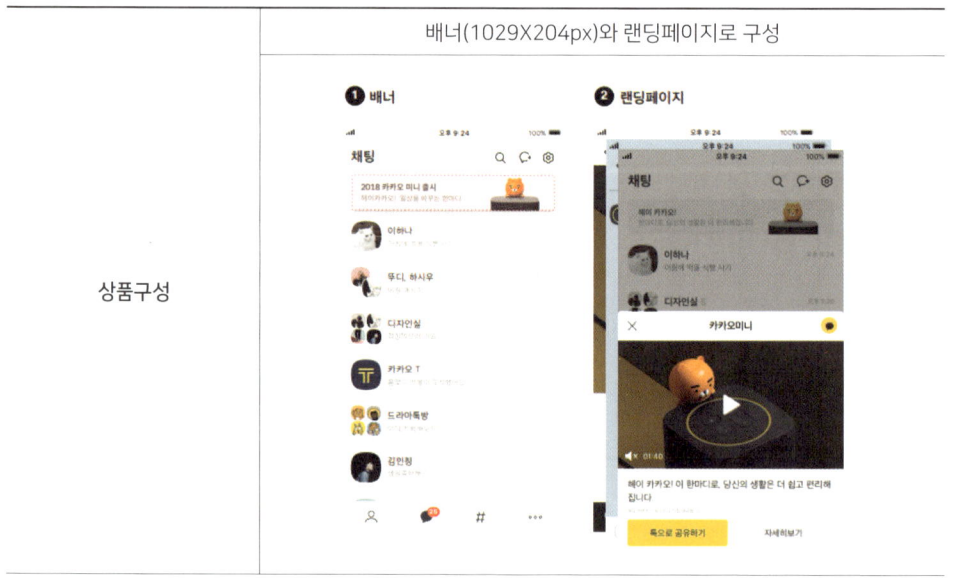

선택가능한 랜딩페이지	광고주 페이지
	애드뷰-풀뷰, 콤팩트뷰
	채팅방-챗봇
	채팅방-톡채널 메시지
	톡비즈니스폼
	카카오 커머스 플랫폼-톡스토어, 선물하기, 메이커스
	#탭 검색결과
최소 입찰 가이드	CPC 200원/ CPM 4,000원
집행 및 운영 플랫폼	카카오 모먼트
광고 리포트	모먼트 리포트 제공

> **note**
>
> **카카오 커머스 플랫폼**
>
> 톡스토어, 선물하기, 메이커스에 입점 했다면 채팅리스트 광고로부터 상품 상세페이지로 연결하여 즉시 구매로 유도할 수 있다. 신상품을 홍보하고 즉시 구매로 연결할 수 있는 효과적인 랜딩페이지이다.
>
>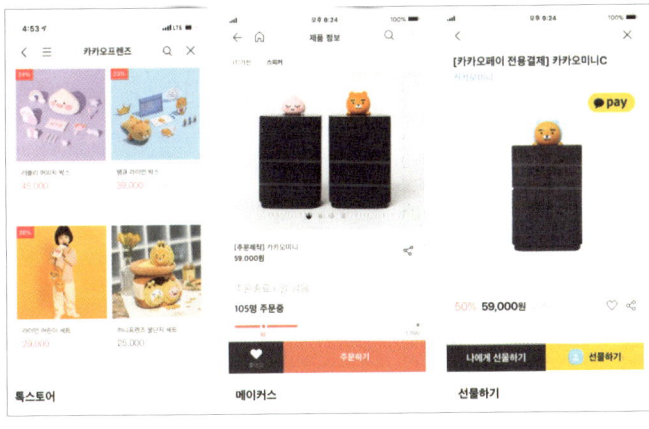
>
> ◀ 카카오 커머스 플랫폼

> **note**

톡비즈니스폼

응모, 설문 또는 사전예약 등 사용자의 참여를 필요로 하는 이벤트의 경우 톡비즈니스폼을 통해 사용자 응답을 이끌 수 있다. 별도의 플로그인 설치나 개발 없이 카카오 비즈니스 -> 카카오톡 비즈니스폼 메뉴에서 다양한 항목으로 구성된 톡비즈니스폼을 구성할 수 있다.

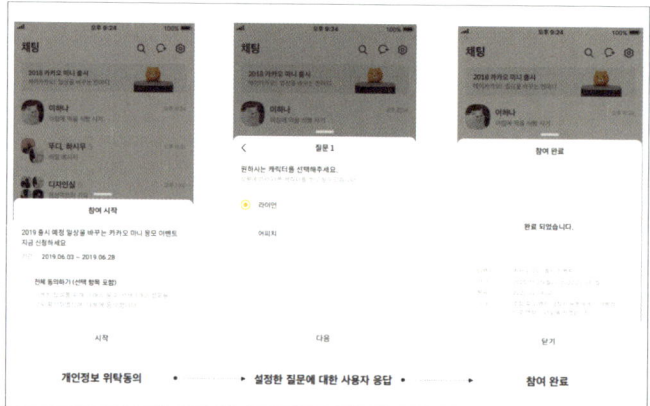

◀ 톡비즈니스폼

애드뷰-풀뷰

애드뷰는 채팅리스트 아래에서 위로 화면이 노출되어 사용자에게 화면 전환의 이질감 없이 자연스럽게 광고 상세 정보를 노출할 수 있는 랜딩페이지이다.
풀뷰는 모바일 화면 전체를 세로 이미지 혹은 세로 동영상으로 채워 사용자의 시선을 사로잡는 랜딩페이지이다.

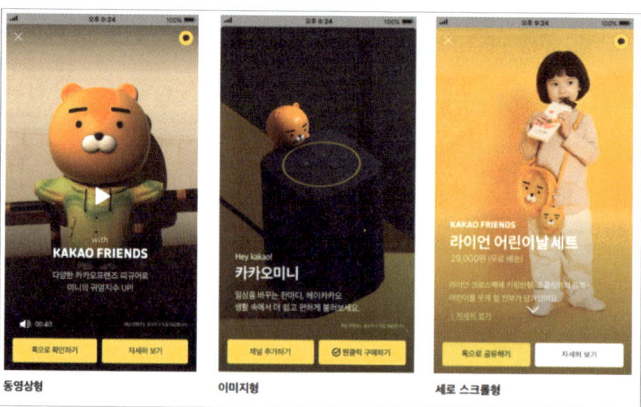

◀ 랜딩페이지 애드뷰(풀뷰)

> note

애드뷰 - 콤팩트뷰

애브뷰 중 콤팩트뷰는 모바일 사용성이 적합한 형태로 모바일 화면 전체를 가리지 않는 절반 정도의 크기로 노출된다. 네이티브 광고와 같이 이미지 혹은 동영상과 함께 홍보 텍스트를 등록하여 구성되는 형태로, 적은 제작 공수로 빠른 소재 교체가 가능하여 캠페인 전체의 효율 관리가 용이하다.

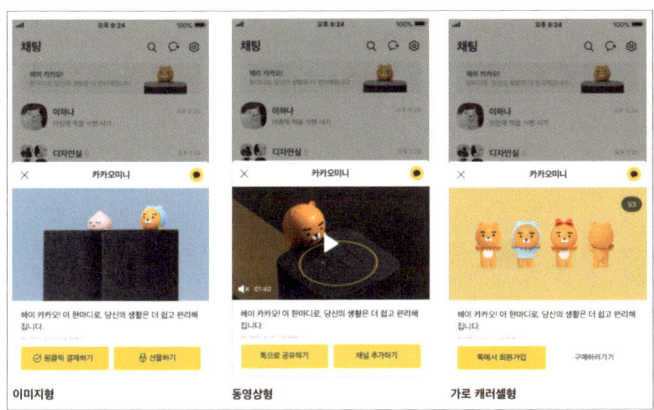

◀ 랜딩페이지
　애드뷰(콤팩트뷰)

채팅방-챗봇

채팅리스트 광고 배너 클릭 시, 챗봇이 연결되어 있는 톡채널의 채팅방으로 이동해 유저에게 전달하고자 하는 정보를 다이렉트로 전달할 수 있다.

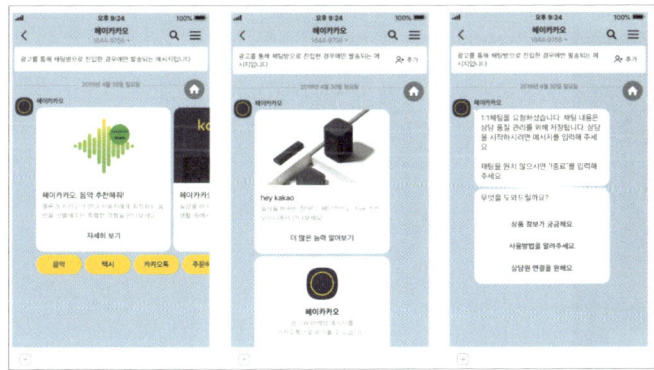

◀ 랜딩페이지
　챗봇

> **note**
>
> **채팅방-톡채널 메시지**
>
> 채팅리스트 광고 배너 클릭 시, 톡채널 채팅방으로 랜딩 되어 관리자센터를 통해 등록한 이벤트 메시지를 보여주고 유저에게 전하고자 하는 이벤트 메시지를 전달하는 동시에 톡채널 친구추가도 유도할 수 있는 효과적인 랜딩 상품이다.
>
>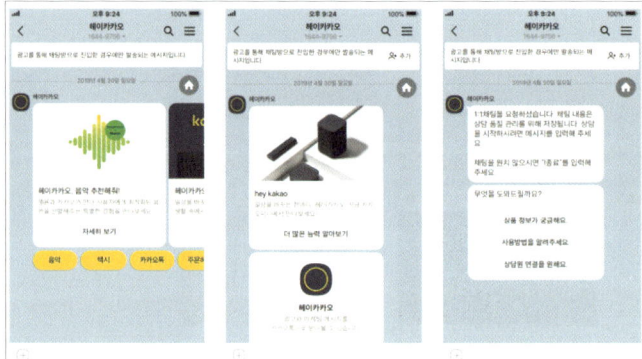
>
> ◀ 랜딩페이지
> 톡채널 메시지

채널개설

카카오톡 채널을 만들어보자. 카카오톡 채널은 카카오 비즈니스에서 만들 수 있다. 카카오 비즈니스 회원가입을 한 후, 로그인을 한다.

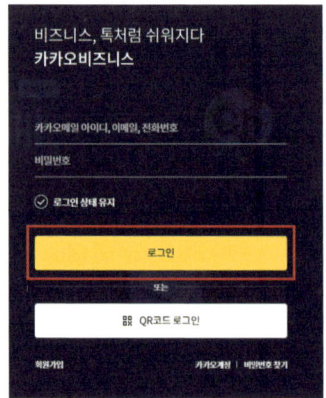

비즈니스 관리자센터에 접속하면 아래와 같은 화면이 나타난다. 현재 사용 중인 서비스를 한 눈에 살펴 볼 수 있다. 새 채널 만들기를 클릭한다.

채널 개설하기 화면이 뜨면 본인의 카카오톡 채널 정보를 그대로 입력해주면 된다. 입력하기 전에 우측 상단에 나와 있는 [정보 입력 가이드]를 꼭 확인하자. 채널 이름과 검색용 아이디는 본인의 스마트스토어 명, 아이디를 사용하는 것이 홍보나 검색에 효과적이다. 또한, 브랜드명, 사업체명과 동떨어진 이름 및 소개글은 추후 비즈니스 채널로 전환되지 못할 수 있다. 우측의 미리보기를 통해 어떤 식으로 적용이 되는지 확인할 수 있다. 확인을 누르면 개설 정보를 다시 한 번 확인하는 창이 뜬다.

 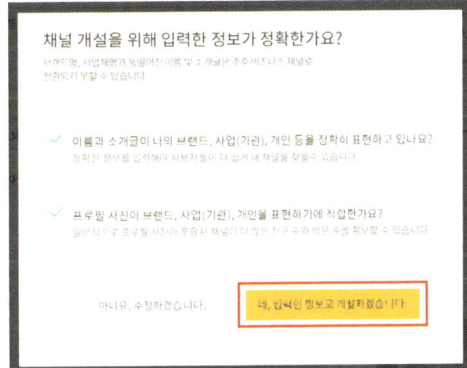

채널 개설이 완료 되었다. 카카오톡 채널은 기본적으로 별도의 서류 없이 생성이 가능하다. 하지만 카카오에서 인증 받은 비즈니스 채널을 만들기 위해서는 사업자등록증,

대표자의 신분증, 업종별 서류가 필요하다. 비즈니스 채널 전환은 필수는 아니니 선택하여 사용하면 되겠다.

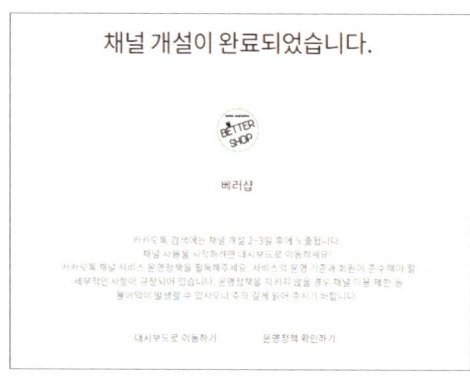 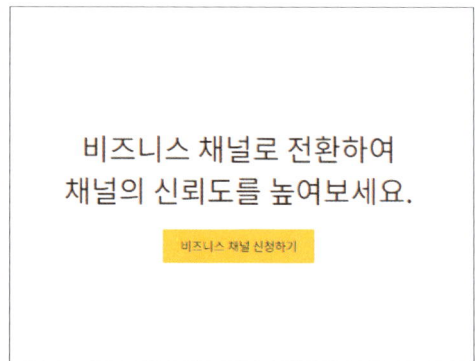

대시보드로 이동하면 내 채널이 보이는데, 채널은 비공개로 개설이 된다. 대시보드에서 채널 공개 상태를 변경하여야 하며 [프로필]-[프로필 설정]에서 변경이 가능하다.

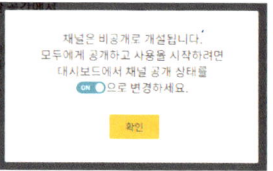

프로필 설정에서는 사진, 소개글, 공개 설정, 탭 설정을 변경할 수 있다. 채널이 개설 된 직후라면 검색이 바로 안 될 수 있으며 길게는 2~3일의 시간이 걸린다. 또한 국가설정을 통해 채널 노출을 하고 싶은 국가를 선택할 수 있다.

 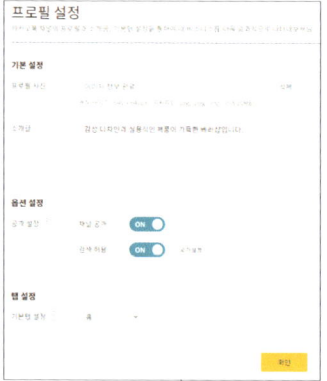 

다시 대시보드로 돌아가면 공지사항, 비즈니스 성과, 통계, 프로필 설정을 볼 수 있다. 하단에는 유사업종 채널이 나오는데 나와 유사한 업종이 어떤 포스팅을 작성했는지 볼 수 있으니 참고하면 되겠다.

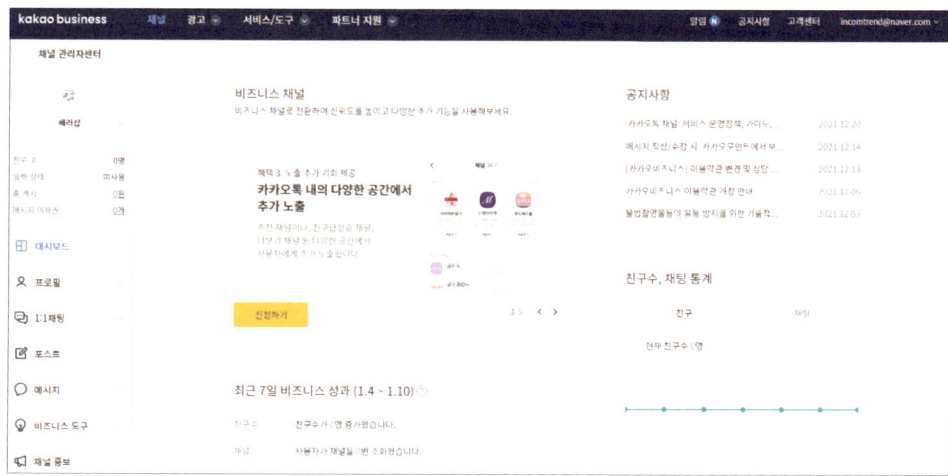

스크롤을 내려보면 프로필 설정을 한 눈에 볼 수 있는데 [1:1채팅]이란 고객과 1:1채팅을 통해 상담이나 소통할 수 있는 것을 말한다. 만약 원치 않는다면 [1:1채팅]을 끄면 된다.

다음은 [프로필]-[홈 탭 카드 설정]이다. 여기서는 홈 메뉴에 노출 될 다양한 메뉴를 설성할 수 있다. [공지]는 포스팅 작성 후에 노출 시킬 수 있으며 [채팅]은 채팅 가능 시간을 설정을 변경할 수 있다. [장소 정보]는 스마트스토어의 사업장 주소나 오프라인 매장을 갖고 있는 경우 오프라인 매장의 주소를 입력하면 된다. 수정하는 방법은 톱니

바퀴 모양을 누르면 수정이 가능하며 ON/OFF 버튼으로 노출 여부를 정할 수 있다. 또한 [모두 접기]를 누르면 카드 순서를 변경할 수 있다.

여기서 중요한건 [기본 정보] 탭이다. 여기서는 카테고리와 홈페이지, 전화번호 등 기본적인 설정을 바꿀 수 있다. 또한 [액션버튼]을 통해 채널에서 바로 스마트스토어로 연결 되게 할 수 있다. 고객센터 번호 등 CS에 관련된 정보를 입력할 수 있기 때문에 꼭 설정해 두는 것이 좋겠다.

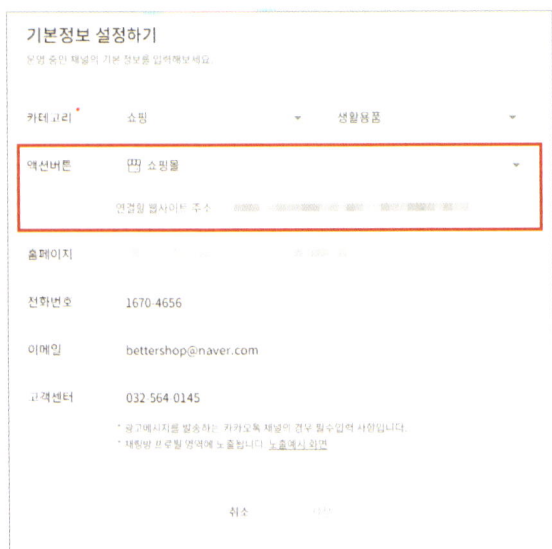

다음은 1:1채팅이다.

[채팅 목록]에서는 지금까지의 채팅 목록을 확인할 수 있으며 [자주 쓰는 답변]에서는 답변을 미리 등록하여 더욱 원활한 상담을 가능하게 한다. 채팅방에 라벨을 등록하여 분류할 수도 있다. [채팅 설정]에서는 채팅 가능 요일과 시간, 기본 메시지 설정이 가능하며 PC에서 알림을 받아볼 수 있는 설정도 가능하다.

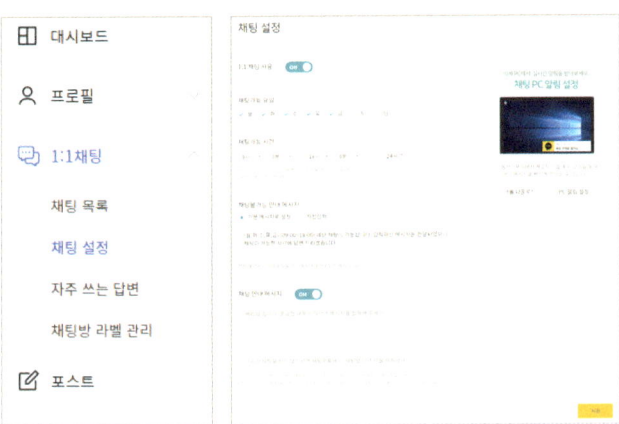

[메시지]에서는 내 채널을 추가한 사람들에게 일괄적으로 메시지를 보낼 수 있다. 카카오톡을 사용하는 사람이라면 메시지 앞에 (광고)라고 표시된 채널 메시지를 받아본 적이 있을 것이다. 이런 광고성 메시지나 정보성 메시지를 여러 가지 유형으로 작성할 수 있다.

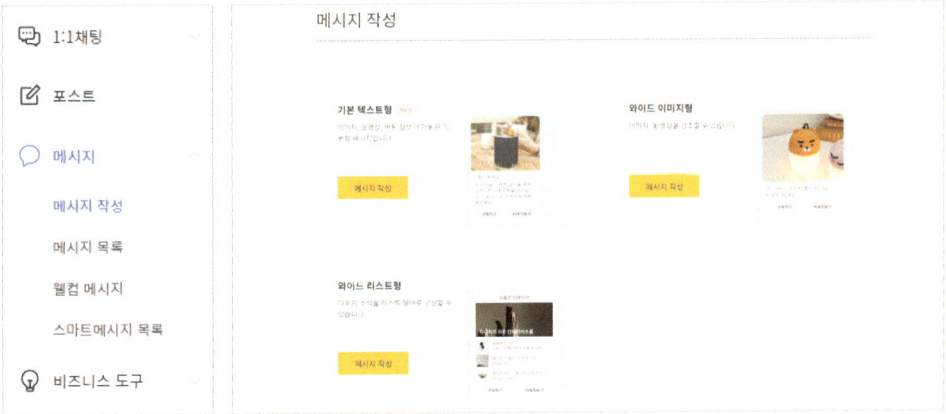

메시지 메뉴 중 [웰컴 메시지]는 채널을 추가했을 때 오는 메시지로, 아래의 화면처럼 나온다. 메시지 내용을 200자 이내로 작성할 수 있으며 이미지도 추가가 가능하다.

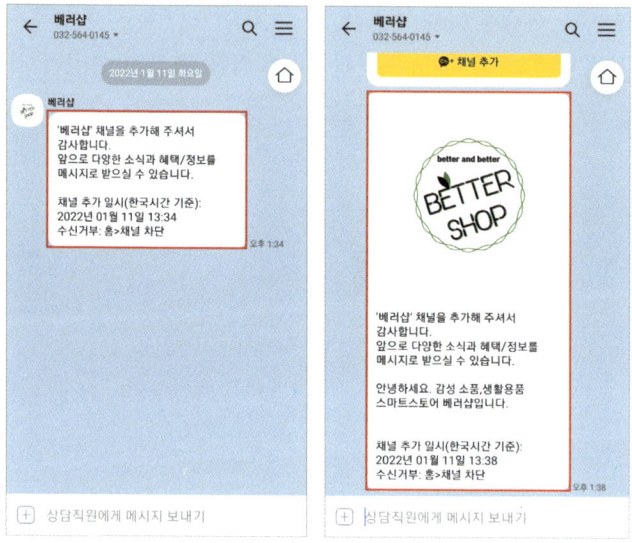

비즈니스 도구의 [채팅방 메뉴] 에서는 채널 채팅방 하단에 메뉴가 노출되며 클릭하면 자동으로 관련 메시지가 전송되는 타입이다.

하단 메뉴는 최대 10개까지 등록이 가능하며 적용 이미지는 아래와 같다.

이 외에도 채널 홍보를 위한 링크, QR코드, 자바스크립트 코드 등을 확인할 수 있으며, 내 채널에 대한 통계 등을 확인할 수도 있다.

또한 [관리] 메뉴에서는 관리자 추가, 고객 파일 생성, 비즈니스 채널 신청 등 채널에 대해 여러 가지 설정을 변경할 수 있다.

07
네이버 QR코드 활용

본인의 스마트스토어를 홍보하다 보면 때로는 주소를 보내주는 것보다 QR코드를 활용해 유입하게 하는 것이 편할 때도 있다. QR코드를 만드는 가장 쉬운 방법은 네이버를 이용하는 것인데, 네이버 검색창에 [네이버 QR코드]를 검색하거나 https://qr.naver.com 로 접속한다.

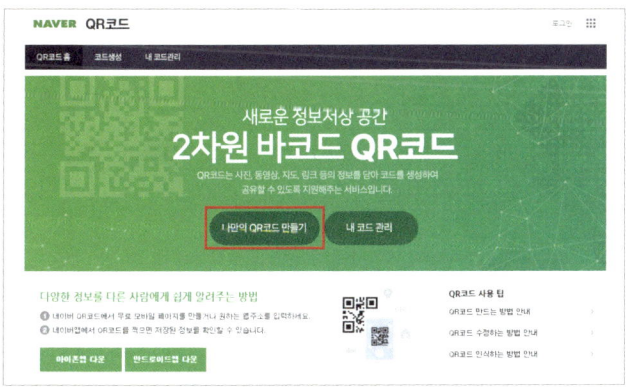

사이트에 접속한 뒤, 로그인을 하고 [나만의 QR코드 만들기]로 들어간다. 코드제목은 본인이 관리하기 편한 제목으로 설정한다.

코드스타일은 본인의 QR코드를 꾸밀 수 있는 기능이다. 제공되는 여러 가지 스킨이 있으며 마음에 드는 것을 선택하여 꾸밀 수 있다. 자신만의 스킨을 만들어서 등록하는 것도 가능하다.

또한 QR코드 하단 또는 상단에 이미지와 문구를 이용하여 자신의 스마트스토어 이름을 삽입할 수 있다. 이름뿐만 아니라 자신이 원하는 이미지, 문구를 넣을 수 있다. 보통은 스마트스토어의 로고를 삽입한다. 물론 아무것도 넣지 않는 것도 가능하다.

다음으로 넘어가면 정보를 입력할 수 있는 창이 나온다. 원하는 정보를 보여 주는 것과 스마트스토어로 바로 유입되는 방법 중 편한 것을 선택하면 된다.

정보는 링크, 소개글, 이미지, 동영상, 지도, 연락처를 입력할 수 있고 왼쪽의 순서변경을 통해 본인에게 필요한 항목만 선택하거나 순서를 변경하는 것도 가능하다.

 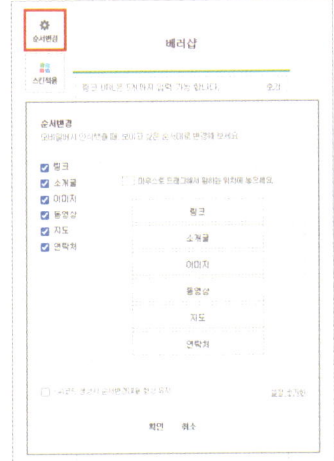 

▲ 정보를 보여주는 QR코드 미리보기

링크 바로가기를 선택하면 웹주소 직접 입력과 네이버 통합검색 결과로 링크걸기 두 가지의 항목 중 하나를 선택할 수 있다. 웹주소 직접 입력은 QR코드를 인식하면 웹으로 바로 연결 되는 것을 말하며, 네이버 통합검색 결과로 링크 걸기는 QR코드를 인식했을 때 지정해 놓은 검색어 검색결과가 보여 진다. 스마트스토어를 홍보하기 위해 만드는 QR코드라면 웹주소 직접 입력을 사용하자.

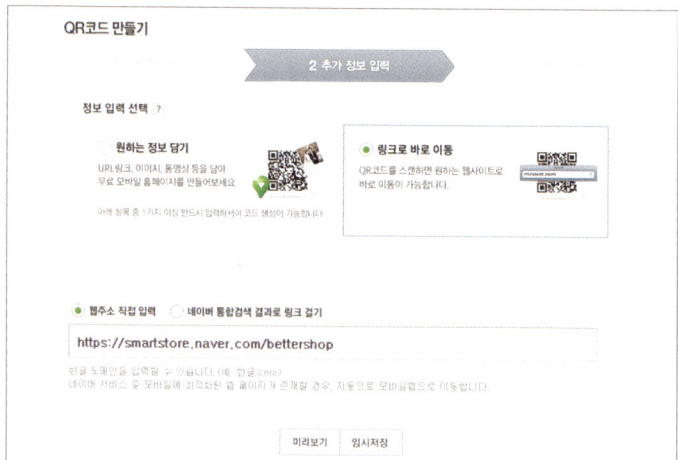

▲ 스마트스토어로 바로 연결 되는 QR코드 미리보기

QR코드 생성이 완료되면 내 코드관리에서 확인 할 수 있다. 내 코드관리에서는 만들어 뒀던 QR코드의 정보를 수정하거나 삭제하기도 가능하다. 다른 QR코드가 필요하다면 코드생성에서 추가로 만들 수 있다.

만들어진 QR코드는 코드저장을 눌러 이미지로 다운로드 받아 상세페이지나 광고지 등에 넣어 활용할 수 있다.

◀ 네이버로 생성한 예시 베러샵의 QR코드

08
별도의 주문서 및 설문 조사서 활용

여러 가지 주문서플랫폼이 있지만 이번에 소개할 것은 가장 간단하고 쉬운 구글 설문지이다. 구글에 로그인을 하고 구글 첫 페이지에서 오른쪽 상단의 점으로 된 사각형을 선택한다. 여러 가지 항목이 나오는데 가장 하단의 설문지를 선택한다.

구글에서 제공하는 여러 가지 템플릿이 있으니 선택해서 사용해도 되지만 직접 만드는 방법도 있다.

새 양식 시작하기를 누르면 새로운 설문지를 만들 수 있다. 첫 화면에서 설문지의 제목, 질문 등을 만들 수 있으며 질문지 우측의 네비게이션 바를 이용해 이미지삽입도 가능하다. 질문유형 역시 선택이 가능하며 단답형, 장문형, 객관식 등이 있다.

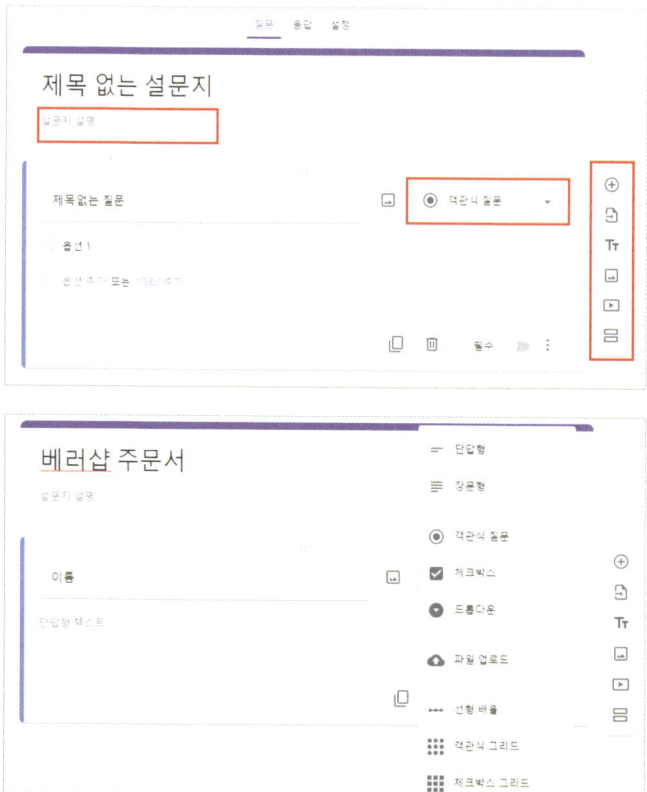

질문지 하단을 보면 필수항목이 있는데, 이는 답변자가 꼭 필수로 답변해야 하는 항목을 뜻한다.

질문 명을 입력하다보면 자동으로 유형이 선택되는 경우도 있다.

질문에 응답이 들어오면 응답 탭에서 응답 개수와 응답 내용 확인이 가능하다. 요약에서는 질문별 응답자들의 답을 한눈에 요약 확인할 수 있으며 질문에서는 한 질문에 대한 답을 요약해서 볼 수 있다. 개별보기에서는 응답자 각자의 답을 확인할 수 있다. 또한 응답 하단에 답변을 제출한 시간을 확인할 수 있어서 어느 시간대에 유입이 많이 되었는지, 어느 시간대에 사람들의 관심도가 높은 지를 대략적으로 알 수 있다.

09
오프라인 매장 홍보전략

마케팅이 온라인 오프라인 분리되어 있다기보다는 통합적으로 진행을 해야 한다. 우선은 네이버 스마트플레이스에 등록하는 것을 목표로 한다. 인터넷 주소에 https://smartplace.naver.com를 입력하고 접속한 후에 [신규등록]을 클릭하여 등록을 진행한다.

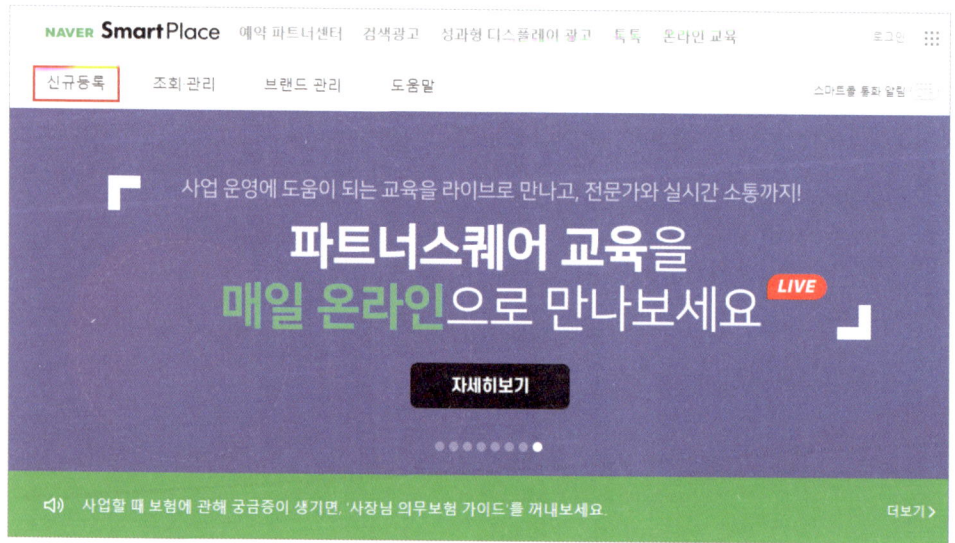

▲ 네이버 스마트플레이스 화면

등록 전에 아래와 같이 필요한 정보를 미리 준비한다.

업체명	인컴트랜드	영문	in com trend academy
전화번호	032-219-0800		
주소	인천광역시 부평구 부평대로 6 대신스카이프라자 6층		
업종	평생교육원		
대표키워드	부평쇼핑몰학원, 셀러양성연구소, 쇼핑몰전문학원,마케팅교육,영상편집학원		
상세정보	상세 정보와 업체 사진을 6장까지 등록할 수 있습니다.		
제출서류	업체 유형별 제출 서류가 조금씩 다릅니다. 대부분은 사업자등록증, 통신판매신고증(간이과세자는 제외)		

▲ 스마트플레이스 등록 시 필요한 정보

신규등록 업체명, 전화번호, 주소, 업종을 입력한 후 [네이버에 이미 등록된 업체가 있는지 확인해 보세요] 버튼을 클릭하여 확인 한 후 최종 등록을 완료한다.

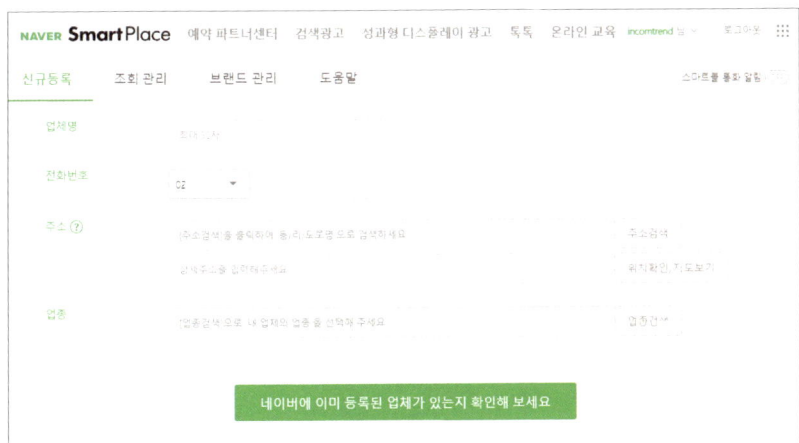

등록을 완료하게 되면 아래와 같이 등록되는 것을 볼 수 있다.

 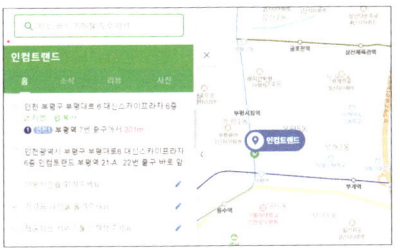

◀ 등록결과

네이버 스마트 플레이스를 통해 고객과 다양한 형태로 소통할 수 있는 채널을 연동할 수 있다. 홈페이지, 쇼핑몰, 네이버 톡톡, 네이버 예약, 네이버 페이 결제, 주문, 배달 기능 등 다양한 연동 서비스를 최대한 활용하는 것이 좋다.

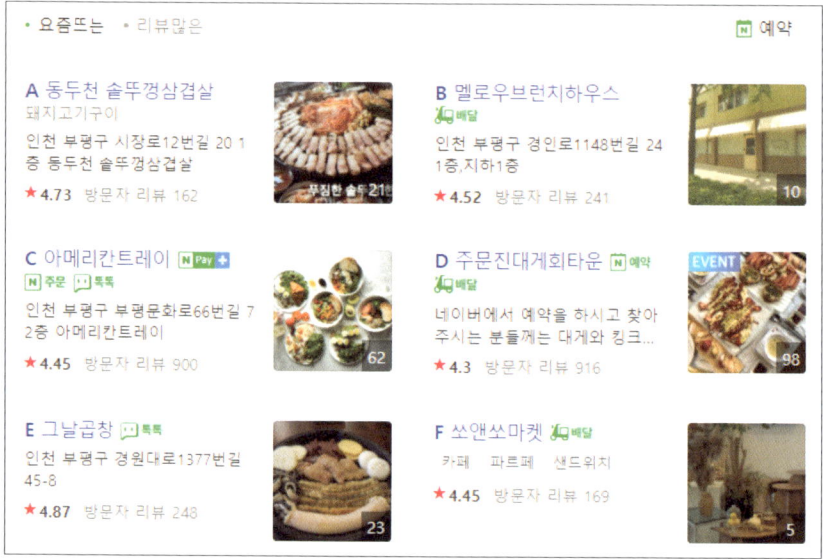

방문자리뷰, 블로그리뷰 등이 수집되어 고객이 신뢰할 수 있는 요소를 제공해 준다.

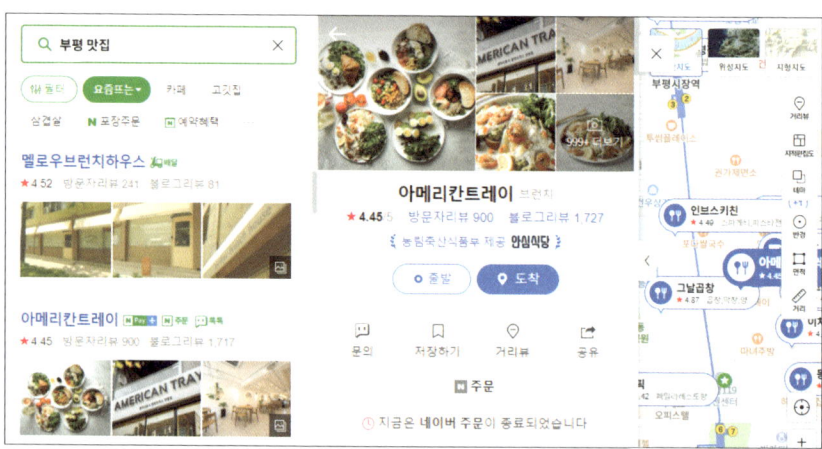

상세한 길안내와 네이버 모두 서비스를 활용하여 간단한 홈페이지를 만들어서 오프라인 매장을 홍보하고 있다.

▲ 메뉴판, 페이스북, 인스타그램 연동

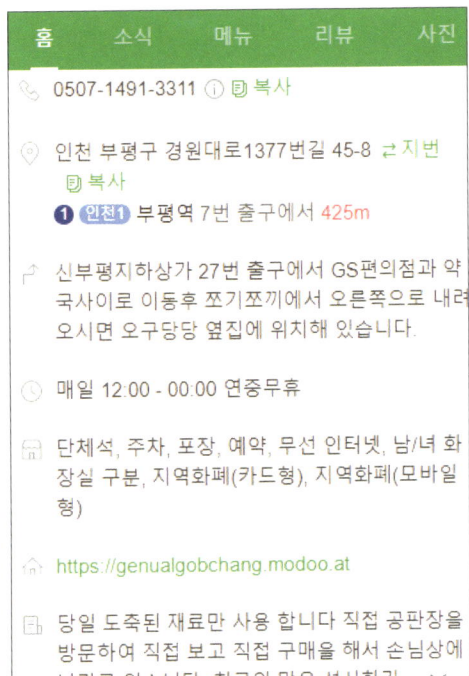

▲ 네이버 모두 서비스

▲ 상세한 길안내 및 네이버 모두 활용하여 연동

지금부터 시작해 보세요!
기적의 7일 프로젝트

돈 버는 시스템 만들기부터 매일매일 새롭게 바뀌는
상위 노출 전략을 공유합니다.

나를 힘들게 하는 것

처음 쇼핑몰을 만들려고 하면 막막하죠. 막막한 것은 스마트스토어를 생성하는 것이 아닙니다. 정말 막막한 것은 온라인 쇼핑몰의 흐름이나 아이템을 보는 눈이라고 생각합니다. 또한 내가 내 몸을, 생각을 움직일 수 있는 실행력과 그것을 꾸준히 할 수 있는 의지력. 나를 정말 힘들게 하는 것들은 스마트스토어 생성이 아닌 '내가 과연 할 수 있을까'라는 의심입니다.

이제는 움직여 볼까요?

정보를 많이 찾아보는 것도 중요하고 책을 많이 읽는 것도 중요하겠지만 가장 중요한건 본인의 의지와 실행력입니다. 아무리 옆에서 알려줘도 본인이 직접 움직이지 않으면 소용이 없거든요. 그래서 만들었습니다. 의지박약이신 분들도, 실행과 결단이 부족한 분들도, 스마트스토어에 대한 그림만 그리시는 분들도. 혼자 시작하기 무서운 분들도 걱정을 떨쳐버리고 이제는 움직여야할 때입니다.

Check List

항목	그렇다	아니다
실행력이 약하다.	☐	☐
창업이 처음이다.	☐	☐
어디서부터 시작해야할지 막막하다.	☐	☐
누군가의 코칭을 받고 싶다.	☐	☐
시작은 했으나 상품이 팔리지 않는다.	☐	☐
온라인 흐름에 대해 잘 모른다.	☐	☐
아이템을 조사하는 방법을 모른다.	☐	☐
여러 가지 도전을 해보고 싶은데 방법을 모른다.	☐	☐

'그렇다'에 표시한 항목이 2개 이상일 경우,
기적의 스마트스토어 노하우 책과 함께 처음부터 차근차근 공부해 보세요!

하나만의 직업으로는 부족하다고 느끼는 요즘, 여기저기서 N잡, 부캐등 많은 이야기를 하는 요즘 스마트스토어에 관심이 있으나 실행을 하지 못했던 분들.

누군가가 함께 옆에서 도와준다면, 일의 순서를 알려준다면 좋겠다고 생각 하시는 분들까지.

'기적의 스마트스토어 노하우'가 순서를 정해드립니다.

여러분이 해야 할 일은 그저 순서대로 따라오시는 것입니다.

같이 하나하나 차근차근 도와드릴게요.

100일, 200일 같은 거창한 플랜이 아니니 누구든지 하실 수 있어요.

언제까지 미루실 건가요? 언제까지 생각만 하실 건가요?

일주일만에 스마트스토어를 완성해보세요!

자세한 실행 체크리스트를 원하시면 하단에 QR코드로 접속하시면 다운 받으실 수 있습니다.

기적의 7일 프로젝트

돈버는 시스템 만들기부터 상위노출 전략을 공유합니다

7 Days

- **1 Day** 돈버는 시스템 만들기
- **2 Day** 데이터 분석
- **3 Day** 스마트스토어 셋팅
- **4 Day** 상위노출 노하우
- **5 Day** 상세페이지 기획
- **6 Day** 상품등록
- **7 Day** 광고전략

1 Day	돈버는 시스템 만들기	온라인 쇼핑몰 창업 절차 사업자 세팅, 창업마인드
2 Day	데이터 분석	키워드 분석 잘 팔리는 아이템 찾기
3 Day	스마트스토어 세팅	관리자 세팅 템플릿 및 배송설정
4 Day	상위 노출 노하우	네이버 쇼핑 알고리즘 검색이 잘되는 상품명 만들기
5 Day	상세페이지 기획	비슷한 상품군의 상세페이지 찾아보기 잘 팔리는 상세페이지 노하우
6 Day	상품 등록	상품 등록 프로모션, 이벤트
7 Day	광고 전략	쇼핑 광고 분석 광고 시작하기

저자가 강의하며
가장 많이 받은 질문
List

01
왜 스마트스토어를 시작했나요?

02
처음 시작할 때의 절차가 무엇인가요?

03
경쟁력 있는 상품을 보는 눈은 어떻게 키우나요?

04
아이템을 조사하는 방법은 뭔가요?

05
키워드는 무엇이고 분석은 어떻게 하나요?

06
상품등록을 효과적으로 할 수 있는 방법이 있나요?

07 상위 노출은 무엇이고 온라인 마케팅은 어떻게 해야 하나요?

위 7개의 리스트를 기준으로 공부해 보세요!